Wir privatisieren uns zu Tode

Rüdiger Liedtke

Wir privatisieren uns zu Tode

Wie uns der Staat an die Wirtschaft verkauft

Eichborn

1 2 3 4 08 07

Umschlaggestaltung: Christina Hucke
Gesamtherstellung: Fuldaer Verlagsanstalt, Fulda
ISBN 978-3-8218-5677-3

Verlagsverzeichnis schickt gern:
Eichborn Verlag, Kaiserstraße 66, 60329 Frankfurt/Main
www.eichborn.de

Inhalt

Prolog 9

Teil I
Was heißt denn eigentlich: Wir privatisieren …? 14

Wenn aus Gemeineigentum Privateigentum wird 14
Die unterschiedlichen Konzepte der Privatisierung 17
Was spricht für eine Privatisierung und was dagegen? 21
Zauberformel PPP – Public Private Partnership 25
Lobbyismus – Die legale Schwester der Privatisierung 33
Korruption – Der kriminelle Bruder der Privatisierung 39

Privatisieren hat eine Geschichte – Neoliberalismus als Doktrin 43
Das Auslaufmodell: Der unternehmerisch tätige Staat 48
»Thatcherism«, »Reaganomics« und das »Wunder von Chile« 50
Volksvermögen im Angebot:
Die Treuhand und die »Abwicklung« der DDR 55
Privatisierungsrausch in Brüssel, im Bund und in den Ländern 59
Schulden bis Sankt Nimmerlein: Berlin am Rande des Abgrunds 64

Teil II
Der alltägliche Privatisierungswahn 70

Die Privatisierung der Daseinsfürsorge 70
Wenn Städte zu Konzernen werden 75

Medizin und Krankenhäuser 79
Krank und alt wird schließlich jeder –
Was, wenn Kliniken den Besitzer wechseln? 79
»Privatisieren bis der Arzt kommt« –
Medizin im Kosten-Nutzen-Management 84
Reich werden mit Kliniken und Altenheimen 86

Müll und Abfallentsorgung 95
Wenn der Müllmann doppelt kostet –
Die Privatisierung der Abfallentsorgung 95
Mit Müll zu Milliardären werden 99

Strom, Gas und Wasser 102
Strom und Gas und hohe Preise –
Private Monopole kennen kein Pardon 102
Teure Frische aus der Leitung –
Geschäfte machen mit Wasser und Abwasser 107

Immobilien, öffentlicher Raum und Nahverkehr 112
Sozialwohnungen im Angebot –
Wenn das Dach überm Kopf verkauft wird … 112
… und »Heuschrecken« richtig Kasse machen 115
Messen, Schulen Rathäuser – Der Ausverkauf der Städte 118
Verkauft und dann zurückgemietet:
Köln – von allen guten Geistern verlassen 123
Shopping-Malls und Fußballstadien –
Die Privatisierung des öffentlichen Raums 126
Abgehängt in der Provinz –
Private Anbieter im öffentlichen Nahverkehr 133

Schule und Bildung 138
Gefährliches Spiel mit der Zukunft: Die Privatisierung der Bildung 138
»Unternehmen Schule« und die »Ware Bildung« 142
Schulen, Unis, Internate: privatisiert für neue Eliten 148
Krippen, Kitas, Kindergärten: Gute Geschäfte mit den Kleinsten 153
Für den, der es sich leisten kann –
Der Boom privater Nachhilfeschulen 155
Die neuen »Paten« – Von Sponsoren und Stiftern 157

Gefängnisse und Sicherheit 161
Willkommen im Knast! –
Gefängnisse und Sicherheitsdienste ganz privat 161
Hoheitsrechte als Big Business –
Sicherheit, Gefängnisse und das Militär 166

Teil III
Der Bund verkauft sein Hab und Gut 172

Alles muss raus! – Weg mit dem »Tafelsilber« 172
Jubel, Trubel, Telekom – Das Märchen von der Volksaktie 178
Vom Posthorn zur DHL – Die Privatisierung der Post 182
Die Bahn »fährt« an die Börse – Und alle Bürger müssen mit 185
Einmal verkauft, für immer weg – Tank & Rast und all die anderen 190

Politik auf schmalem Grat:
Die Privatisierung der Sozialsysteme 193
Der Umbau des Sozialstaates – Die Privatisierung der Altersvorsorge 195
Der »Arbeitskraftunternehmer« – oder:
Die Ökonomisierung des Individuums 199
Darf der Staat eigentlich auch den Reichstag verkaufen? 203

Teil IV
Grenzen der Privatisierung – Gefahren der Privatisierung 207

Nieten, Flops, Zusammenbrüche –
Privatisierungen total gescheitert 207
Argentinien – Privatisierungswahn und Wiederverstaatlichung 212
Schlacht ums Wasser in Bolivien 216
Thames Water und die deutsche RWE 218
Der Crashkurs der privatisierten britischen Bahn 221
Gefängnisse als Profitcenter – Einsitzen in Amerika 224

Wenn die Länder und Kommunen ihre Seele verkaufen 227
Was, wenn Private pleitegehen? – Im Zweifel bleibt der Steuerzahler 231
Nach uns die Sintflut! – Was denken sich nur die Politiker dabei? 234
Letzte Rettung Regulierung: Netzagenturen und Kartellämter 239
Wiederverstaatlichung und Rekommunalisierung 242
Vom Verlust des Gestaltungsspielraums, der Handlungshoheit
und der Demokratie 245

Anmerkungen 250
Literaturverzeichnis 260

Prolog

So könnte Ihr Alltag demnächst aussehen: Sie werden morgens geweckt durch eine sich einschmeichelnde Männerstimme des privaten Rundfunks, garniert und unterbrochen durch einen Schwall an Werbung und von eingestreuten Nachrichten »sponsored by Becks«. Sie präparieren Ihre Kinder für den Tag. Als Erstes liefern sie Ihren Sohn in der Grundschule ab, die seit neuestem »Microsoft-Schule« heißt, anschließend bringen sie die jüngere Tochter in die »Alete-Kita«.

Die Schule Ihres Sohnes wird seit geraumer Zeit finanziert und ausgestattet vom weltweit größten Software-Hersteller, der auch die Lehrer ausbildet und bezahlt, die deswegen alle einen Computer-Button am Revers tragen. Der Kindergarten hingegen kostet Sie eine Stange Geld. Er ist privat organisiert, die Mittel der Stadt reichen hinten und vorne nicht, und auch der Kinderbreihersteller finanziert die Ganztagsbetreuung nur unzureichend. Aber Sie benötigen eine ausgiebige Betreuung, schließlich wollen Sie ja wenigstens an drei Tagen die Woche Ihren erlernten Beruf ausüben. Weshalb denn sonst haben Sie fünf Jahre lang studiert an der »Universität zu Köln«, die seit kurzem »Universität Vodafone« heißt und ihr gesamtes Auftreten in Rot und Weiß hält. So wie die »Telekom-Universität« in Bonn mit ihrem Magenta oder die Düsseldorfer »DHL-Hochschule« in Gelbrot. Deren Lehrstühle für Telekommunikation und Logistik gelten als »exzellent«, die Manager der Unternehmen dominieren die neuen Uni-Aufsichtsräte. Wer zahlt, bestimmt. Das NRW-eigene »Hochschulfreiheitsgesetz« hat es möglich gemacht.

Die Kinder sind versorgt. Gegessen wird in der »McDonalds-Kitchen« der neuen offenen Ganztagsschule. Besonderer Wert wird auf den »ausgewogenen« Hamburger gelegt. Und hinterher geht es in die »Haribo AG« für musikalische Früherziehung. Das nächste Schulfest richtet übrigens »Granini« aus. Mit der U-Bahn, die seit kurzem unter dem Logo »AXA-Express« nicht nur sichere, sondern auch »versicherte« Mobilität garantiert, fahren Sie in die Innenstadt, um schnell einige Erledigungen zu absolvieren. In der »Bertelsmann-Service-Agentur Cologne«, dem früheren Bezirksrathaus, lassen Sie Ihren Personalausweis verlängern – es kostet ein wenig mehr, geht dafür im Gegensatz zu früher dank der freundlich bemühten »Arvato«-Mitarbeiter aber doppelt so rasch. Die »alten« Angestellten sind längst in den vorzeitigen Ruhestand entlassen oder wegrationalisiert worden. Jetzt ist alles auf »Arvato« getrimmt. Kurzzeitverträge, längere Arbeitszeiten, weniger Geld.

Für Sie bedeutet das Zeitersparnis, um noch schnell die zuvor bestellten Karten für die »Hochtief-Oper« am Freitag und die Tickets für die »Siemens-Philharmonie« abzuholen, wo am Sonntag die »Bayerischen Löwenbräu-Philharmoniker« aufspielen sollen. Die Karten sind ein Geschenk an Ihren Mann, der zwischen den Philharmonikern, einem Besuch in der Oper oder dem Fußballkick im »Rhein-Energie-Stadion« wählen konnte.

Gegenüber der »4711-Plaza«, dem früheren Neumarkt, kaufen Sie noch schnell für den Abend ein und holen sich den neuen Katalog des »Postbank-Bildungscenters«, der alten Volkshochschule. Dann geht es mit dem »Kamps-Brot-Express« in den Stadtteil »Nippes – sponsored by Ford« mit seinen endlich gut asphaltierten Straßen, wo Sie im ehemaligen St. Vinzenz-Krankenhaus, der heutigen »Helios-Turboklinik«, noch schnell eine alte Freundin am Krankenbett besuchen wollen. Natürlich privat versichert. Ihre Freundin wäre lieber in das Krankenhaus ihrer Wahl im Süden der Stadt gegangen, in dem Viertel, in dem sie wohnt, aber das ging wegen der Exklusivverträge ihrer Versicherung mit der privaten Klinik nicht.

Den anstrengenden Tag voller Lauferei und Organisation lassen Sie abends vor dem Fernseher ausklingen. Die Politiksendung direkt aus dem »Daimler-Reichstag« steht auf dem Programm. »Daimler TV« berichtet regelmäßig über die fünf von der Industrie gesponserten Parteien im Deutschen Bundestag – der »kritische Entertainment-Talk«. Anschließend ein Doku-Drama aus dem früheren städtischen Knast, der heutigen »Haftanstalt B+B« mit den dazugehörigen »de-Beukelaer-Sheriffs«. Den Sheriff-Stern ziert nun ein Keks. Alles für die Sinne, alles zur Entspannung. Und bevor Sie abends zu Bett gehen, fragen Sie sich: Wann privatisiere ich mich selbst? Wer zahlt mich, wenn ich meinen Namen mit einem Firmenlogo kombiniere?

Wenn ich mich verkaufe? »Allianz-Meier«, »Spaten-Huber« oder »Gaffel-Schramma«.

Nichts ist mehr sicher vor den Privatisierern. Deutschland befindet sich im Privatisierungsrausch. In Zeiten nahezu bankrotter kommunaler Haushalte und notorisch klammer Kassen wird verkauft, was nicht niet- und nagelfest ist. Da werden alle Skrupel und Sentimentalitäten über Bord geworfen, da wird vielfach jede ökonomische Vernunft ausgeblendet.

Stadträte, Bürgermeister und Kommunalpolitiker aller Couleur fühlen sich auf der sicheren Seite, wenn sie zur Doktrin erheben: Alles muss raus! Schließlich war das ja auch die Devise der rot-grünen Bundespolitik und schon immer Teil des ideologischen Repertoires der Konservativen und der Wirtschaftsliberalen. Und jetzt der Großen Koalition. Was für den Bund gilt, trägt auch für die Länder. In Hessen beispielsweise wird der gesamte Landesbesitz zur Disposition gestellt, alles, was nicht ausdrücklich seitens der Verfassung als unveräußerliches Gut geschützt ist. Selbst die Universitätskliniken wurden jetzt an private Träger verkauft – und mit ihnen natürlich auch Forschung und Lehre.

Und was die Bundesländer vorexerzieren, kann für Städte und Kommunen nur richtig sein. Die Privatisierer im Großen wie im Kleinen hangeln sich an immer der gleichen Argumentationskette entlang. Privatisierung gilt als billiger und bürgernäher, denn private Betreiber seien unbürokratischer, entscheidungsfreudiger, effizienter und natürlich wirtschaftlicher. Vor allem auch: Die Privaten hätten mehr Kapitalquellen zur Verfügung, aus denen sie dann größere Investitionen tätigen könnten. Und welches Krankenhaus will das nicht: immer auf dem neuesten technischen Stand sein, modernstes Equipment anbieten? Welche Schule möchte nicht schmuck daherkommen und das triste Fassadengrau hinter sich lassen? Oder welches Schwimmbad lässt sich schon gern das Wasser abgraben?

Im Umkehrschluss geißeln sich die Städte und Gemeinden selbst: Sie bezichtigen sich vielfach der Unrentabilität, der Ineffizienz und mangelnder Kundenfreundlichkeit. Schlicht: der eigenen und der in den Strukturen liegenden Unfähigkeit. Wer so argumentiert, offenbart nicht nur leere Kassen, sondern stellt sich noch selbst eine ökonomische Bankrotterklärung aus. Aber all das hält nur dafür her, um die »Flucht ins Private« zu rechtfertigen: vor sich, dem kommunalen Gewissen und den Wählern. Es soll endlich Schluss sein mit dem krampfhaften Gehangel am finanziellen Limit von Haushaltsjahr zu Haushaltsjahr. Und mit dem immer weiteren Abrutschen in die Schuldenfalle. Politiker schwenken freudig ein auf den »Freiheitspfad« der Marktapologeten, deren immer gleiche Formel lautet: Der Staat bedeutet Bürokratie, der Markt Effizienz, alles Öffentliche ist teuer, alles Private billig. Die Fanfare: Es lebe der Markt – und natürlich die Rendite.

Freilich, ein Großteil der politischen Entscheidungsträger agiert nicht nur im Glauben daran, dass der Markt alles besser richten kann als die öffentliche Hand. Vielfach geht es schlicht und ausschließlich ums Geld. Da wird dem Markt auch gerne das sogenannte »Tafelsilber« angeboten, die Perlen und Schätze in Staats-, Landes- oder städtischem Besitz, mit denen sich richtig Kasse machen lässt. Da versilbern Städte ihre Stadtwerke und Energiebeteiligungen oder ihre Wohnungsbestände. Wobei doch kommunaler Besitz eigentlich das Eigentum der Bürger ist, das gewählte Politiker nur auf Zeit verwalten. Düsseldorf und Dresden hier als Beispiel. Das schwemmt natürlich einmalig einen Batzen Euros in die Kämmererkassen, stopft Löcher und bringt zwischenzeitlich fiskalische Erholung. Aber: Die langfristigen regelmäßigen Einnahmen aus der lukrativen Strom- und Gasversorgung beispielsweise bleiben dann in Zukunft aus. Einmal verkauft ist für immer weg.

Aus allen diesen Notlagen und »Sachzwängen« heraus, ganz wie man will, veräußerten – oder wie die Kritiker sagen: verscherbelten – deutsche Städte und Gemeinden 2006 für über sechs Milliarden Euro Vermögen, das Vermögen der Bürger und der Steuerzahler.

Das kommt nicht von ungefähr. Das öffentliche Vermögen in der Bundesrepublik war traditionell sehr umfangreich, mit umfassenden Aufgaben versehen – aus sehr guten Gründen, die alle auf den Gedanken des Sozialstaates zurückgehen. Dazu gehören Krankenhäuser, die Wasserversorgung, die Müllabfuhr, Wohnungen, Messehallen, der Schulhausbau, der öffentliche Nahverkehr.

Seit dem Ende des 19. Jahrhunderts stand als eherner politischer Grundsatz fest, dass der Staat in seinen unterschiedlichen Organen für die Wohlfahrt seiner Bürger sorgt. Wenn man sich diese Situation vor Augen führt, begreift man, welch grundlegender Wandel der politischen Kultur sich in der Privatisierung verbirgt. Es geht nicht um eine kurzfristige Verschiebung der Eigentumsverhältnisse, sondern um eine grundsätzliche Neupositionierung des Verhältnisses von Staat und Bürger.

Anders gesagt: Der nach wie vor von den Bürgern getragene und finanzierte Staat zieht sich aus einem großen Teil seiner Verantwortung zurück und überlässt seine Bürger den Launen des Marktes. Damit macht sich der Staat zunehmend überflüssig. Und wenn sich politische Teilhabe nur mehr auf die alle vier Jahre stattfindende Wahl beschränkt, dann droht uns ein viel schlimmeres Szenario: Die demokratische Staatsidee läuft über kurz oder lang auf Grund.

Teil I
Was heißt denn eigentlich: Wir privatisieren ...?

Wenn aus Gemeineigentum Privateigentum wird

Was hat es auf sich mit der Privatisierung? Wer bestimmt, was unter den Privatisierungshammer kommt? Und wie begründen die Privatisierer ihre Entscheidungen? Schließlich handelt es sich meist um Eigentum, das der Allgemeinheit gehört, und eben nicht um den privaten Besitz irgendwelcher Politiker und Verwaltungsbeamten. Privatisierung – ist das denn nicht auch irgendwie eine Art Enteignung der Bevölkerung, der Steuerzahler? Wer hat denn die Anschaffung der öffentlichen Einrichtungen über all die Jahrzehnte hinweg finanziert, die öffentliche Infrastruktur überhaupt erst in Gang gebracht? Und warum funktioniert das heute nicht mehr?

Die Befürworter sagen, die private Wirtschaft könne alles besser, Privatisierung bedeute die Befreiung von obrigkeitsstaatlicher Bevormundung. Privatisierung bringe dem Bürger ein Mehr an Qualität, Dienstleistung, Charme und guten Preisen. Kritiker sehen darin eine Art Heilslehre zur Lösung fiskalischer Probleme, die individuelle Unfähigkeiten kaschieren. Werden auf diesem Wege nicht lästige, und zugegebenermaßen vielfach schwer zu bewerkstelligende Aufgaben einfach abgeschüttelt? Aufgaben, die unsere

Volksvertreter und ihre Vollzugsbeamten nicht mehr im Griff haben, für die sie aber gewählt worden sind und für die sie gut bezahlt werden? Wie war das eigentlich früher mit dem öffentlichen und dem privaten Eigentum?

Unter Privatisierung wird die Veräußerung öffentlichen Vermögens oder seine Umwandlung in Privateigentum verstanden. Die Überführung von Staatsbesitz in privaten Besitz beruht in aller Regel auf der Überzeugung, dass der Anteil des öffentlichen Sektors zugunsten der privaten Wirtschaft reduziert werden müsse. Privatisierung geht deshalb meistens einher mit weiteren Formen der Entstaatlichung, Deregulierung und Liberalisierung und dem Abbau von öffentlicher Verantwortung. Das klingt erst einmal sachlich nüchtern.

Und da die Wirtschaft seit vielen Jahren erheblichen Einfluss auf die Politik nimmt, lassen sich seit etwa Anfang der 1980er-Jahre weltweit kräftige Pendelausschläge »weg vom Staat in Richtung Privatwirtschaft und Freiheit« konstatieren. So jedenfalls sehen es die Wissenschaftler um Ernst Ulrich von Weizsäcker in ihrem an die Adresse des Club of Rome gerichteten Report »Grenzen der Privatisierung«[1]. Dabei bevorzugen die sozial Schwachen meist »mehr Staat und mehr Ordnung«, so die Autoren, während die »Wohlhabenden eher mehr Freiheit und Privateigentum« verlangen. Die Demokratie erlaube solche Pendelbewegungen zwischen beiden Präferenzen sehr wohl. »Aber die Erfahrung lehrt, dass extreme Pendelausschläge schlecht sind fürs Ganze.«[2]

Ein entscheidender Motor zur Verlagerung bestimmter bisher staatlich abgedeckter Aufgaben und Aktivitäten in den privaten Sektor ist die Überzeugung der Akteure aus Politik und Wirtschaft, dass der Markt mit den vorhandenen Potenzialen bedeutend effektiver und effizienter umgehen kann als die öffentliche Hand. Die Argumentation wird dabei aber fast immer auf die Kostenfrage und die zu erwartenden Gewinne reduziert, abgekoppelt von den Inhalten, die vielfach einer Kosten-Nutzen-Analyse nicht standhalten, weil sie nicht ausschließlich in Euro und Cent zu messen sind und etwa im Bereich der Daseinsvorsorge einen gänzlich anderen Wert haben.

Bund, Länder, Städte und Gemeinden unterliegen einer demokratisch organisierten Willensbildung. Und in diesem Prozess gestaltet sich eine Entscheidungsfindung und deren Durchsetzung natürlich erheblich schwieriger als die eines »schlanken« Gremiums an der Spitze eines Konzerns. Weitere Gründe für ein hohes Maß an Unflexibilität: Parteien blockieren sich gegenseitig, notwendige Gelder werden aus politischem Kalkül zurückgehalten, vor einer möglichen Wiederwahl wird politisch taktiert. Das hat auch Auswirkung auf öffentliche Unternehmen und widerspricht vielfach dem Interesse des Gemeinwohls, also dem der Bürger.

Dagegen herrschen in privat gesteuerten Unternehmen klare Hierarchien und Entscheidungsstrukturen, effiziente Steuerungsinstrumente, ein anderes Tarifrecht ohne Beamtenstatuten. Die Zielsetzungen zahlreicher öffentlicher Betriebe sind gänzlich anders gelagert als die privater. Staatliche oder kommunale Unternehmen sind eben vielfach nicht marktwirtschaftlich ausgerichtet, unterliegen neben ökonomischen Kennzahlen oft auch noch diversen Versorgungs- und Infrastrukturzielen. Sie dienen einem öffentlichen Zweck und kommen einem politischen Auftrag nach. Die Messwerte in der Privatwirtschaft dagegen sind klar: Umsatz, Wachstum, Marktanteil, Gewinn, Cashflow.

Die Studie »Public Governance kommunaler Unternehmen«[3] spricht von regelrecht paradoxen Situationen innerhalb der Privatisierungsdebatte am Beispiel des Gesundheitswesens. »Krankenhäuser sind dann besonders wirtschaftlich, wenn sie eine hohe Auslastung erzielen. Für das politische Ziel eines möglichst hohen Gesundheitsstandes der Bevölkerung kann aber das Maß der Auslastung des kommunalen Krankenhauses nicht dienen. Eine hohe Auslastung kann sogar als Maßstab für einen schlechten Stand der Gesundheit stehen – weil eben viele Menschen einer Krankenhausbehandlung bedürfen.«

Spricht man von »Entstaatlichung«, wenn aus öffentlichem Vermögen Privateigentum wird, so hat man es bei der »Deregulierung« mit dem Zurückdrängen öffentlicher Verantwortung zu tun. Die Deregulierung, die »kleine Schwester der Privatisierung«, wie sie im »Schwarzbuch Privatisierung« genannt wird, ist ein wirtschaftspolitisches Instrumentarium, um den staatlichen Einfluss in der öffentlichen Wirtschaft zu verringern. Unternehmerische Entscheidungen, die aus ordnungspolitischen Gründen auf die staatliche oder kommunale Verwaltung übergegangen waren, sollen durch die Rücknahme politischer und gesetzlicher Bestimmungen wieder in die Verantwortung der Unternehmen zurückgeführt werden. Ein vormals regulierter und geschlossener Markt soll für den Markt geöffnet werden.

Deregulierung zielt auf die Aufhebung staatlicher Regulierung ab, die der Effizienz der Marktwirtschaft im Wege steht, auf eine Entbürokratisierung, auf das Zurückdrängen von Auflagen und Vorschriften sowie auf die Erleichterung von Genehmigungsverfahren. Betroffen von der Regulierung sind häufig das Bau- und Sozialrecht sowie der Landschafts- und Umweltschutz. Bund, Länder und Gemeinden sollen sich im Zuge der Deregulierung nur noch auf das Erlassen von Rahmenvorschriften beschränken. Gerade wenn der Staat sogenannte »Exklusivrechte« aufhebt – im Telekommunikationsbereich, bei Bahn und Post, in der Energiewirtschaft –, führt Deregulierung häufig in die vollständige Privatisierung.

Die Basis aller Privatisierungs-, Entstaatlichungs- und Deregulierungsschritte, mit denen wir es heute zu tun haben, ist die seit Anfang der 1990er-Jahre propagierte Liberalisierung der Märkte, die sukzessive von der Europäischen Union und auch von den EU-Staaten umgesetzt wird. Diese Liberalisierung zielt vordringlich auf die Öffnung der Märkte und die Einführung von Wettbewerb in allen Marktsegmenten ab, auf den Abbau staatlicher Auflagen und Monopolrechte. Außenwirtschaftlich sollen durch die Liberalisierung grenzüberschreitend staatliche Regulierungen wie »Handels- und Investitionshemmnisse« verringert werden. Auch in der öffentlichen Daseinsfürsorge sollen durch Liberalisierung neue Wettbewerbsstrukturen geschaffen werden, sich Gemeinschaftsaufgaben zunehmend am Profit orientieren, sozialstaatliche Sicherungsprinzipien nach und nach reduziert werden. Liberalisierung muss jedoch nicht zwangsläufig zur Privatisierung führen.

Die unterschiedlichen Konzepte der Privatisierung

Möchte man die Privatisierungsvorgänge besser verstehen, so ist es nützlich, einen Blick auf die in der Praxis gängigen Formen der Privatisierung zu werfen. Es gibt für die Politik- und Wirtschaftswissenschaften vier wesentliche Konzepte der Privatisierung: die Vermögensprivatisierung, die Organisationsprivatisierung, die funktionale Privatisierung und die Aufgabenprivatisierung.

Die *Vermögensprivatisierung* ist die einfachste, die »klassische Form der materiellen Privatisierung«, hier geht es also um eine Komplettveräußerung. Dabei werden Vermögensbeteiligungen, die sich bislang zu »rein erwerbswirtschaftlichen Zwecken« im Portfolio der öffentlichen Hand befanden und zukünftig nicht mehr gebraucht werden, an private Investoren oder Unternehmer verkauft. Das gilt beispielsweise für die Industriebeteiligungen eines Bundeslandes, für kommunale Unternehmen oder Liegenschaften.

Bei der *Organisationsprivatisierung*, die Fachleute auch mit »formeller Privatisierung« umschreiben, werden bestimmte öffentliche Aufgaben und Leistungsbereiche auf eine privatrechtliche Organisationsform übertragen. Verwaltungseinheiten der Gemeinde, Behörden also, schlüpfen in die Rolle juristischer Personen des Privatrechts. Es wird demnach nicht die »Aufgabenerbringung« privatisiert, sondern »die Verwaltung nutzt den Mantel des Privatrechts für die Aufgabenerfüllung«[4]. Dazu gehören beispielsweise die Umwandlungen von Regie- und Eigenbetrieben in privatrechtlich organisierte GmbHs oder Aktiengesellschaften. Trotz der Abtretung hoheitlicher Funktionen bleibt aber die öffentliche Trägerschaft erhalten, bleiben Bund, Länder und Kommunen alleinige Gesellschafter und damit Eigentümer dieser Unternehmen. Sie produzieren weiter die gewünschten Leistungen in eigener Regie, aber eben in einer anderen Rechtsform. Von diesen Ausgliederungen aus dem öffentlichen Verwaltungsbereich erhoffen sich die Kommunen eine erheblich effektivere Leistungserbringung, schnellere Entscheidungsfindungen, größere Kundennähe und möglichst eine Steigerung der Renditen.

Beispiele dafür gibt es zahlreich im täglichen Leben: In den meisten deutschen Großstädten sind inzwischen nahezu alle öffentlich-rechtlich organisierten Betriebe im Bereich des Nahverkehrs »unter Beibehaltung des öffentlichen Eigentums« zu privatwirtschaftlichen Gesellschaften umfunktioniert worden. In vielen größeren Kommunen werden die Grünflächen- und Straßenunterhaltung in eigenständigen privatrechtlich organisierten Gesellschaften geführt, andere haben die städtischen Bäder ausgegliedert. Bisherige Regiebetriebe sind nun Gesellschaften mit beschränkter Haftung. In zahlreichen Städten werden auch die Stadtwerke komplett in privatrechtliche Tochtergesellschaften ausgegliedert. Mit eigenem Management, eigener Personalhoheit, eigener Betriebsführung.

Die formelle organisatorische Privatisierung, die Überführung von Regie- und Eigenbetrieben in privatrechtliche Formen, soll die Unternehmen unabhängiger machen. Gewollt ist, dass die Betriebe nach unternehmerischen Kriterien und betriebswirtschaftlichen Vorgaben geführt werden. Klare Aufgaben- und Ergebnisverantwortlichkeiten werden geschaffen, privatwirtschaftliche Steuerungsinstrumente eingeführt und eine Trennung vom öffentlichen Vergabe-, Arbeits- und Tarifrecht durchgeführt. Die Betriebe sollen sich durchaus in Konkurrenz zu privaten Unternehmen sehen. Häufig bilden sie die Vorstufe zur letztendlich materiellen Privatisierung, also zum

Komplettverkauf. Beispiele dafür gibt es auch vielfach auf Bundesebene. So wurde die Bundesbahn erst in eine Aktiengesellschaft umgewandelt, mit allen unternehmerischen Freiheiten. Jetzt soll die Bahn AG an die Börse gebracht und damit »materiell privatisiert« werden.

Eine andere Variante der Organisationsprivatisierung ist die Übertragung öffentlicher Aufgaben auf freie Träger oder gemeinnützige Organisationen, wie beispielsweise auf die Kirche im Sozialbereich. Für diese Übernahme eigentlich kommunaler Aufgaben zahlt der Staat den Trägern einen Großteil der Kosten, mitunter bis zu 100 Prozent.

Eine ***funktionale Privatisierung*** fasst verschiedene Spielarten privaten Engagements im öffentlichen Sektor zusammen. In der Regel geht eine Versorgungsaufgabe per Vertrag in private Hände über, während die öffentliche Hand weiterhin für die Aufgabenerbringung verantwortlich ist, die Kontrollbefugnisse behält, das Risiko also. Letztendlich haftet sie auch. Vor allem sind Länder, Städte und Gemeinden für die Qualitätssicherung gegenüber den Bürgern voll verantwortlich. In Hessen beispielsweise muss das Land dafür geradestehen, wenn es in privatisierten Gefängnissen zu Unregelmäßigkeiten kommt. Für eine städtische Kläranlage, die im Rahmen eines Betreibermodells in privaten Händen ist, muss im Falle hygienischer Mängel die Kommune einspringen. In aller Regel hält die Kommune an ausgelagerten Unternehmen zur Absicherung der eigenen Interessen die Mehrheit an der Betriebsinfrastruktur.

»Prinzipiell besteht das Interesse Dritter an der Beteiligung in der Realisierung von Renditen«, meint Klaus Lederer. »Es besteht also durchaus die Möglichkeit eines Konfliktes zwischen Erfüllung der öffentlichen Aufgabe zu verträglichen Preisen und mit allgemeiner Versorgungsdichte und -sicherheit auf der einen und dem strategischen oder Gewinninteresse auf der anderen Seite.«[5] Stark auf dem Vormarsch ist in diesem Bereich das Konzept der Public Private Partnership (PPP), das später detailliert erläutert wird. Kurz gefasst handelt es sich hierbei um Projekte, die gemeinsam von der öffentlichen Hand und von Privaten konzipiert und realisiert werden.

Bei der ***Aufgabenprivatisierung*** oder auch materiellen Privatisierung geht ein öffentlicher Aufgabenbereich mit allen Verantwortlichkeiten und der Trägerschaft an Private über. Bei einer vollständigen Veräußerung zieht sich die öffentliche Hand damit aus ihrer Aufgabenwahrnehmung in diesem Segment zurück. Sie gibt den »öffentlichen Auftrag« auf. Mit der vollständigen Aufgabenverlagerung vom öffentlichen in den privaten Bereich wird die bislang staatliche Leistungserbringung nun durch das marktwirtschaftlich ausgerichtete private Unternehmen erbracht. Dies vollzieht sich beispielsweise gegenwärtig im boomenden Gesundheitsmarkt. Die großen Krankenhauskonzerne stehen Schlange, um Kliniken aufzukaufen und mit ihnen gute Geschäfte zu machen. Kritiker bemängeln allerdings, dass eine solche Aufgabenprivatisierung mit einer mittelfristigen Verringerung der Leistungen einhergehe. Personal wird abgebaut, an Krankenschwestern gespart, die Leistungen auf möglichst finanziell lukrative Geschäftssegmente heruntergeschraubt.

Mit dem Verkauf ganzer Aufgabenbereiche und bis dato öffentlicher Einrichtungen durch Länder, Städte und Gemeinden sollen Schulden reduziert und Haushalte entlastet werden. Im Gegenzug soll den abgestoßenen Unternehmen die Möglichkeit »frischen Kapitals« eröffnet und das Ausschöpfen von Synergieeffekten und Steuervorteilen ermöglicht werden. Dies geschieht, wenn Stadtwerke beispielsweise an einen Energiekonzern veräußert werden und unter das Dach einer Holding schlüpfen.

Befinden sich weniger als 50 Prozent der Anteile einer privatrechtlichen Gesellschaft in privatem Besitz, wird von einer ***Teilprivatisierung*** gesprochen, bei über 50 Prozent von einer ***Vollprivatisierung.*** Bei der Vollprivatisierung gilt es immer zu bedenken: Ein vollständig verkauftes Unternehmen spielt fiskalisch für die Kommune keine Rolle mehr, bringt also auch keine Erträge in die Kasse. Und ein einmal veräußertes Unternehmen ist nicht mehr zurückzuholen. Wenn eine Kommune also den bisher in Eigenregie organisierten und betriebenen städtischen Wasserbetrieb an ein privates Unternehmen verkauft, zieht sie sich damit aus der öffentlichen Wasserversorgung zurück. Ihre Bürger müssen nun das Wasser vom neuen Anbieter beziehen. In aller Regel steigen die Preise, denn der private Investor ist jetzt auch verantwortlich für die Infrastruktur der Leitungen. Und das kostet viel Geld. Städte und Gemeinden konnten diese Kosten bisher über sogenannte Quersubventionen auffangen, bei denen beispielsweise der lukrative Elektrizitätsbereich der eigenen Stadtwerke die Qualität des Wassers mitfinanzierte. Was aber, wenn die Elektrizitätswerke zwischenzeitlich auch veräußert wurden?

Allerdings: Kommunale Pflichtaufgaben wie etwa die Abwasserentsorgung beispielsweise sind von der materiellen Privatisierung gesetzlich ausgeschlossen. Wirtschaftlich ausgerichtete Bereiche dagegen können nach Belieben in Unternehmen ausgegliedert werden. Dabei steht die Organisationsform nach der Gemeindeordnung den Kommunen frei. Dazu zählen die Versorgungsunternehmen im Bereich Elektrizität und Wasser, die Verkehrsbetriebe, Krankenhäuser, Altenheime, Stadthallen, Hotels, Gaststätten und vieles mehr. Die materielle Privatisierung wirtschaftlicher Unternehmen liegt im Ermessen der Kommunen.

Was spricht für eine Privatisierung und was dagegen?

Keine Frage, es gibt Privatisierungen, die sehr sinnvoll sind. Man könnte es auf die grobe Formel bringen: In den Bereichen, in denen private Angebote, privat entrichtete Dienstleistungen für den Einzelnen, also die Bürger, Erleichterungen bringen – weniger Bürokratie, Transparenz, einen freundlichen und zielgerichteten Service und moderate Preise – und nicht zu Lasten und Kosten der Allgemeinheit gehen, sind private Anbieter willkommen. Man muss sich aber bei jeder Privatisierung fragen: Wer gewinnt und wer verliert? Wem nutzt sie, wem schadet sie? Erhöht eine Privatisierung wirklich die Effizienz? Und ist das nur ein kurzfristiger Effekt oder von nachhaltigem Wert? Welche Wirkungen haben Privatisierungen auf den Arbeitsmarkt, auf den sozialen Frieden?

Stimmen sie überein mit den Vorgaben der Daseinsfürsorge, sind sie letztendlich von Nutzen für das Gemeinwesen und das Gemeinwohl? »In den kontroversen Debatten um die Privatisierung und Liberalisierung öffentlicher Dienstleistungen und deren Folgen bzw. gesellschaftlichen Auswirkungen stehen sich die Argumente über die angeblich positiven Wirkungen privater Dienstleistungserbringung und die zunehmend zu beobachtenden negativen Folgewirkungen in der realen Umsetzung diametral gegenüber«, resümieren die beiden Autorinnen Barbara Dickhaus und Kristina Dietz in ihrer Studie »Öffentliche Dienstleistungen unter Privatisierungsdruck«[6]. Sie sehen die Argumente der Privatisierungsbefürworter in deren »neoliberaler Überzeugung, dass eine marktgesteuerte Dienstleistungserbringung positive Effekte für alle gesellschaftlichen Bereiche zur Folge hat«. Für Ernst Ulrich von Weizsäcker steht fest, dass die Ökonomie heute die Politik dominiert und dadurch auch wesentlich gesellschaftspolitischen Einfluss nimmt: »Die vorherrschende Wirtschaftslehre hält es für ausgemacht, dass ökonomische Effizienz und Wohlstandsentwicklung mit Freiheit und Privatwirtschaft einhergehen.«[7]

Privat geführte Unternehmen arbeiten nach dieser Lesart effizienter als die vielfach subventionierten öffentlichen Bereiche, die nicht selten noch horrende Verluste einfahren. Ganz nach dem Motto »Konkurrenz belebt das

Geschäft« sind gewinnorientierte Unternehmen durch den Wettbewerb gezwungen, Leistungen besser zu erbringen und gleichzeitig Qualität zu bieten. Durch den Wettbewerb privater Konkurrenten für Waren und Dienstleistungen sinken die Preise. Das soll natürlich den Bürgern, den Konsumenten zugute kommen. Paradebeispiel der Privatisierungsbefürworter ist dabei die Liberalisierung der Telekommunikation mit der Privatisierung des einstigen Monopolisten Deutsche Post und dem Effekt gesunkener Preise, im Festnetz, im Mobilfunk, im Internet. Hier ist eine positive Wirkung privater Dienstleistungserbringung offensichtlich.

Weil aber der Kunde stets nach den günstigsten Angeboten Ausschau hält, der private Anbieter aber gleichzeitig möglichst hohe Gewinne generieren will, wird dieser alle Kostenvorteile ausschöpfen, die sich ihm bieten. Die werden natürlich vorwiegend durch Rationalisierungen und Kosteneinsparungen erreicht, durch die Reduzierung von Personal, durch veränderte Vertrags- und Tarifstrukturen, durch einen gestutzten Kündigungsschutz, durch günstige Produktionsbedingungen, vielleicht in Billiglohnländern. Und ein ganz entscheidendes Argument: Privatisierte Unternehmen tun sich leichter auf dem Kapitalmarkt, können Kredite aufnehmen, ohne sich mit den Kontrollorganen der Haushaltspolitiker oder Parlamentarier herzumschlagen zu müssen.

Überall da, wo Privatisierung einen Markteffekt hat, der dem Verbraucher eine reale Wahlmöglichkeit, eine nachvollziehbare Preis-Leistungs-Relation bietet, kann Privatisierung sehr sinnvoll sein. Denn bei allen Privatisierungen öffentlichen Eigentums handelt es sich so gut wie immer um gemeinwirtschaftliches Eigentum, Eigentum der Bürger und der Steuerzahler. Deshalb sollten gerade sie von jeder Privatisierung profitieren, auf gar keinen Fall aber sollte der Transfer von öffentlichem in privates Eigentum für die Nutzer von Nachteil sein.

Denn eigentlich ist es egal, wer der Betreiber einer Regionalbahn ist. Solange der Zug pünktlich kommt, die Preise sich in Grenzen halten und der Schaffner auch mal ein freundliches Wort verliert. Und ein privat geführter Kindergarten, der auf die individuellen Bedürfnisse der Eltern eingeht, wenn diese vielleicht einem Termin nachkommen müssen und möglicherweise eine längere Betreuung wünschen, ist sicherlich willkommen, solange das städtische Pendant die Kleinen Punkt 16 Uhr vor die Tür setzt.

Auch für die Auslagerungen von staatlichen oder kommunalen Beteiligungsunternehmen im Sinne formeller Privatisierungen in die Rechtsformen einer GmbH, Aktiengesellschaft bzw. im Zuge einer »Public Private Partnership« gibt es einen Strauß an schlüssigen Argumenten, die für diese Unternehmen sprechen: Dort bestehen klare Verantwortlichkeiten, Kostensenkungen können durch kaufmännisches Wirtschaften erreicht werden, es herrscht eine flexiblere Personalpolitik, steuerliche Vorteile können genutzt werden, ebenso der Zugriff auf privates Kapital. Wenn dann auch noch Gewinne für den kommunalen Haushalt erzielt werden und die engen, den Handlungsspielraum begrenzenden Kontrollen wegfallen, warum nicht? Gerade die Reduzierung der parlamentarischen Kontrollfunktionen wird von den Privatisierungsbefürwortern als wichtiges Argument ins Feld geführt, denn die Sitzungen der nun kontrollierenden Aufsichtsräte sind nicht öffentlich, gelangen also weniger in die Gremiendiskussionen.

Das Problem der Kontrolle und Regulierung teilprivatisierter oder vollends privatisierter Unternehmen sehen die Privatisierungsbefürworter in den staatlichen Regulierungsbehörden und Netzagenturen aufgehoben, die die »Qualität der Dienstleistungserbringung in der Daseinsfürsorge sowie die Einhaltung eines Mindestmaßes an sozialer Gerechtigkeit garantieren sollen.«[8] Und noch ein Effekt: Durch die »Übertragung der Dienstleistungserbringung auf den Privatsektor« solle dem »Klüngel« und der »Vetternwirtschaft« in öffentlichen Verwaltungen ein Riegel vorgeschoben werden. Privatisierungen wirken der Korruption entgegen, so die Lesart. »Aus dieser Sicht«, schreiben die beiden Autorinnen Barbara Dickhaus und Kristina Dietz, bedeute Privatisierung die »Entstehung einer effizienten ›Partnerschaft‹«, die zu einer »Win-Win-Situation« führe, »in der Staat, private Akteure und die als ›Kunden‹ angesehenen Nutzer gleichermaßen profitieren«.[9]

Und was spricht gegen eine Privatisierung? Aus welchen Bereichen und Sektoren kann und darf sich der Staat zurückziehen, ohne seine Fürsorgepflichten den Bürgern und dem Gemeinwohl gegenüber zu verletzen? Und wann ist diese Grenze überschritten? Keine Frage, dies wird in dem Augenblick problematisch, wenn die Wirtschaft die Politik dominiert, wenn sich Privatisierung verselbstständigt, wenn sie zur Ideologie eskaliert. Wenn das Gemeinwesen nicht mehr regelt, dass beispielsweise alle Bürger jederzeit und zu gleichen Bedingungen Wasser aus der Leitung beziehen dürfen, wenn die elementare Zuteilung dieses »Lebensmittels« dem Markt und damit dem Geldbeutel übereignet wird, sind eindeutig Grenzen überschritten.

Wenn ein staatliches Monopol lediglich im Zuge der Privatisierung gegen ein privates eingetauscht wird,wird es ebenfalls kein Mehr an Wettbewerb und Markt geben. Hier konterkariert sich alle Ideologie des Marktes und der Marktwirtschaft.

Wenn öffentlich gewachsene und in ihrer Form der Daseinsvorsorge begründete Monopole innerhalb bestimmter räumlicher Grenzen – im Wasserbereich, auf dem Stromsektor – privatisiert werden, dann geschieht das meistens zugunsten ohnehin bereits marktbeherrschender Konzerne. So werden beispielsweise im Falle der privatisierten Elektrizitätsunternehmen die alten Gebietsmonopole auch deshalb aufrecht erhalten, weil sich die vermeintlichen Wettbewerber über ihre Versorgungsgebiete hinaus nicht ins Gehege kommen wollen. Daher versuchen die großen Konzerne im Strombereich möglichst potente öffentliche Unternehmen und, wenn es möglich ist, ganze Stadtwerke zu kaufen.

Die Gegner der Privatisierung, vor allem in den Bereichen der öffentlichen Dienstleistungen wie Transport, Gesundheit, Energie- und Wasserversorgung sowie Bildung und Sicherheit, sehen die Basis des öffentlichen Zugangs für die wesentlichen auf den Grundrechten beruhenden öffentlichen Dienstleistungen nicht mehr gewährleistet.

Zahlreiche Privatisierungskritiker befürchten, dass durch eine umfassende Privatisierung der Daseinsfürsorge längerfristig eine Verteuerung der angebotenen Dienstleistungen bei gleichzeitig sinkendem Lohnniveau entsteht. Denn das Ziel jeder Privatisierung ist die Maximierung des Gewinns, der Rendite. Letztendlich kann die Privatisierung für den Staat richtig teuer werden. Denn er muss staatliche Regulierungsbehörden einrichten, Kontrollgremien und große neue Behörden. Er bzw. der Steuerzahler hat im Falle eines Scheiterns der Privatisierung zudem hohe ökonomische Folgekosten zu schultern.

Bereiche der Daseinsfürsorge wie Gesundheit, Bildung, soziale Einrichtungen, die Entsorgung von Wasser und die Müllbeseitigung, Versorgung mit Wasser und Energie, der Verkehr, die Kommunikation sollten, so die warnenden Stimmen, also nicht der reinen »Marktlogik« überantwortet werden, nicht allein den Maßstäben der Rentabilität. Denn gerade diese Bereiche sind nur schwer einer Kosten-Nutzen-Rechnung zu unterziehen und gehen weit über ökonomische Belange hinaus. Dadurch, dass alles dem Gewinn unterworfen wird, müssen zwangsläufig Personal abgebaut und Investitionen zurückgeschraubt werden – darunter leiden Instandhaltung und Qualität. Bei der Post werden die Briefkästen reduziert, die Bahn streicht weniger lukrative regionale Strecken, die Strommasten im Münsterland sind nur unzureichend gewartet.

Was wie Polemik klingt, ist im Kern von klarer Richtigkeit. »Die Gewinne werden privatisiert, die Verluste sozialisiert« bedeutet nichts anderes als dass der Bürger, der Steuerzahler wieder auf den Plan treten muss, wenn Privatisierungen scheitern oder revidiert werden müssen. Und es kann ihn teuer zu stehen kommen, wenn er das zurückerwerben muss, was ihm ohnehin bereits gehört hatte.

Zauberformel PPP – Public Private Partnership

Public Private Partnership (PPP) oder auch »Öffentlich-Private Partnerschaft« (ÖPP) hat sich zu einer der gängigsten Beteiligungsformen des Privatsektors an Einrichtungen der öffentlichen Hand erwiesen. Oder anders herum: Bund, Länder, Städte und Gemeinden suchen sich zur Realisierung ihrer Infrastrukturmaßnahmen zunehmend Partner aus der Privatwirtschaft. Bei diesen Partnerschaften bleibt meistens die Infrastruktur im Besitz der öffentlichen Hand, während der Privatsektor das Management, die technologische Entwicklung, die Realisation und vielfach auch die Finanzierung des Projekts übernimmt.

Public Private Partnerships genießen den Segen von höchster amtlicher Stelle. Noch zu Zeiten der rot-grünen Koalition hatten Bundesregierung und Bundesrat im Sommer 2005 das »Gesetz zur Beschleunigung der Umsetzung von Öffentlich Privaten Partnerschaften und zur Verbesserung gesetzlicher Rahmenbedingungen für Öffentlich Private Partnerschaften« verabschiedet, kurz: das ÖPP-Beschleunigungsgesetz. Danach wurden die Vergaberegeln für die Abwicklung von PPP-Modellen erleichtert, Steuervorteile geschaffen und Unternehmen gestattet, zum Beispiel im Zuge des privatisierten Fernstraßenbaus Mautgebühren zu erheben.

Wenige Monate später hatte auch die neue Große Koalition aus CDU, CSU und SPD in ihrem Koalitionsvertrag vom November 2005 Public Private Partnerships als erfolgversprechenden Weg definiert, »um Defizite öffentlicher Leistungserbringung zu schließen«.

Wie die Entscheidungsträger auf Bundesebene haben auch die Länder »PPP« auf ihre Fahnen geschrieben. Nahezu alle Bundesländer haben sogenannte PPP-Task-Forces gebildet, PPP-Kompetenzzentren, PPP-Projekt- und -Arbeitsgruppen, PPP-Gesprächsrunden und -Beraterkreise ins Leben gerufen. Und natürlich auch die Kommunen, vorneweg die großen Städte.

Sie alle erwarten sich gemeinsam mit der Bauwirtschaft und den Banken die Realisierung und Finanzierung zahlreicher zusätzlicher Investitionsprojekte.

Public Private Partnership soll den Investitionsstau lösen, die Haushaltslage entzerren, die öffentlichen Ausgaben optimieren, den »Umgang mit dem Vermögen des Staates professionalisieren«, auf allen Ebenen effizienter sein und all das in beschleunigter Umsetzung. Und es soll der Sicherung von Arbeitsplätzen der heimischen Bau- und Dienstleistungswirtschaft dienen. Die aktuelle PPP-Philosophie beinhaltet die gesamte Lebenszeit eines öffentlichen Projektes in privater Hand – von der Planung, der Finanzierung, über den Bau und Betrieb bis zum Abriss.

Zauberformel PPP!

Tatsächlich gilt PPP vielen als Königsweg zur Lösung kommunaler Finanzprobleme, zum Abbau des öffentlichen Investitionsstaus, den das Deutsche Institut für Urbanistik für Städte und Gemeinden bei über 40 Milliarden Euro jährlich festgemacht hat.[10] PPP gilt heute als Zaubermittel, öffentliche Leistungen mit Hilfe privater Investoren und Betreiber schneller, preiswerter und qualitativ höherwertig umzusetzen. Dabei umschreibt Public Private Partnership die unterschiedlichsten Formen der Zusammenarbeit zwischen der öffentlichen Hand und Privaten.

In der Regel werden PPP-Projekte als langfristige, vertraglich geregelte Zusammenarbeit zwischen öffentlicher Hand und Privatwirtschaft in den Bereichen Hoch- und Tiefbau verstanden. In der Regel ist damit gemeint, dass privates Know-how für den Betrieb öffentlicher Einrichtungen genutzt wird, während die Zuständigkeit und Aufgabenverantwortung bei der öffentlichen Hand bleibt.

Das Deutsche Institut für Urbanistik nennt als die wichtigsten Gründe dafür, dass Bund, Länder und Kommunen auf die Form dieser Teilprivatisierung zurückgreifen: die höhere Effizienz, die beschleunigte Projektrealisierung, der Zugang zu privatem Kapital und das Vertrauen auf privates Management. Und da in Bund, Ländern und Kommunen ein erheblicher Investitionsbedarf der gesamten öffentlichen Infrastruktur besteht – im Verkehrsbereich, im öffentlichen Hochbau, in der sozialen, kulturellen und Sportstätteninfrastruktur sowie im Umweltschutz –, gilt PPP als »zukunftsweisender Lösungsweg«.

Unter dem Begriff PPP sind verschiedene Konzepte und Kooperationen von öffentlicher Hand und Privaten subsumiert. Beim *PPP-Inhaber-* oder *-Betreibermodell* errichtet bzw. saniert und betreibt ein privater Anbieter ein

Gebäude oder eine Anlage über einen Zeitraum von 20 bis 30 Jahren. Das Eigentum bleibt während der Vertragslaufzeit in öffentlicher Hand. Die private Seite hat die Bauherreneigenschaft inne und trägt das finanzielle Risiko. Sie erbringt Leistungen in den Bereichen Planung, Bau, Finanzierung, Instandhaltung und Betrieb und erhält mit Abschluss der Bauphase ein regelmäßig von der öffentlichen Hand zu zahlendes Entgelt, das alle Kosten für Investitionen und Betrieb abdeckt.

Beim *PPP-Leasing-* bzw. *-Mietmodell* übernimmt ein privater Auftragnehmer für die öffentliche Hand die Vorfinanzierung, das Errichten und den Betrieb eines Gebäudes oder einer Anlage. Er erhält langfristig vereinbarte Leasingraten für seine Leistungen oder regelmäßige Mieteinnahmen. Der öffentliche Auftraggeber hat bei Vertragsende eine Kaufoption.

Das *PPP-Erwerbermodell* sieht den schlüsselfertigen Bau oder die Sanierung und den anschließenden Betrieb von Gebäuden vor. Während der 20- bis 30-jährigen Vertragslaufzeit ist der private Auftragnehmer Eigentümer des Objekts. Erst nach Auslaufen des Vertrages geht das Objekt in die öffentliche Hand über.

Das *PPP-Konzessionsmodell* sieht die Vergabe einer Bau- oder Dienstleistungskonzession an ein privates Unternehmen vor. Dabei wird der Auftragnehmer normalerweise nicht über den Auftraggeber bezahlt, sondern er erhält das Recht zur Drittnutzerfinanzierung, deckt also seine Kosten über Entgelte, die Dritte für die Benutzung bezahlen.

Im *PPP-Betriebsführungsmodell* ist es die öffentliche Seite, die das Projekt betreibt und als Eigentümerin auftritt. Der private Unternehmer zeichnet hier für die Gesamtheit der betriebswirtschaftlichen Aufgaben gegen ein »nutzerabhängiges Entgelt« im Namen der Kommune verantwortlich – über Eintrittsgelder in einem Erlebnisbad oder einer Kongresshalle beispielsweise, über Abwassergebühren bei einer Kläranlage.

Mit einem PPP-Modell sind die öffentliche Hand und die Privatwirtschaft häufig über sehr lange Zeiträume aneinander gebunden. In politischen Kategorien gerechnet: über mehrere Legislaturperioden. Und genau da liegt ein wunder Punkt des PPP, bekommen es die Politiker, aber noch mehr die kommunalen Entscheidungsträger, wenn sie verantwortungsvoll und langfristig denken, vielfach mit der Angst. Sie fürchten eine »Unwirtschaftlichkeit« des Projekts in der Zukunft, haben Angst davor, dass PPP-Projekte die Kommunen auf lange Sicht gesehen »teuer zu stehen« kommen könnten. Denn es steht natürlich immer eine mögliche Insolvenz der privaten Vertragspartner im Raum, allemal wenn sich Verträge über eine Laufzeit von bis zu 30 Jahren erstrecken, also weit in die nächste Generation hinein reichen. Denn auch bei der sorgfältigsten Auswahl eines privaten Partners kann eine Pleite in der Zukunft nie ausgeschlossen werden.

Und noch ein Haken: Die öffentliche Hand nimmt sich häufig über Jahre hinweg die Möglichkeit der Einflussnahme, sie kann und darf nicht mehr mitreden auf ihrem ureigensten Terrain. All das sind Gründe mit dafür, so das Deutsche Institut für Urbanistik, dass PPP-Projekte zur Rechtfertigung der einmal getroffenen Entscheidungen nicht gerade selten im Nachhinein »schöngeredet« werden.

Für die Privatwirtschaft, und da ganz vorneweg das Baugewerbe, steht fest, dass »viele derzeit staatliche Aufgaben Private genauso gut und oftmals besser als der Staat erledigen« können. Wenn es um Bauaufträge und gute Gewinne geht, wird die Wirtschaft ganz politisch: »Dann muss sich der Staat eben zurücknehmen, dies ist die Kernaussage des sogenannten Subsidiaritätsprinzips.«[11]

Unzweideutig wird die Werbetrommel dafür gerührt, dass Schulen, Krankenhäuser, Sportstadien, Schwimmbäder und andere bislang öffentliche Hochbauten wie Rathäuser, Messehallen und Verwaltungsgebäude von Privatunternehmen geplant, gebaut und betrieben werden sollten. Der Nutzer – Staat, Land oder Stadt – muss dann dafür zahlen. In Kooperation, in Miete oder Leasing. Das Gleiche gilt für Infrastruktureinrichtungen wie Straßen, Brücken, Tunnels, Flughäfen und Wasserstraßen. Für die großen Bauunternehmen hat sich das Segment Public Private Partnership inzwischen zu einem lukrativen Standbein in den jeweiligen Konzernbilanzen etabliert.

»Mehr Effizienz und bessere Qualität« lautet denn auch die unumstößliche Überzeugung der Privatwirtschaft hinsichtlich PPP. Das unterstellt natürlich, ganz nebenbei gesagt, das Städte und Gemeinden per se meistens schlampig wirtschaften. Der privatwirtschaftliche Teil einer Public Private Partnership macht vor allem die Kostenvorteile geltend, die aus dem sogenannten Lebenszyklusansatz – Planung, Bau, Finanzierung, Bauunterhalt und Betrieb aus einer Hand – entstehen und die eine herkömmliche Bauerstellung niemals leisten kann.

Damit, so die Privatwirtschaft, erhöhe sich für den öffentlichen Auftraggeber die Planungs- und Kostensicherheit. Denn »bei einer PPP-Maßnahme wird eine definierte Leistung für einen langfristigen Zeitraum gegen ein festes Entgelt vereinbart«, bemerkt beispielsweise der Bayerische Bauindustrieverband. »Der öffentliche Partner ist somit von Planungs-, Bau- und Betriebs- und Instandhaltungsrisiken entlastet.«[12] Da die vertraglich vereinbarten Leistungen über die gesamte Vertragslaufzeit erbracht werden müssen, gleichzeitig aber ergebnisorientiert gewirtschaftet werden soll, muss das privatwirtschaftliche Partnerunternehmen stets »qualitativ hochwertige und gleichzeitig preisgünstige Lösungen für die gestellte Bau- und Betriebsaufgabe«[13] finden und anbieten. Ein gewagter Spagat für eine jahrzehntelange Laufzeit.

Eines der größten PPP-Projekte auf Bundesebene war bislang das Projekt Toll Collect zur Einführung der Lkw-Maut auf Autobahnen. Bereits an der Erstellung dieses Großprojekts wurde deutlich, welchen unkalkulierbaren Risiken sich der Auftraggeber aussetzt. Nicht nur, dass der Staat durch die zeitliche Verzögerung des Projektbeginns finanzielle Ausfälle in Milliardenhöhe hatte hinnehmen müssen, wurde schnell deutlich, dass der lange Zeit streng geheim gehaltene Vertrag zwischen dem Bund und dem federführenden Industriekonsortium wesentlich vonseiten der privaten Partner diktiert worden war. Möglicherweise ein Grund mehr, weshalb das Bundesverkehrsministerium Teile des Vertrags hartnäckig unter Verschluss hielt, angeblich zum Schutz von Geschäfts- und Betriebsgeheimnissen. Der Bundesbeauftragte für den Datenschutz, Peter Schaar, bescheinigte dem Verkehrsminister selbst im April 2007 erneut, dass diese Vorgehensweise eigentlich unhaltbar sei. So könne selbst eine Vertraulichkeitsvereinbarung zwischen der Regierung und dem Konsortium »den Informationsanspruch der Öffentlichkeit nicht ausschließen.«[14]

»Die Verwertung des Systems und der Nebenrechte, zum Beispiel für Speditions- und Verkehrsdienste, während und vor allem nach Auslaufen des Vertrages 2012 bleibt einseitig der privaten Seite vorbehalten«[15], ergänzt Werner Rügemer. Ebenso habe die Bundesgierung die Forderungen der Privatwirtschaft erfüllt, wonach die Einnahmen von Toll Collect einer dem öffentlichen Haushalt entzogenen Gesellschaft zufließen müssen. Diese Gesellschaft »kann selbstständig Kredite aufnehmen und soll Verkehrswege finanzieren, die nicht der Entscheidung eines politischen Gremiums unterliegen.«[16] Da frohlocken natürlich die großen Straßenbaukonzerne.

Nicht nur der Bund, der immer mehr Projekte auf Jahrzehnte in die Hände privater Investoren gibt – Kasernen, Truppenübungsplätze, Radareinrichtungen der Bundeswehr –, sondern auch die Länder unterliegen der

Zauberformel PPP. Schwerpunkte für Privatisierungen sind die Bereiche Verkehr, Verwaltung, Kliniken und Justiz. Ganz vorne stehen dabei Hessen und Nordrhein-Westfalen.

Da sich das Land Hessen »bei seinem staatlichen Handeln künftig verstärkt auf seine Kernaufgaben konzentrieren« will, so der Hessische Finanzminister Karlheinz Weimar, soll demnächst möglichst nicht mehr selbst gebaut werden, sondern »der Unterbringungsbedarf durch Anmietung« gedeckt werden[17]. Auf der Agenda stehen beispielsweise das geplante Justiz- und Verwaltungszentrum in Wiesbaden, die Ämter für Bodenmanagement in Limburg, Korbach und Büdingen, das Polizeipräsidium Osthessen und das Finanzzentrum in Kassel-Altmarkt.

Hinter der Projektgesellschaft zum Neubau des Finanzzentrums Kassel-Altmarkt stehen die Süd-Leasing GmbH Mannheim mit dem Bau- und Gebäudemanagementunternehmen Müller-Altvatter aus Stuttgart. Die privaten Partner haben das Grundstück in prominentester Kasseler Lage vom Land Hessen gekauft und bieten nun Planung, Finanzierung, Bau und Betrieb aus einer Hand. »Durch diese Bündelung und die teilweise Verlagerung von Risiken auf private Partner«, so das Hessische Finanzministerium, »werden Effizienzgewinne erzielt, deren Kostenvorteile das Land als Mieter nutzen kann«.

Alles steht zur Disposition: die Messe Frankfurt, die Krankenhäuser im Landesbesitz, Justizvollzugsanstalten. »Der Abbau bzw. die Privatisierung staatlicher Aufgaben ist eines der wichtigsten Ziele der Verwaltungsreform«, verkündet die Hessische Staatskanzlei. »Jede staatliche Leistung soll auf ihre Notwendigkeit und ihre Privatisierungsfähigkeit hin überprüft werden.«

Privatisiert und verkauft wurden inzwischen zahlreiche Krankenhäuser. Besonders spektakulär: Die Veräußerung der Universitätskliniken Gießen und Marburg an den Rhön-Kliniken-Konzern. Teile des Landesbetriebs Hessische Staatsbäder wurden abgegeben, die Justizvollzugsanstalt Hünfeld – ein Novum in der deutschen Privatisierungslandschaft – teilweise einem privaten Investor übertragen. Privat betriebene Gefängnisse planen nach hessischem Vorbild nun auch andere Bundesländer. Und weiter: Landeseigene Wohnungen sollen an Finanzinvestoren veräußert werden. Gebäude, in denen Ministerien und Behörden sitzen, werden verkauft und zurückgemietet, so Werner Rügemer. »Die hessische Landesregierung verkaufte die Gebäude von Innen- und Finanzministerium sowie das Frankfurter Polizeipräsidium an die Commerzbank und mietet sie für 30 Jahre zurück.«[18]

Und weiter geht's: Alle in der Landesverwaltung noch in Eigenregie wahrgenommenen allgemeinen Verwaltungs- und Servicedienste, »die in keinem unmittelbaren Zusammenhang mit den Kernaufgaben der Fachverwaltungen stehen«, werden »auf ihre Privatisierbarkeit überprüft«: Druckereien, Werkstätten, Beschaffungen, Post- und Botendienste, Bereiche der Einkleidung von Bediensteten usw. Gleiches gilt für landesinterne Aus- und Fortbildungsaufgaben. Die Straßenmeistereien, und damit die Wartung und Pflege von Bundes-, Land- und Kreisstraßen, sollen privaten Trägern übereignet werden. Dazu gehören die Pflege der Grünanlagen, die Ausbesserung von Schlaglöchern, der Betrieb von Ampeln, die Reinigung der Fahrbahnen und der Winterdienst. Werner Rügemer: »Aber auch die Behindertenbetreuung, Gerichtsvollzieher, Polizeifunk: alles kann privatisiert werden.«

Mit besonderer Privatisierungsvehemenz geht die schwarz-gelbe Regierungskoalition in Nordrhein-Westfalen zu Werke und übertrifft damit noch ihre rot-grüne Vorgängerkoalition. Vor der CDU-FDP-Task-Force und ihrer finanz- und ordnungspolitischen Ausrichtung ist nichts mehr sicher. NRW brüstet sich in Sachen Privatisierung bundesweit einer »Vorreiterrolle«[19], so Finanzminister Helmut Linssen. Die Koalition hatte 2005 vereinbart: »Die öffentliche Hand darf sich zur Erfüllung ihrer Aufgaben nur dann wirtschaftlich betätigen, wenn ein dringender öffentlicher Zweck durch private Unternehmen nicht ebenso gut und wirtschaftlich erfüllt werden kann.« Ziel der schwarz-gelben Landesregierung ist es, den Druck auf die Kommunen massiv zu erhöhen, weitere Teile der Daseinsfürsorge zu privatisieren oder verstärkt in PPP-Modelle einzubringen.

Damit stellt die nordrhein-westfälische Landesregierung den Sinn von Kommunen auf den Kopf. Die Daseinsfürsorge als selbstständiger Zweck wird nivelliert, das Gemeinwohl der Wirtschaft ausgeliefert. Nach Auffassung des Deutschen Städtetages läuft diese Strategie der städtischen Aufgabenerfüllung generell und dem nach der Gemeindeordnung der Länder verpflichtenden öffentlichen Zweck der Kommunen zuwider. Im März 2007 demonstrierten rund 20.000 Menschen vor dem Düsseldorfer Landtag gegen die Politik von CDU und FDP, die Aktivitäten kommunaler Unternehmen zugunsten der Privatwirtschaft gesetzlich weiter drastisch zu beschneiden.

Aber auch der nordrhein-westfälische Finanzminister räumt bei aller Privatisierungseuphorie ein, dass die durch PPP erreichte Wirtschaftlichkeit von 5 bis 15 Prozent »selbstverständlich noch über den Lebenszyklus des Projekts belegt werden muss«[20]. Wo Herr Linssen in 25 Jahren wohl weilt?

Von privater Seite sitzen meistens neben zahlreichen mittelständischen Unternehmen die großen Baukonzerne Bilfinger Berger, Hochtief, Züblin und Strabag mit im lukrativen PPP-Boot. Für sie hat PPP sich zu einem einträglichen und durch die Vertragsbedingungen langfristig gesicherten renditeträchtigen Unternehmenszweig entwickelt. Bis zum Jahr 2010 rechnet die deutsche Baubranche allein bei Schulen, Verwaltungsgebäuden und Krankenhäusern mit PPP-Projekten im Wert von 10 bis 20 Milliarden Euro.

Die großen deutschen Baukonzerne haben denn auch ihre Konzernstruktur in den zurückliegenden Jahren ganz auf diese Bereiche ausgerichtet und PPP zu einem eigenen Unternehmensbereich ausgebaut. Im Zentrum der Geschäfte mit Bund, Ländern, Städten und Gemeinden steht das sogenannte BOT-Modell, auch Betreibermodell genannt. BOT ist die Abkürzung für »Build-Operate-Transfer« und beinhaltet die »ganzheitliche privatwirtschaftliche Lösung einer öffentlichen Immobilien- oder Infrastrukturaufgabe«[21]. Besonders einträglich sind die schlüsselfertige Erstellung von Kraftwerken oder Flughäfen. Privat gebaut wurde der Warnowtunnel bei Rostock, der Herrentunnel in Lübeck, das IT-Projekt Herkules der Bundeswehr, eines der größten PPP-Projekte in Europa. In PPP-Manier soll auch das Berliner Stadtschloss neu errichtet werden.

Nach diesem Modell übernimmt der private Auftragnehmer auf einem in seinem Eigentum stehenden Grundstück die Planung, den Bau, die Finanzierung und den Betrieb einer Immobilie, die von der öffentlichen Hand genutzt wird, meistens über eine Laufzeit von 20 bis 30 Jahren. Zum Vertragsende geht das Eigentum an Grundstück und Gebäude auf den öffentlichen Auftraggeber über. Das Entgelt besteht in regelmäßigen Zahlungen an den Auftragnehmer und wird bei Vertragsschluss festgesetzt. Es betrifft alle Komponenten des Geschäfts, auch den Betrieb der Immobilie, das sogenannte Facility Management, sowie die Finanzierung und den Kauf des Grundstücks, das in der Regel zuvor dem Auftraggeber selbst gehörte. Die öffentliche Hand least oder mietet das Gebäude über die gesamte Laufzeit zu festgesetzten Konditionen an. So wird das Berliner Schloss letztendlich einigen Baufirmen gehören – und irgendwann darf es der Bund dann übernehmen.

Der Essener Baukonzern Hochtief AG hat inzwischen international ein Dutzend Mautstrecken im Portfolio, darunter gemeinsam mit Konkurrent Bilfinger Berger den Lübecker Herrentunnel. Aber auch Projekte wie das neue Rathaus der Stadt Gladbeck, sieben PPP-Schulen in Köln, das Berufsschulzentrum in Leverkusen und 50 Schulen im Kreis Offenbach. Stolz vermeldet der Konzern, dass er in die Schulbauten so gut wie kein Eigenkapital einbringen musste.

In welchen Größenordnungen die großen deutschen Baukonzerne kalkulieren, wenn es um lukrative Geschäfte im Zuge von Privatisierungen geht, wird immer wieder bei Akquisitionen in den osteuropäischen Ländern deutlich, die ihre alten Staatswirtschaften vielfach zum Verkauf anbieten. So erwarb im Mai 2007 der Essener Hochtief-Konzern für 1,9 Milliarden Euro eine Mehrheitsbeteiligung von 75 Prozent des Flughafens im ungarischen Budapest, der zur Privatisierung anstand. Ein Zeichen dafür, dass die Bauindustrie inzwischen wieder gewaltige Renditen generiert und äußerst liquide ist – nicht zuletzt aufgrund lukrativer Geschäfte im milliardenschweren PPP-Markt.

Lobbyismus – Die legale Schwester der Privatisierung

Was in Bonn eher im Verborgenen blühte, ist in Berlin heute allgegenwärtig und auch in Brüssel an der Tagesordnung. Regierung, Parlament und Verwaltung werden belagert von Interessenvertreten jeglicher Coleur. Lobbyisten sind die alltäglichen »Stalker« der Politiker. Sie drängen auf die Umsetzung wirtschaftsliberaler Prinzipien im Sinne der Unternehmen, auf Privatisierungen da, wo noch etwas »abzuräumen« ist. Und nach vollzogenen Privatisierungen sind sie es, die auf die Politiker Druck ausüben, dass sich gerade im Dienstleistungsbereich keine Hürden auftürmen auf dem Weg zu guten Profiten. Regulierungsbehörden werden möglichst auf Distanz gehalten, Politiker werden zurückgeholt, wenn sie – wie im Energiebereich – versuchen, die Preisschraube zu neutralisieren, Umweltauflagen zu erlassen.

Keine bedeutende Vorlage, kein wichtiges Gesetz, in das die Interessengruppen nicht versuchen, ihre Belange einzubringen und es in ihrem Sinne zu beeinflussen. Meist als »stille Macht«, hinter den Kulissen, im Verborgenen. »Ob bei der gescheiterten Dieselrußverordnung, ob bei der stornierten Erhöhung der Dienstwagenbesteuerung, dem teuer subventionierten und den Markt außer Kraft setzenden Ausbau des Breitbandglasfasernetzes, ob bei der Subventionierung der Steinkohle: Stets legen Verbände und einzelne Konzerne ruhige Hand an, um Milliarden-Vorteile aus den öffentlichen Kassen oder einen Vorsprung vor der Konkurrenz zu erlangen – per Gesetz, Ausführungsvorschrift, Ausführungsbestimmung, Steuerprivileg oder Subvention.«[22] Im Jahr 2003 waren bei der Anhörung zur großen Gesundheitsreform allein 140 Verbände registriert.

Lobbyisten werden immer dann besonders aktiv, wenn es um den Erhalt von Subventionen und Steuerprivilegien geht, vor allem auch im Zuge von Privatisierungsvorlagen und deren Umsetzung in geltendes Recht. In Berlin ebenso wie auch in Brüssel. Denn der inzwischen größte Teil der im Bundestag umgesetzten Gesetze basiert auf Verordnungen und Richtlinien der Europäischen Union.

Lobbyisten sind Verbandsvertreter oder Vertreter von Interessengruppen, die versuchen auf politische Entscheidungen und damit auf die Entscheidungsträger Einfluss zu nehmen, vor allem auf Parteien, Abgeordnete und Regierungen sowie auf die Verwaltung. Interessengruppen gehören zum demokratischen »Spiel«, wenngleich sie keinen Verfassungsrang haben. Aber in einem offenen, auf Meinungsbildung und Abstimmung beruhenden System ist es legitim, auf diejenigen, die über Gesetzesvorlagen bestimmen, einzuwirken – im Rahmen der Gesetze, ohne Nötigung, wie etwa die Drohung von Arbeitsplatzabbau und Jobverlagerung, und ohne Bestechung. Einfluss auf die Öffentlichkeit wird über die Medien geübt. In Tageszeitungen werden gezielte Anzeigenkampagnen geschaltet, in den Talkshows der Fernsehsender treten eloquente Lobbyisten als vermeintliche »Experten« auf.

Mit dem Umzug des Bundestags von Bonn nach Berlin hat der Lobbyismus erheblich an Bedeutung gewonnen. Agierten in Bonn Anfang der 1970er-Jahre gerade mal 500 Lobbyisten, so »drängen sich mittlerweile 5.000 Lobbyisten von 2.000 Unternehmen und Verbänden durch die Korridore der Abgeordnetenbüros, Fraktionschefs und Ministerialbeamten[23]«. Beim Präsidenten des Deutschen Bundestages gibt es die »Öffentliche Liste über die Registrierung von Verbänden und deren Vertretern«, die allerdings auf Freiwilligkeit beruht, also niemals vollständig ist.

Rund 130 Unternehmen residieren nahe am Regierungsviertel in teilweise repräsentativen Residenzen an den ersten Adressen der Hauptstadt – rund ums Brandenburger Tor, Unter den Linden, am Potsdamer Platz oder am Pariser Platz. Da werden Podiumsdiskussionen veranstaltet, Expertenrunden abgehalten, prächtige Empfänge gegeben. Hinter dem Prunkdomizil des Bertelsmann-Konzerns Unter den Linden beispielsweise kann sich so manches optisch graue Ministerium verstecken. Dahin wird der Minister oder sein Staatssekretär schon mal gern geladen. Andere Unternehmen lassen sich über Public-Affairs-Agenturen vertreten.

Die Hauptstadt wimmelt von professionellen »Beratern«, die versuchen, den Politkern die Feder bei der Gesetzgebung zu führen. Nie war Lobbyismus professioneller organisiert als derzeit in Berlin und Brüssel. Die beiden Lobbyismus-Experten Thomas Leif und Rudolf Speth kommentieren das so: »Lobbyismus wird von Personen betrieben, die am politischen Entscheidungsprozess nicht selbst beteiligt sind und über kein demokratisches Mandat verfügen. Sie sind eine Macht ohne Legitimation. Lobbyisten haben das Ziel, den Interessen ihrer Auftraggeber möglichst umfassende Berücksichtigung bei politischen Entscheidungen zu verschaffen. Der Lobbyist steht symbolisch vor dem Parlament und hat weder Sitz noch Stimme in ihm.«[24]

In der pluralistischen Gesellschaft, so lautet die politikwissenschaftliche Lesart, sind die Aktivitäten der Interessenverbände wesentlicher Teil politischer Entscheidungsprozesse. Im Umkehrschluss vertreten die Interessengruppen die Anliegen ihrer Mitglieder und Auftraggeber in sozialen, politischen und wirtschaftlichen Belangen.

Der Idealfall scheint immer mehr die Ausnahme zu sein, Interessengruppen haben sich in allen Bereichen der Entscheidungsfindung festgesetzt, sind institutionell und personell immer da präsent, wo Entscheidungen anstehen. Das drängt politischen Handlungsspielraum zurück und zeitigt vielfach Entscheidungen, die zwar im Sinne einer Lobby sind, sich aber keineswegs mit den Interessen des Allgemeinwohls decken, dem die Politiker aber eigentlich verpflichtet sind. Allein im Umfeld des Gesundheitsministeriums bewegen sich rund 400 Lobbyverbände, die allesamt die Interessen ihrer Auftraggeber zu Gehör bringen bzw. umsetzen wollen. Für die Reform des Gesundheitssystems, so verschiedene Politiker, sei das äußerst schädigend gewesen.

Vornehmlich die großen Konzerne, operieren im Lobbyismus noch zielgerichteter und teilweise aggressiver als Verbände, die sich meistens im Rahmen einer demokratischen Kontrolle vor ihren Mitgliedern legitimieren und rechtfertigen müssen. Unternehmen handeln stets eigenorientiert und sind dem Gewinnstreben unterworfen. Sie sind deswegen vielfach auch weniger zimperlich, wenn es gilt, Drohkulissen aufzubauen, mit Arbeitsplatzabbau und Abwanderung zu drohen.

Nicht selten folgen Politiker in ihren Entscheidungen den gut organisierten Interessengruppen auch aus opportunistischen Gründen. Sie stimmen vielfach Vorlagen zu, die nicht selten »gemeinwohlschädigende Subventionierungen« beinhalten und vielfach auch der Expertenmeinung widersprechen. Ob es Steuergeschenke für große Konzerne sind, wie beispielsweise der Steuerwegfall beim Verkauf von Beteiligungsbesitz, oder Subventionen für die Landwirtschaft, Zugeständnisse an die Autoindustrie oder jüngst an die Tabaklobby.

Den durchsetzungsfähigen Interessengruppen der Privatwirtschaft gegenüber hat der Bürger, der schließlich für die Subventionen, die Umweltbelastung oder die Preiserhöhungen aufkommen muss und damit letztendlich alle Folgen trägt, keine Chance, auch weil er nicht so gut organisiert ist wie die privatwirtschaftlich auftretenden Interessengruppen. Er bleibt bei den großen, lobbygesteuerten Reformen wie der Gesundheitsreform immer hinter den Interessen der Pharmaindustrie zurück oder er bezahlt ohnmächtig die überhöhten Stromrechnungen der großen Energiekonzerne. Deren Machtballung nach erfolgter Liberalisierung und Privatisierung verdanken sie letztendlich auch von ihren Lobbyisten beeinflussten Politikern.

Denn die Konzernzentralen sind einflussreich, die großen Energiekonzerne sind eine Macht. In ausgeklügelter Lobbyarbeit lassen sie ihre Interessen wirkungsvoll und nachhaltig in Regelungen und Gesetzesvorhaben, die meistens die Allgemeinheit betreffen, einbringen und nicht selten einarbeiten. Sie haben maßgebliche politische Positionen in den Ländern und im Bund mit eigenen Mitarbeitern besetzt, die mitunter vom Konzern auch weiterhin ihr Gehalt beziehen und pensionsberechtigt bleiben. Vielfach sind es die Vorstände selbst, die über einen ungeheuren Einfluss in Politik und Wirtschaft verfügen und diesen auch im Sinne der Konzerne einsetzen und zum Tragen bringen. Die »Strom- und Gas-Bosse« gehörten immer schon zu den mächtigsten Wirtschaftsführern im Lande.

Lobbyismus ist in kaum einer Wirtschaftssparte ausgeprägter als in der Energiewirtschaft – sieht man vielleicht einmal von der pharmazeutischen Industrie und der Autobranche ab. Die Lobbyisten vor allem der großen Energiekonzerne E.ON, RWE, Vattenfall Europe und EnBW besitzen in der Hauptstadt Berlin in räumlicher Nähe zum Regierungsviertel beachtliche Repräsentanzen. An der Spitze dieser Berliner »Stromzentralen« stehen hochdotierte Persönlichkeiten, die über erhebliche Verbindungen zum politischen Leben in der Hauptstadt verfügen und nicht selten aus der Politik selbst kommen.

Die Cheflobbyisten werden neben der »Pflege der politischen Landschaft« immer dann besonders aktiv, wenn eine Gesetzesnovelle ansteht – sei es im Kraftwerkbereich, im regenerativen Umfeld, die Netze betreffend, in der Energiesteuergesetzgebung oder im Umweltbereich. In Berlin wird kein wesentliches energiewirtschaftliches Gesetz verabschiedet, in das nicht die Repräsentanten der vier großen Konzerne maßgeblich hineinredigieren und -regieren. Sie treten als Experten auf, als Berater und vermeintliche Vertreter deutscher Energieinteressen. Vielfach ist die Politik auch auf ihren Rat angewiesen. Alle politisch angelegten Energiekonzepte in Deutschland werden erheblich von den großen Energieversorgungsunternehmen mitentwickelt. Gerade diese Konzerne verfügen dabei über ein hohes Druck- und Drohpotenzial. Mal werden Arbeitsplätze ins Feld geführt, dann eine Verminderung der dringend notwendigen Investitionen in die Infrastruktur der Netze, dann die Veräußerung ganzer Unternehmensteile. Doch damit verliert der Staat zunehmend an Gestaltungskraft.

Anhand des Zustandekommens des Energiewirtschaftsgesetzes 2005 lassen sich die Wege des Lobbyismus in der Stromwirtschaft recht gut nachzeichnen. Monatelang gab es erbitterte Diskussionen und ein zähes Ringen um die Inhalte der Novelle. Die Lobbyisten gaben sich bei den Entscheidungsträgern, besonders im Berliner Wirtschaftsministerium, die Klinken in die Hand. Auch die Politik vertrat unterschiedliche Positionen und Interessen – in der damaligen rot-grünen Bundesregierung war man näher an den Positionen der Industrie, während zahlreiche konservativ aufgestellte Bundesländer sich stärker an den Industriekunden orientierten. Immer wieder wurden auch die Vorstandsvorsitzenden der vier großen Stromanbieter beim Bundeswirtschaftsminister vorstellig. Sie verlangten vom Gesetzgeber maßgebliche Änderungen am neuen Energiewirtschaftsgesetz in ihrem Sinne. In diesem Zusammenhang stellten sie so ganz nebenbei und unverblümt 19 Milliarden Euro für den Standort Deutschland in Aussicht – für neue Kraftwerke und die Netzinfrastruktur.

Gerade bei denjenigen Passagen der Novelle, in denen sich die Verbraucherverbände durchgesetzt zu haben schienen – stärkerer Wettbewerb bei kontrollierter Preisgestaltung –, drängten die Manager zu Änderungen und Entschärfung. Sie knüpften die angekündigten Milliardeninvestitionen an klare Bedingungen und machten unmissverständlich deutlich, dass die Sicherheit einer reibungslosen Stromversorgung ihren Preis hat. Nur wenn die Gewinne aus den Netzen entsprechend hoch ausfallen würden, könnten die avisierten Investitionen garantiert werden.

Vor allem den Bereich der Kernenergie bestimmte über die letzten Jahrzehnte hinweg eine intensive bis aggressive Lobbyarbeit seitens der großen

Energiekonzerne. Vorbei an den Interessen der Bevölkerung, gegen gewaltige Protestbewegungen mit Hunderten von Bürgerinitiativen und ökologisch ausgerichteten Organisationen und schließlich den »Grünen«, dominierte die »Atomlobby« aus Wirtschaft und Politik lange Zeit maßgeblich die Geschicke der Energiepolitik. Erst mit dem Wegbrechen des gesamtgesellschaftlichen Konsenses zur Kernenergie und der Position der rot-grünen Bundesregierung kam es 2002 zum langfristigen und »geordneten« Ausstieg aus der Kernenergie.

Doch mit der Großen Koalition steht auch die Atomlobby wieder auf dem Plan. Die großen Energiekonzerne und ihre Cheflobbyisten versuchen erneut mit Hilfe ihrer Klientel in der CDU/CSU die 2002 gefassten Beschlüsse zu kippen und vor allem längere Restlaufzeiten für die Kraftwerke zu erreichen. Ihnen gilt Atomkraft plötzlich wieder als »unverzichtbar«. Der Grund für die Renaissance der Atomenergielobby: das Geld. Die alten Atomkraftwerke sind längst abgeschrieben, und damit sprudelnde Geldquellen. Und: Hohe notwendige Investitionen in neue Kohle- und Gaskraftwerke können weit in die Zukunft verschoben werden. Der großen Koalition offerierten die Lobbyisten der 17 in Deutschland betriebenen Kernkraftwerke denn auch einen attraktiven Deal: Für längere Laufzeiten der Anlagen würden im Gegenzug hohe Beträge zur Energieforschung bereitgestellt. Die »Frankfurter Allgemeine Zeitung« titelte am 28. Oktober 2005: »Stromkonzerne bieten Geld für Laufzeit«. Und die »Süddeutsche Zeitung« am selben Tag: »Atom-Lobby will sich Laufzeit erkaufen«.

Vielfach bewegt sich Lobbyismus und Interessenvertretung gefährlich dicht am Tatbestand der Korruption, wenn es darum geht, Einfluss zu nehmen, und wenn unerlaubte Mittel ins Spiel kommen. Die Korruptionsaffären von Volkswagen und Siemens sind da einschlägige Beispiele aus jüngster Zeit. Volkswagen versank in einem Sumpf von Betrugs- und Untreuedelikten, Schmiergeldzahlungen und Vergnügungsreisen auf Firmenkosten. Über die Volkswagen-Affäre stürzten im Zuge staatsanwaltschaftlicher Ermittlungen der VW-Arbeitsdirektor Peter Hartz, Betriebsratschef Klaus Volkert, der SPD-Landtagsabgeordnete Günter Lenz und der SPD-Bundestagsabgeordnete Hans-Jürgen Uhl. Im Rahmen des Schmiergeldskandals bei Siemens, in dem es um mehrere Hundert Millionen Euro ging, mussten schließlich der Vorstandsvorsitzende Klaus Kleinfeld, der einflussreiche Aufsichtsratsvorsitzende und Kanzlerinberater Heinrich von Pierer ihre Posten räumen.

Hautgout umweht auch Politiker, die auf den Gehaltslisten großer Konzerne stehen und deren Interessen im Parlament vertreten. Der wirtschaftspolitische Sprecher der CDU, Laurenz Meyer, ist da noch als Mann des Energieriesen RWE in bester Erinnerung. Oder der frühere Wirtschaftsminister Werner Müller, der mitsamt seinem Staatssekretär nach vollzogener Ruhrgas-Übernahme durch den E.ON-Konzern per Ministererlaubnis auf den Vorstandsposten in der E.ON-dominierten RAG aufstieg.

Jüngst erst wechselte der verkehrspolitische Sprecher der CDU, Matthias Wissmann, ein ausgewiesener »Gegner« eines Tempolimits, an die Spitze des Bundesverbandes der deutschen Automobilindustrie. Der Europaabgeordnete der CDU, Elmar Brook, ist seit Jahren gleichzeitig Brüsseler Lobbyist des Bertelsmann-Konzerns. Hochoffiziell und gut bezahlt. Andere Politiker, die ihre politische Arbeit im Sinne der Industrie, der Versicherungen und Banken »gut« versehen haben, wechseln zum Ende ihrer Karriere auf trefflich dotierte Posten in »ihre« Unternehmen. Lobbyismus und Privatinteressen »unterlaufen so vielfach die Prinzipien der parlamentarischen Demokratie.«[25]

Der Staat kapituliert zunehmend vor privaten Interessen. Der Lobbyismus hat sich mit seiner »beratenden« Einflussnahme zu einer Art institutioneller Nebenregierung entwickelt, die auch maßgeblichen Einfluss auf die Privatisierungspolitik nimmt. Wann immer das neoliberale Credo der Politiker erlahmt oder die Privatisierungsstrategien in Frage gestellt werden, sind es die Verbandslobbyisten, die die Politiker an ihre »Pflichten« für einen modernen Staat erinnern und wieder auf eine Markt- und Wettbewerbslinie einschwören. Und nach den Privatisierungen geht die Einflussnahme munter weiter. Überall wird »bearbeitet« und »geackert«, und wenn es sein muss, auch mit Druck nachgeholfen. Als die Politik den Versuch unternahm, die privatisierten Stromkonzerne in ihrer Preisgestaltung zu bremsen, drohten diese prompt mit einer Investitionsverringerung in die Infrastruktur, in die Hochspannungsleitungen also. Die privatisierte Infrastruktur als Drohkulisse. Politik und Gesellschaft bewegen sich auf einem immer schmaleren Grat.

Korruption – Der kriminelle Bruder der Privatisierung

Das »Politiklexikon«[26] definiert Korruption als die missbräuchliche Nutzung eines öffentlichen Amtes zum eigenen privaten Vorteil oder zugunsten Dritter – und in der Regel zum Schaden der Allgemeinheit. Für Transparency

International[27] ist Korruption das Ausnutzen anvertrauter Macht zum persönlichen Vorteil. Im Umfeld von Privatisierungen und Public Private Partnerships sind Bestechungen und Bestechlichkeit, die Zahlung von Schmiergeldern und Vetternwirtschaft nicht selten stille Begleiter.

Es kann also nicht wundern, wenn Privatisierungsprozesse staatlicher oder kommunaler Großprojekte immer wieder von Korruptionsaffären begleitet werden, ebenso wie der Bau kommunaler Großbauten wie Müllverbrennungsanlagen, Rathäuser oder Sporthallen von krummen Touren flankiert werden. Von den Privatisierungsbefürwortern wird zwar behauptet, dass ein entscheidend vorteilhafter Aspekt der Privatisierung die Zurückdrängung von Korruption und Bestechung sei. Sie sind der Meinung, dass die Privatisierung der Dienstleistungserbringung die Korruption eindämme, und dem »Klüngel und der Vetternwirtschaft« in der öffentlichen Verwaltung ein Ende bereite. Beispielsweise durch mehr Offenheit und Transparenz. Um ihre Position noch zu untermauern, nehmen sie die öffentlichen Unternehmen als Hort von Korruption, illegaler Einflussnahme und politischer Kungelei aufs Korn.

Sicherlich verleitet die privilegierte Position in einem Bauamt oder in einer kommunalen Vergabestelle, in der über hohe Etats und öffentliche Aufträge entschieden wird, zu krummen Geschäften. Da muss man nur an die Skandale in Frankfurt am Main und München denken, wo ganze Dezernate in ein Schweigekartell von Machenschaften eingebunden waren. Eine Privatisierung, so die Protagonisten, würde automatisch die Korruption eindämmen, weil Politikern und Beamten der Zugriff auf die öffentlichen Unternehmen entzogen sei.

Dass Privatisierungen Bestechlichkeiten und Schmiergeldzahlungen ausschließen, ist allerdings nicht mehr als ein frommer Wunsch. Ganz abgesehen davon, dass es immer die privaten Unternehmen sind, die im Vorfeld von Privatisierungen staatliche oder kommunale Verwaltungen zu bestechen versuchen. Denn jeder Privatisierungsprozess beruht auf einer politischen Entscheidung, die nicht selten von den entsprechenden Interessengruppen zu manipulieren versucht wird.

Dabei kann die Bestechung auch darin bestehen, »den Entscheidungsträgern Arbeitsmöglichkeiten in der privatisierten Firma in Aussicht zu stellen, zum Beispiel als Berater.« Nach ähnlichem Muster könnte möglicherweise der Bau der Kölner Müllverbrennungsanlage über die Bühne gegangen sein. In der Müllaffäre wurde jedenfalls deutlich, dass der frühere Kölner

Oberstadtdirektor nach »erledigter Arbeit« in die Führung des vom Bau maßgeblich profitierenden Oppenheim-Esch-Fonds wechselte. Eine Manipulation der Entscheidung liegt immer im Interesse derer, die sich von der Privatisierung besonders hohe Gewinne versprechen. Immer da, wo die Vergabe öffentlicher Gelder eine Rolle spielt, ist die Korruptionsanfälligkeit besonders hoch.

Den Akzent darauf zu legen, dass in der Privatwirtschaft Korruption ein Fremdwort sei und dort weniger geschmiert, bestochen und betrogen würde als in öffentlichen Unternehmen, verbietet schon ein Blick auf die Korruptionsskandale der Großkonzerne Siemens und Volkswagen in jüngerer Zeit – um nur zwei von vielen zu nennen.

Gerade Bauprojekte im Zuge von Public Private Partnership bergen hohe Korruptionsrisiken. Hier geht es um Zuschläge, Bauaufträge und Dienstleistungsabkommen über lange Laufzeiten zu hohen Konditionen. Im Bereich der von der Bauindustrie selbst als »milliardenschweres Geschäft« ausgewiesenen Public Private Partnership bieten sich krumme Geschäfte geradezu an. Zumal bei diesen Projekten häufig die Transparenz fehlt und die Kosten schwer zu kalkulieren sind. Schnell werden da überdimensionierte Gebäude hochgezogen, billigere Materialien verbaut, an der Qualität gespart. Besondere Schwachstellen bieten die öffentlichen Ausschreibungsverfahren im Vorfeld von Privatisierungen. So gelangen Firmen aufgrund korrupter Machenschaften mitunter an Bauaufträge oder gewinnen Ausschreibungen, deren fatale Folgen der langen Laufzeiten wegen erst später aufgedeckt werden. Dann sind die verantwortlichen und geschmierten Personen längst über alle Berge bzw. sitzen auf ihren sicheren neuen Posten.

Einen über die Landesgrenzen hinaus bekannt gewordenen Fall von Korruption in großem Stil gab es im französischen Grenoble: » Das »Water*leau* von Grenoble«[28], wie Martin Stürmer dieses Privatisierungsdesaster umschrieb. Vorweg muss man wissen: Die Stadt in den französischen Alpen verfügte ein Jahrhundert lang über einen eigenen effizienten kommunalen Wasserbetrieb, der die Stadt mit guter Wasserqualität zu zivilen Preisen versorgte, Profite erwirtschaftete und regelmäßig zum städtischen Haushalt beitrug. Doch Mitte der 1980er-Jahre wurde auf Druck des Bürgermeisters die Wasserversorgung privatisiert und dem Suez-Konzern übereignet – mit einer Laufzeit von 25 Jahren.

Mitte der 1990er-Jahre schließlich flog das »System Carignon« (so hieß der Bürgermeister) infolge von Recherchen verschiedener Bürgerinitiativen auf. Schmiergelder in Millionenhöhe waren geflossen, Wahlkampagnen von Suez finanziert worden. Alain Carignon, der es zwischenzeitlich mit Hilfe seines damaligen Mentors, des früheren französischen Präsidenten Jacques Chirac, zum Kommunikationsminister gebracht hatte, sowie Manager von Suez wurden zu mehreren Jahren Haft verurteilt. Es dauerte Jahre, bis die Stadt Grenoble aus dem komplizierten Vertragswerk mit Suez herauskam. Erst im Jahr 2000 stimmte der Stadtrat Grenobles mehrheitlich dafür, so Martin Stürmer, »die Wasserwirtschaft wieder in die eigenen Hände zu übernehmen und zu rekommunalisieren.«[29] Berechnungen und Unterlagen in Gerichtsverfahren ergaben, dass Suez jahrelang überhöhte Preise berechnet hatte und der Privatisierungsvertrag die Bürger Grenobles bei vollständiger Einhaltung rund 180 Millionen Euro gekostet hätte.

Vielfach kungeln aber auch die Unternehmen untereinander und tricksen die Verwaltungen aus. Private Beteiligung kann die Sachkompetenz des Verwaltungshandelns schwächen und anfällig machen für Korruption. Und Korruption und Intransparenz führen im Endeffekt zu Entdemokratisierung. Eigentlich sollten Regulierungsbehörden bereits vor und nicht nach dem Verkauf der Betriebe eingerichtet werden. »Die Einführung von Transparenz zur Minimierung der Korruption in allen Privatisierungsphasen ist daher extrem wichtig. Bereits die Diskussion, ob überhaupt privatisiert werden sollte oder nicht, muss öffentlich geführt werden, um allen Stakeholdern und der Zivilgesellschaft eine Teilnahme zu ermöglichen.« Denn, so das Autorenteam um Frédéric Boehm: »Ein offener Entscheidungsprozess bricht das Informationsmonopol der Politiker, Beamten und involvierten Firmen.«[30]

Auch nach einer Privatisierung gibt es eine Reihe von Korruptionsrisiken, besonders bei Unternehmen, die der Regulierung unterliegen wie etwa die netz- und leitungsgebundenen Gesellschaften. Nicht selten wird Einfluss auf Politiker und Beamte ausgeübt, um eine wohlgesonnene Regulierung zu erreichen. Das gilt möglicherweise auch für die Festsetzung von Sanktionen, Preissteigerungen oder die Drosselung zugesagter Investitionen. Auch die Überwachung der Vertragseinhaltung »kann finanziell abgemildert« werden. Wie empfänglich für Korruption offensichtlich die zum Börsengang anstehende, also materiell zu privatisierende Deutsche Bahn AG sein muss, wird an der Tatsache deutlich, dass der Bahn-Vorstand den populären Frankfurter Anti-Korruptionsstaatsanwalt Wolfgang Schaupensteiner zum »Compliance Officer« und somit zum Leiter der bahninternen Korruptionsabteilung gemacht hat. Schaupensteiner habe, so Hans Leyendecker in der »Süddeutschen Zeitung« vom 31. Mai 2007, die Deutsche Bahn stets als den »korruptionsanfälligsten Konzern im Land« bezeichnet.

Privatisierung und Korruption sind of zwei Seiten einer Medaille. Immer da, wo öffentlicher Besitz zur Disposition steht, sollten die Vorgänge rund um den Verkauf eines öffentlichen Unternehmens oder den Abschluss einer Public Private Partnerschaft besonders sorgfältig beobachtet werden, müssen die Bürger auf einem hohen Maß an Transparenz bestehen. Denn allzu schnell wäscht bei Politik und Wirtschaft eine Hand die andere, wird mit Bargeld oder der Aussicht auf Karriere bei Entscheidungsträgern nachgeholfen oder bieten diese sich der Wirtschaft an.

Privatisieren hat eine Geschichte – Neoliberalismus als Doktrin

Die ideologische Grundlage der weltweiten Privatisierungswelle in Politik und Wirtschaft ist der sogenannte Neoliberalismus. Er bestimmt auf internationaler Ebene seit Mitte der 1980er-Jahre maßgeblich das wirtschaftspolitische Handeln der großen weltweit auftretenden Organisationen, der Weltbank, des Internationalen Währungsfonds (IWF), der Welthandelsorganisation (WTO) und der Organisation für ökonomische Zusammenarbeit und Entwicklung (OECD). Vor allem gegenüber Ländern der Dritten Welt und sogenannten Schwellenländern wird gern im Sinne des Neoliberalismus operiert. Er ist auch geistiges Rüstzeug der Wirtschafts- und Sozialpolitik der Europäischen Union und Triebfeder »wirtschaftlicher Reformprogramme« vieler nationaler Regierungen. Neoliberalismus kann man so als Doktrin der Gegenwart bezeichnen – auf der einen Seite wird er von seinen Apologeten als »Weg der Freiheit« kompromisslos verfochten, auf der anderen von seinen Gegnern und Kritikern als »unsozial und menschenverachtend« heftigst bekämpft.

Der Neoliberalismus in seiner heutigen Gestalt ist ohne eine Betrachtung des Liberalismus bzw. des Wirtschaftsliberalismus nicht zu verstehen. Basis des durch die Aufklärung beeinflussten und als Bewegung gegen den Absolutismus entstandenen Gesellschaftskonzepts des Liberalismus waren die individuelle Freiheit und die Selbstverantwortung. Da aber politische Freiheit nur wirklich dann erreicht werden konnte, so meinten es die Protagonisten des Liberalismus, wenn auch die wirtschaftliche Betätigung frei von allen Repressalien sei, wurde der Liberalismus auch auf die Wirtschaft übertragen. Politische Freiheit und privates Eigentum wurden damit zu zwei Seiten einer Medaille. Und dabei sollte der Staat die Wirtschaft ohne Einschränkung dem Markt und damit dem freien Spiel der Kräfte überlassen und für freien Handel sorgen.

Vordenker des Wirtschaftsliberalismus und einer der ersten Ökonomen, der dem sich entwickelnden Kapitalismus eine theoretische Grundlage gab, war der britische Moralphilosoph und Volkswirtschaftler Adam Smith. In seinem 1776 erschienenen Werk vom »Wohlstand der Nationen« ersann er zahlreiche Theorien, die alles das, was die Menschen bislang unter Wirtschaft verstanden hatten, grundlegend und unumkehrbar verändern sollte. Die Arbeitsteilung als zentraler Motor zur Steigerung der Produktivität, der dem Menschen innewohnende Wunsch nach Handel als Grundlage aller wirtschaftlichen Vorgänge und der Preis als entscheidender Indikator für die Produktion und die Einkommensverteilung revolutionierten das wirtschaftliche Denken. Durch die Wechselwirkung von Angebot und Nachfrage würden die Preise und Produktionsmengen gesteuert, die Ressourcen bestmöglich verteilt. Die treibende Kraft aller wirtschaftlichen Prozesse sei der ständige Egoismus des Menschen, seine Lage zu verbessern. Wie von »unsichtbarer Hand« gelenkt, würde das Eigeninteresse der Menschen, verbunden mit einem freien Markt, gleichermaßen dem Wohle des Einzelnen, der Gemeinschaft und der ganzen Wirtschaft nützen. Die drei Einkunftsarten Lohn, Kapitalgewinn und Grundrente würden in ihrer Höhe durch die Marktlage bestimmt. Grundlage aller Überlegungen sei die unbedingte Trennung von Staat und Wirtschaft.

Für Smith stand fest, dass obrigkeitsstaatliche Eingriffe, Subventionen oder Schutzzölle nichts als Wettbewerbshemmnisse darstellten zu Lasten des Marktgleichgewichts. Smith wollte die staatliche Aktivität auf drei Bereiche beschränkt sehen: den Schutz der inneren Sicherheit durch Polizei und Justiz, die militärische Sicherheit durch die Unterhaltung einer Armee und drittens die Übernahme wirtschaftlich unrentabler, aber lebensnotwendiger Einrichtungen wie Krankenhäuser, Waisenhäuser und Schulen. Der »Begründer der klassischen Nationalökonomie« stellte sich mit seinen wirtschaftsliberalen Positionen gegen König und Kirche, gegen den feudal geprägten Herrschaftsanspruch der Fürsten – wenige Jahre vor der Französischen Revolution. »Das Bürgertum, vor allem reiche Händler, konkurrierten bereits seit langem mit den Fürsten um Einfluss und Macht, aber Smiths Werk legitimierte diese Machtverschiebung. Die Feudalherrschaft hatte ihre Legitimität von Gott hergeleitet. An seine Stelle trat nun der Markt.«[31] Für Smith war die kapitalistische Wirtschaftsordnung – Privateigentum an den Produktionsmitteln, freier Wettbewerb und Freihandel – die beste aller möglichen Gesellschaftsordnungen. Sie führe zu gesellschaftlichem Wohlstand, zum größtmöglichen »Wohlstand der Nationen« und damit zum Wohl jedes Einzelnen.

In der Folge wurden die Ideen von Adam Smith noch weiter radikalisiert. Die Aufgaben des Staates wurden reduziert auf den Schutz des »freien Spiels der Kräfte«, die persönliche Sicherheit und das Privateigentum. Dieser sogenannte Laissez-faire-Liberalismus sollte die dominierende Wirtschaftsrichtung für das 19. und beginnende 20. Jahrhundert werden und nahezu alle volkswirtschaftlichen Theorien und auch die Regierungen beeinflussen und bestimmen. Es entwickelte sich ein ungezügelter Kapitalismus, der Markt explodierte zu etwas »Naturwüchsigem«. Dem von allen Fesseln befreiten privaten Unternehmertum sollten keine Grenzen mehr gesetzt sein. Die Wirtschaft sollte sich ganz selbst überlassen sein, frei von allen Ordnungskonzepten des Staates. Nur so wäre der wirtschaftlichen Entwicklung und dem Wohl der Allgemeinheit am besten gedient. »Das Glücksversprechen des klassischen Liberalismus war also maximaler Wohlstand, verbunden mit maximaler Freiheit für alle.«[32] In einer Wirtschaft mit ausschließlich freien Märkten durfte es der Theorie nach ja keine wirklichen Krisen geben und eigentlich auch keine Arbeitslosigkeit. Kein Wunder, dass der Staat zwischenzeitlich zum »Nachtwächterstaat« verkam.

Einer der schärfsten Kritiker eines ungehemmten Wirtschaftsliberalismus und einer ausschließlich angebotsorientierten Wirtschaftspolitik war der englische Wirtschaftswissenschaftler John Maynard Keynes, dessen Theorien nicht zuletzt auch in den amerikanischen »New Deal« eingeflossen sind. Gerade vor dem Hintergrund des Börsencrashs von 1929 wurden von ihm die sogenannten Selbstheilungskräfte des Marktes erheblich in Frage gestellt. Seine Kritik: Niedrige Löhne führen zu weniger Einkommen und damit zu einer sinkenden Nachfrage nach Konsumgütern. Dementsprechend gehe die Produktion zurück und mit ihr die Zahl der Beschäftigten. Der Staat müsse bei Einkommen und Beschäftigung steuernd eingreifen und die Staatsfinanzen wenn nötig konjunkturpolitisch einsetzen. Ebenso angebracht sei ein direktes staatliches Engagement bei der Investitionsplanung. Keynes verlangt in wirtschaftlichen Belangen eine staatliche Mitverantwortung, ohne den dezentral organisierten Kapitalismus in Frage zu stellen.

»Für Keynes stand fest«, so Michel Reimon und Christian Felber, »dass der ungezügelte Kapitalismus immer direkt in die Krise führen muss – er riet zur staatlichen Intervention. Mit seinen Rezepten erreichten Westeuropa und Nordamerika ein Wohlstandsniveau wie keine Gesellschaft zuvor.«[33] Denn auch in vielen europäischen Volkswirtschaften waren die Keynesianischen Theorien nach dem Zweiten Weltkrieg in die nationalen Konjunkturprogramme und die Wirtschaftspolitiken eingeflossen. Nach Faschismus, Krieg und Zusammenbruch galt das vor allem für die neue Bundesrepublik Deutschland und ihre »Soziale Marktwirtschaft«.

Die wirtschaftspolitische Ausrichtung der Bundesrepublik fußte zwar auf den Ideen des klassischen Liberalismus, setzte sich aber vom Gedankengebäude des Laissez-faire deutlich ab. Dem Staat fiel jetzt die Aufgabe zu, den Ordnungsrahmen für einen freien Wettbewerb zu schaffen. Interventions- und Kontrollmechanismen wie Kartell- und Wettbewerbsgesetze und damit regulierende Eingriffe in die wirtschaftlichen Abläufe zum Zwecke eines funktionierenden Wettbewerbs wurden salonfähig. Entwickelt wurde diese Variante des Liberalismus, der sogenannte Ordo-Liberalismus, häufig auch als deutsche Variante des Neoliberalismus bezeichnet, von der Freiburger Schule und ihrem populärsten Protagonisten Walter Eucken.

Bedeutendster politischer Vertreter des Ordo-Liberalismus wurde schließlich Ludwig Erhard. Er gilt neben Alfred Müller Armack als der entscheidende Mitbegründer der »Sozialen Marktwirtschaft«, des nach dem Zweiten Weltkrieg über Jahrzehnte hinweg gültigen Konsensmodells (neben der christlichen Soziallehre) einer Wirtschafts- und Sozialordnung in Deutschland. Neben dem kapitalistischen Wettbewerb fiel dem Staat die Aufgabe zu, »sozialpolitische Korrekturen vorzunehmen und auf sozialen Ausgleich hinzuwirken«. Im »Politiklexikon« von Schubert/Klein liest sich das so: »Der Aufbau des Sozialstaates als Korrektiv kapitalistischen Wirtschaftens ist aus Sicht der Sozialen Marktwirtschaft notwendig, weil die sozialen Verwerfungen des ungehemmten Kapitalismus wesentlich mit zu den politischen Erschütterungen und den beiden Weltkriegen in der ersten Hälfte des 20. Jahrhunderts beitrugen.«[34]

Hatte die bundesdeutsche Renaissance des klassischen Liberalismus zum Ordo-Liberalismus geführt, der sich als Mittelweg zwischen Kapitalismus und Sozialismus verstand, setzte der in England und den USA wissenschaftlich propagierte Neoliberalismus ganz auf die Selbststeuerung der Marktwirtschaft. Seine kompromisslosesten Vordenker und Vertreter waren der Österreicher Friedrich von Hayek und der Amerikaner Milton Friedman. Sie priesen das private Eigentum an den Produktionsmitteln, eine freie Preisbildung, die Wettbewerbs- und Gewerbefreiheit und wollten staatliche Eingriffe auf das Allernötigste beschränken.

Wenn heute im Zuge der Diskussion um Liberalisierung und Privatisierung von »Neoliberalismus« gesprochen wird, dann sind damit meistens die Ideen der »Chicagoer Schule« gemeint, die sich in ihren liberal-marktwirtschaftlichen Gedanken erheblich vom Neoliberalismus der Freiburger Schule unterscheiden. Mit der »Chicagoer Schule« wird heute das ökonomische Programm des Neoliberalismus umschrieben, das an der volkswirtschaftlichen Fakultät der Universität Chicago entwickelt wurde. Für die Chicagoer Schule, dessen prominentester Vertreter Milton Friedman war, ist eine in allen Belangen privat ausgerichtete Wirtschaft der Garant für Stabilität und Fortschritt. Jeder unnötige staatliche Eingriff in den Wirtschaftskreislauf, jede Geld-, Kredit- und Arbeitsmarktpolitik seitens des Staates würden zu Instabilität und Verwerfungen führen.

Und so sehen die Grundideen neoliberaler Politik aus: Der Staat darf nicht unternehmerisch tätig werden. Im Gegenteil: Gefordert wird die Privatisierung von Staatsbetrieben sowie der Verkauf aller Staatsbeteiligungen. Vor allem sollen die großen Monopole im Bereich der Infrastruktur privatisiert werden: Telekommunikation, Post, Verkehr und Energie. Andererseits soll es auch keine Monopole und keine Kartellbildung in der Wirtschaft geben. Angestrebt wird ein einfaches Steuersystem mit möglichst niedrigen Steuersätzen sowie der Abbau der Bürokratie. Deregulierung und Liberalisierung sollen zur Reduzierung von Gesetzen und Verordnungen führen. Die staatlichen Sicherungssysteme sollen möglichst privatisiert werden, also in den Markt überführt werden. Staatliche Leistungen sollen sich dann nur noch auf die wirklich Bedürftigen reduzieren, die für ihren Lebensunterhalt nicht aufkommen können. Oder anders gesagt: mit denen am Markt kein Geld zu verdienen ist.

Jede geld- und fiskalpolitische Steuerung durch die Politik hat zu unterbleiben. Das heißt: keine Konjunkturprogramme, keine Subventionen. Der entscheidende Parameter neoliberalen Denkens ist eine ausschließlich angebotsorientierte Wirtschaftspolitik, die durch günstigere Produktion den

Konsum anregen soll. Das beinhaltet aber auch die Senkung von Löhnen und Lohnnebenkosten sowie die Einführung günstiger Unternehmenssteuern. Im Umkehrschluss stehen die Verfechter einer nachfrageorientierten Politik, wie sie Keynes forderte, bei den Neoliberalen und ihren Anhängern als ewig gestrig und rückständig in der Kritik. Fazit der neoliberalen Ideologie: Privateigentum gilt als Garant für volkswirtschaftlichen Wohlstand.

Das Auslaufmodell: Der unternehmerisch tätige Staat

Der öffentliche Wirtschaftssektor, mitunter auch als Staatswirtschaft bezeichnet, entstand in der Mitte des 19. Jahrhunderts und war schon immer Bestandteil des wirtschaftlichen Gesamtgeschehens. Die öffentliche Wirtschaft fühlte sich dem Gemeinwohl und der Daseinsfürsorge verpflichtet, sie war für alle Dienstleistungen zuständig, die von Privaten nicht erbracht wurden.

Diese Wirtschaftsform unterscheidet sich von der privaten Wirtschaft durch die »Bedarfswirtschaftlichkeit«[35]. Das heißt, die »unmittelbare Orientierung öffentlichen Wirtschaftens an politisch definierten ›Sachzielen‹ ... zum anderen das Recht des Bürgers, nicht lediglich als Kunde oder Eigentümer, sondern – insbesondere auf kommunaler Ebene – als Bürger Einfluss auf Entscheidungen gerade in diesem Sinne als ›öffentlicher‹ Unternehmen ausüben zu können.«[36] Dabei hatte die öffentliche Wirtschaft immer einen sozial integrativen Charakter und diente nicht zuletzt dem Abbau von Klassengegensätzen.

Zu den Unternehmen der Daseinsfürsorge in öffentlicher Hand fielen dem Staat auch zahlreiche große Industrieunternehmen zu. Nach dem Zweiten Weltkrieg verstaatlichten zahlreiche westliche Regierungen ihre Schlüsselindustrien und gewannen über das nunmehr öffentliche Eigentum erheblichen politischen und wirtschaftlichen Einfluss. Hinzu kamen zahlreiche Neugründungen, gerade im Wohnungsbaubereich.

Im Portfolio der jungen Bundesrepublik fanden sich aufgrund der alliierten Entflechtungs- und Industriepolitik nunmehr Konglomerate wie VEBA, Viag und Volkswagen wieder. Diese »ererbten« öffentlichen Unternehmen wurden immer wieder auch für politische Ziele instrumentalisiert. Mit ihnen wurde Industrie-, Sozial- und Regionalpolitik gemacht. Bis in die 1970er Jahre hinein verstand sich die öffentliche Wirtschaft als wichtiges fiskalisches Steuerungsinstrument, beispielsweise gegen Marktschwankungen oder Marktversagen.

In den 1990er-Jahren vollzog die Politik in Deutschland einen radikalen Schwenk. Die aufkommende neoliberale Ideologie, die der Privatwirtschaft alles und dem Staat wenig zutraut, die Politik der Europäischen Union und die deutsche Wiedervereinigung haben diesen Prozess rasant in Gang gebracht. Obwohl in der Verfassung und im EU-Recht die öffentliche und die private Wirtschaft gleichberechtigt nebeneinanderstehen, verschafft die EU der privaten Wirtschaft über ihre Wettbewerbspolitik zunehmend Vorteile.

Florian Mayer sieht in seiner Analyse den systematischen »Niedergang des unternehmerisch tätigen Staates«[37] – weltweit. Durch die neoliberale Ausrichtung der großen internationalen Organisationen wie Weltbank und IWF, die Politik der EU und die zunehmend »angebotsorientierte Wirtschaftspolitik und Geldmengensteuerung« nationaler Politiken werde der Spielraum des unternehmerischen Staates immer mehr zurückgedrängt. Verbunden mit der allseits propagierten Liberalisierung und Deregulierung hat sich ein Privatisierungstrend breitgemacht, so Florian Mayer, »dem die Schwellen- und Entwicklungsländer und nach dem Zusammenbruch der kommunistischen Systeme auch die Transformationsstaaten Mittel- und Osteuropas folgten.«[38]

Großbritannien übernahm in Europa die Vorreiterrolle, grenzte den Spielraum der Gewerkschaften gesetzgeberisch ein und trieb die Entstaatlichung massiv voran. Die war maßgeblich »finanz- und gesellschaftspolitisch inspiriert, und schloss bald Unternehmen der öffentlichen Daseinsfürsorge in die Privatisierungssequenz mit ein.«[39] In Deutschland kam es zur radikalen Privatisierung des volkseigenen Vermögens der DDR unter Leitung der Treuhand. »Auch die gesamtdeutsche Entstaatlichungspolitik erreichte unter der christlich-liberalen Bundesregierung, gefolgt vom rot-grünen Regierungsbündnis, zuvor nicht gekannte Ausmaße.«[40]

Die Liberalisierungspolitik der EU, der Wettbewerbsdruck, die Öffnung des Binnenmarktes und die »Aufwertung des Wettbewerbrechts« verminderten zunehmend die Effizienz der öffentlichen Unternehmen. Hinzu kam ein sich verstärkender Druck auf die nationalstaatlichen Privatisierungsaktivitäten. Auch durch die Öffnung internationaler Märkte im Zuge der Globalisierung gerieten die öffentlichen Unternehmen immer stärker in die Defensive. Dazu machte die EU die Genehmigung staatlicher Beihilfen vielfach abhängig von Privatisierungsprogrammen. Der Börsenboom und damit die

Chance optimaler Verkaufserlöse für Staatsunternehmen beschleunigten den Trend zur Privatisierung noch und machten den Politikern die Entscheidungen leicht.

Plötzlich – so Florian Mayer – näherten sich die wirtschaftspolitischen Programme der Sozialdemokraten bezüglich der Rolle der öffentlichen Wirtschaft denen der konservativen und christdemokratischen Parteien immer mehr an. Die einst zentrale ideologische Fragestellung nach dem Eigentum an Produktionsmitteln fand so gut wie nicht mehr statt. Ähnlich wie die Sozialdemokraten in Deutschland operierte auch New Labour in Großbritannien. Die Privatisierungen der einst vehement bekämpften Thatcher-Ära wurden ohne nennenswerte Abstriche adaptiert.

Inzwischen ist das meiste »Tafelsilber« veräußert, werden immer mehr Bereiche auch des Dienstleistungssektors feilgeboten. Damit, so Florian Mayer, sei das Privatisierungspotenzial in den meisten europäischen Staaten massiv gesunken. Doch sieht Mayer in seiner umfassenden Untersuchung auch für die Zukunft kaum Anzeichen einer Renaissance des unternehmerisch tätigen Staates. Was einmal verkauft wurde, ist in den meisten Fällen unwiederbringlich weg. Für eine gegenläufige Politik würde es auch keinen europäischen Konsens geben. Im Gegenteil: Durch die gerade von der EU mit forcierten GATS-Politik wird das Privatisierungstempo auch in Zukunft weiter hochgehalten. Nicht zuletzt aufgrund des Drucks der internationalen Finanzmärkte auf die nationalen Politiken. Und so findet Mayer in nahezu allen Parteiprogrammen die Forderung nach Privatisierung, verbunden mit einer »sanften Regulierung«. Fazit seiner wissenschaftlichen Arbeit: »Der Niedergang des unternehmerisch tätigen Staates wird wahrscheinlich von Dauer sein.« [41]

»Thatcherism«, »Reaganomics« und das »Wunder von Chile«

Die herausragende Persönlichkeit der Chicagoer Schule und damit einer der bedeutendsten amerikanischen Nationalökonomen war Milton Friedman. Er begründete nicht nur die moderne Geldtheorie, den Monetarismus, wonach der Staat lediglich die im Umlauf befindliche Geldmenge kontrollieren soll, er war auch der entschiedene Verfechter einer streng angebotsorientierten Wirtschaftspolitik und der wichtigste geistige Vater des angelsächsischen Neoliberalismus. Für seine in den 1960er-Jahren entwickelten ökonomischen Theorien erhielt er 1976 den Wirtschaftsnobelpreis. Milton Friedman gilt nicht zu Unrecht als einer der einflussreichsten Ökonomen des 20. Jahrhunderts – mit weitreichenden Folgen.

Die ökonomisch konservativ ausgerichtete Chicagoer Schule bekam ihre große »praktische« Chance 1973. Nach dem Putsch des Militärs in Chile gegen dessen demokratisch gewählten Präsidenten Salvatore Allende schlug die Stunde der »Chicago Boys«, wie die Gruppe junger Ökonomen rund um Milton Friedman genannt wurde. Friedman selbst war auch als Berater des damaligen amerikanischen Präsidenten Richard Nixon tätig. Die Chicago Boys gingen den Militärs zur Hand, gestalteten unter der neuen Diktatur die chilenische Wirtschaft grundlegend und radikal um: ganz im Sinne der Chicagoer Schule. Die Chicago Boys wurden in wirtschaftspolitischen Fragen engste Berater des chilenischen Diktators Auguste Pinochet. Die Preise wurden freigegeben, der Staat zog sich aus den meisten Wirtschaftsbereichen zurück, die chilenische Volkswirtschaft wurde dem Spiel der Märkte überlassen. Endlich hatten die Chicago Boys ihr Experimentierfeld gefunden und konnten so erstmals ihre Theorien in die Praxis umsetzen. Milton Friedman selbst verkaufte die ökonomischen Reformen und ihre zwischenzeitlichen Erfolge unter der chilenischen Militärdiktatur als das »Wunder von Chile«.

Einer breiteren Öffentlichkeit bekannt wurde die Chicagoer Schule aber erst, als die wirtschaftspolitischen Vorstellungen Friedmans und seiner Mitstreiter in den 1980er-Jahren maßgeblich in die Politik der britischen Premierministerin Margret Thatcher und des amerikanischen Präsidenten Ronald Reagan einflossen. »Für die damals aufsteigenden neokonservativen Politiker, allen voran Margret Thatcher und Ronald Reagan«, meint Ernst Ulrich von Weizsäcker, »wurden diese Analysen zum Werkzeug des Kampfes gegen den ›fetten Staat‹, Keynesianische Konjunkturprogramme, Umverteilung und ›affirmative action‹ (die amerikanische Nicht-Diskriminierungspolitik seit Kennedy und Johnson). All das wurde als Romantik, als Tarnmanöver für Selbstbedienungsbürokratien oder gar als Unterstützung des Sowjetkommunismus angeschwärzt.«

Besonders der »Thatcherism« war gekennzeichnet durch radikale marktwirtschaftliche Reformen, teilweise gegen erhebliche Widerstände der Gewerkschaften, der oppositionellen Labour Party und großer Teile der Bevölkerung. Margret Thatcher, »eine glühende Verehrerin von Hayek«, startete ein Privatisierungsprogramm, das die ganze Gesellschaft einschneidend verändern sollte. Nahezu alle Staatsbetriebe wurden verkauft, unter anderem British Telecom, British Petroleum (BP) und British Airways. Privatisiert wurden die Eisenbahn und die lokalen Versorgungsunternehmen, die Trinkwasserversorgung und Elektrizitätsunternehmen. Auch die Sozialsysteme wurden weitgehend privatisiert. »Was heutzutage beinahe täglich auf der ganzen Welt stattfindet, war 1983 eine neue, revolutionäre und wild umstrittene Idee.«[42]

Die Folge waren horrende Arbeitslosenzahlen, die die »Eiserne Lady« jedoch nicht von ihrem neoliberalen Kurs abbringen sollte. Sie trotzte allen Streiks und Anfeindungen und nahm den Kampf gegen die Gewerkschaften auf. Aus dem Streik der Dockarbeiter und dem monatelangen Arbeitskampf der Bergarbeiter gegen die Privatisierung der Kohlebergwerke gingen die Gewerkschaften geschwächt hervor. Für sie und die Linke Großbritanniens war diese Privatisierungspolitik ein unvorstellbarer Horror. Zu weiteren Protesten in der Bevölkerung führten steuerliche Umverteilungen – eine niedrigere Direktbesteuerung der Unternehmen bei höherer indirekter Besteuerung, erhebliche Einschränkungen staatlicher Sozialleistungen sowie eine Reform des Schul- und Gesundheitswesens ins Private.

Obwohl es in den USA erheblich weniger staatlichen Einfluss auf große Konzerne gab als in den europäischen Ländern und nicht annähernd dieselbe Fülle an Staatsbetrieben, führten die »Reaganomics« dennoch zu radikalen Veränderungen der Wirtschaft. Nahezu alle in der Folge von Wirtschaftskrise und Krieg installierten Kontroll- und Regulierungsbehörden in der Wirtschaft, in einzelnen Branchen und im Dienstleistungssektor wurden massiv abgebaut. Mit der Deregulierung wurden die Einkommens- und Unternehmenssteuersätze zur Belebung der Wirtschaft gesenkt und drastische Einsparungen im Sozialbereich verfügt, die die Kluft zwischen Arm und Reich immer stärker werden ließ.

Der angelsächsische Neoliberalismus dieser Jahre kam aber nicht von ungefähr. Denn insgesamt steckten die wichtigsten Industrienationen und ihre nachfrageorientierte Politik in den Siebzigerjahren in einer tiefen Krise. Das scheinbar so bewährte wirtschaftliche Allheilmittel der Keynes'schen antizyklischen Finanzpolitik mit einem zu steuernden Wechselspiel von Inflation und Arbeitslosigkeit hatte zu wirtschaftlicher Stagnation und einem rasanten Anstieg der Arbeitslosigkeit geführt. »Das neokonservative Gegenprogramm versprach den schlanken, effizienten Staat, niedrige Steuern, Überwindung der Inflation und bessere ›öffentliche‹ Dienstleistungen – von privaten Anbietern. Von dort, und nicht von den Konjunkturprogrammen, würden auch das ersehnte Wachstum und die technologische Erneuerung ausgehen.«[43] Ernst Ulrich von Weiszäcker und seine Mitarbeiter konstatieren in ihrem Bericht an den Club of Rome, dass rückblickend »auch die Gegner der Neokonservativen« einräumen müssen, »dass der Paradigmenwechsel nach seinen eigenen Maßstäben erfolgreich war.«[44]

So schien es nur logisch, dieses von Großbritannien und den USA als erfolgreich angesehene Programm, auch global zu propagieren. Vor allem die maßgeblich von den USA dominierten supranationalen Organisationen Weltbank und Internationaler Währungsfonds (IWF) wurden seit Anfang der 1980er-Jahre entsprechend der neoliberalen Ideologie auf Kurs gebracht. Sie machten vor allem in den Entwicklungsländern die Vergabe von Krediten abhängig von der Umsetzung neoliberaler Reformprogramme und entsprechenden Strukturanpassungsmaßnahmen. Dazu gehörte in allererster Linie die Privatisierung staatlichen Eigentums, die Liberalisierung des Handels, ein freier Kapitalverkehr und Investitionserleichterungen für ausländische Unternehmen. Aber auch die »Durchkapitalisierung« gesellschaftlicher Bereiche stand auf der Agenda. Die Welthandelsorganisation WTO folgte mit ihrer Forderung eines weltweiten Freihandels dieser Zielrichtung. »Ökonomische Effizienz« wurde zur globalen Doktrin.

Die Autoren des Berichts an den Club of Rome betonen, dass diejenigen Entwicklungsländer von der neoliberalen Politik der Weltbank und des IWF besonders hart getroffen wurden, die kurz zuvor aus der Kolonialherrschaft entlassen worden waren und nun selbstbewusst und stolz auf »ihr staatliches Eigentum und ihre Verantwortung für die lebensnotwendigen Infrastrukturen« verwiesen. Denn gerade diese Länder schauten nach ihrer Unabhängigkeit vielfach auf einen äußerst üppigen Staatssektor. Zu dem plötzlichen Privatisierungsdruck kamen die exorbitant gestiegenen Kreditschulden, die diese Länder aus eigener Kraft nicht mehr abbauen konnten, wodurch sie immer stärker in die Schusslinie der Weltbank-Ökonomen gerieten. Erst einmal sollte die ökonomische Macht des Staates aufgelöst und die dadurch frei gewordenen Gelder investiert werden, bevor neue Kredite vergeben werden konnten. So lautete das erpresserische Credo der IWF- und Weltbank-Manager.

Festgelegt wurde diese Strategie im »Washingtoner Konsens« Mitte der 1980er-Jahre zwischen Weltbank, IWF und dem US-amerikanischen Finanzministerium. Die neoliberale Wirtschaftspolitik der USA und Großbritanniens sollten jetzt auch auf die Entwicklungsländer übertragen werden. Der Washingtoner Konsens wurde »als Strategie zur Lösung der Schuldenkrise«

verstanden. Er »verlangte nun ganz einfach den Rückzug des Staates und die Mobilisierung von Verkaufserlösen in den verschuldeten Ländern«.[45]

Ab 1989 veränderte sich die Welt radikal, denn nach der deutsch-deutschen Maueröffnung setzte die schrittweise Erosion der »sozialistischen Welt« ein. Auf der einen Seite hatte die »Freiheit« über die »Unfreiheit«, die Demokratie über die Diktatur gesiegt – aber was für Politik und Wirtschaft noch entscheidender war: Die liberale Wirtschaft, die freien Märkte, das Privateigentum hatten über die Planwirtschaft und über staatlichen Dirigismus triumphiert, das kapitalistische Wirtschaftssystem über das sozialistische. Mit dem Zusammenbruch des Ostblocks, der Emanzipation der Länder von der Sowjetunion bzw. Russlands begannen nach westlichem Vorbild groß angelegte gigantische Privatisierungsprogramme der ehemaligen Staatswirtschaften, aber auch in den westlichen Ländern gewann die neoliberale Politik an Boden. Jetzt schien salonfähig, was zuvor heftig in der Kritik stand.

Selbst die Sozialdemokraten fügten sich in die neoliberalen Denkschablonen ein. New Labour in England unternahm politisch kaum etwas, den ursprünglich von ihnen gebrandmarkten Thatcherismus zu korrigieren. Die »Agenda 2010« der früheren rot-grünen deutschen Bundesregierung, inklusive der Hartz-Gesetze mit drastischen Kürzungen der staatlichen Sozialversicherung, gilt vielen Kritikern als Paradebeispiel neoliberaler Politik. Der Sieg des Marktes über jede staatliche Wirtschaft schien unaufhaltsam.

Auch hierzulande propagieren zunehmend neoliberale Ökonomen und die von ihnen inspirierten Politiker bzw. politischen »Vollstrecker« grundsätzlich die »Angebotsseite des Marktes« als da sind: Mehr Markt, die Senkung von Löhnen und Steuern, Deregulierung und Privatisierung. Dieses Gedankengut prägt auch in Deutschland fast alle gesellschaftlichen Lebensbereiche. Seine Protagonisten sind in den Wirtschaftsfakultäten der Universitäten stark vertreten und dominieren die bedeutendsten Wirtschaftsinstitute des Landes. Sie beeinflussen als »Modernisierer« die Wirtschaftsteile der großen Tageszeitungen, schwadronieren regelmäßig in TV-Talkshows. Die ebenfalls eher neoliberal ausgerichteten »Wirtschaftsweisen« zählen zu den wichtigen Beratern der politischen Entscheidungsträger im Lande. Das war unter Helmut Kohl so, unter Gerhard Schröder verstärkt und geht unter Angela Merkel weiter. Das bisherige Konsensmodell »Soziale Marktwirtschaft« wird zunehmend in Frage gestellt, steht im Sperrfeuer der Kritik.

Volksvermögen im Angebot: Die Treuhand und die »Abwicklung« der DDR

Die Privatisierungspolitik der Bundesrepublik wurde in den ersten vier Jahrzehnten eher restriktiv praktiziert, zuvorderst handelte es sich dabei um den Verkauf industriellen Bundeseigentums. Bereits Ende der 1960er-Jahre wurde Volkswagen an die Börse gebracht, es folgten die großen Industriekonglomerate Veba und Viag, der Mischkonzern Preussag und der Stahlriese Salzgitter. Das, was Volksvermögen war, sollte nach dem Willen der Wirtschaftspolitiker durch eine breite Aktienstreuung, vor allem auch durch Belegschaftsaktien, möglichst vielen Menschen zugute kommen. Doch erst mit dem Amtsantritt der schwarz-gelben Koalition im Rahmen der sogenannten Bonner Wende Anfang der 1980er-Jahre und dem Ziel, die Staatsverschuldung zurückzufahren, wurde Privatisierung zu einem ordnungspolitischen Instrument. Das Ziel: weniger Staat und mehr Markt. Die damalige Bundesregierung unter Helmut Kohl setzte jetzt stärker auf eine angebotsorientierte Politik. Und dennoch war sie Lichtjahre entfernt von der neoliberalen Wirtschaftspolitik Margret Thatchers oder Ronald Reagans.

Privatisierungspolitik als Programm und ideologisches Konzept entstand in Deutschland eigentlich erst so richtig im Zuge der Wiedervereinigung beider deutscher Staaten, mit der Gründung der Treuhandanstalt und der Privatisierung der Staatsbetriebe der untergegangenen DDR. Für Gesamtdeutschland wurde ein neues Kapitel der Entstaatlichungspolitik aufgeschlagen.

Die Treuhandanstalt, eine Anstalt des öffentlichen Rechts, war die größte Industrieholding der Welt, wendebedingt natürlich im Besitz des Bundes. Zu ihr gehörten 90 Prozent aller ostdeutschen Betriebe und 80 Prozent aller ostdeutschen Arbeitsplätze. In Zahlen: rund 8.500 Staatsbetriebe vorwiegend der Industrie mit rund vier Millionen Arbeitnehmern, darunter 2.000 mit mehr als 1.500 Beschäftigten. Hinzu kamen rund 25.000 Einzelhandelsgeschäfte, 7.500 Gaststätten und Hotels, 2.000 Apotheken, Hunderte Buchhandlungen, Reisebüros, Freizeitheime und Hotels, Zeitungs- und Zeitschriftenverlage und 1,7 Millionen Hektar land- und forstwirtschaftliche Nutzfläche. Nach Auskunft von Jörg Roesler gehörten 1990 zur Treuhand so viele Betriebe und Mitarbeiter, »wie die 25 größten börsennotierten Unternehmen der USA zusammen aufwiesen.«[46] Niemals zuvor in der Geschichte hat es etwas Vergleichbares gegeben, hat ein Land die Wirtschaft eines anderen per Dekret innerhalb kürzester Zeit in ein gänzlich anderes ökonomisches System überführt. Niemals zuvor hat es eine der Treuhandanstalt vergleichbare ökonomische Machtballung gegeben, eine »Holding«, die eine komplette Volkswirtschaft im Angebot hatte, um sie zu verkaufen, also zu privatisieren, bei Bedarf auszuschlachten und bei Unrentabilität zu liquidieren.

Entsprechend war die Stimmung bei den Menschen im Osten, die bei aller Wiedervereinigungseuphorie und Freude über die Überwindung ihres an westlichen Werten gemessen ökonomisch maroden Systems ihre »Brüder und Schwestern« nicht zu erkennen glaubten. Quasi über Nacht verdrängte die westdeutsche Industrie die ostdeutsche »Konkurrenz« aus ihren angestammten Märkten, übernahm die industriellen »Filetstücke« und degradierte die 16 Millionen Bürger der ehemaligen DDR zu der Rolle bloßer Konsumenten, die es auf die Schnelle »abzuzocken« galt. »Ein Volk stand auf und ging zu Aldi« wurde im Westen zum geflügelten Zitat.

Tatsächlich saß der Schock für die Menschen in Ostdeutschland tief. Da wurde letztendlich auf breiter Flur das von ihnen über Jahrzehnte angehäufte und erarbeitete Eigentum der DDR, »gesellschaftliches Eigentum«, »Volksvermögen« oder »Staatsvermögen«, ganz wie man will, übernommen und reprivatisiert. Da meldeten Fabrik- und Gutsbesitzer von einst ihren Anspruch auf die in Staatshand bzw. nach DDR-Sprachgebrauch »Volkshand« befindlichen Betriebe und Ländereien an, Bauern fürchteten um ihr Land, das sie infolge der Bodenreform erhalten hatten. Bürger, die nach dem Krieg guten Glaubens Wohnungen, Häuser und Grundstücke erworben hatten, bekamen es mit der Angst, als Zehntausende von Besitzansprüchen aus dem Westen in ihren Briefkästen lagen. »Ludwig Erhard hätte diese Entwicklung nicht zugelassen«, kommentierte seinerzeit Sachsens christdemokratischer Wirtschaftsminister Kajo Schommer. »Wer den Patienten Ostwirtschaft jetzt vom Tropf abschneidet, ohne etwas für seine Genesung zu tun, macht sich der fahrlässigen Tötung schuldig. Heute ist die Schutzfunktion der Wirtschaftspolitik in der sozialen Marktwirtschaft gefragt und nicht ordnungspolitischer Radikalismus.«[47] Den aber schrieb die Treuhandanstalt auf ihre Fahnen und bestimmte damit auch die neue ordnungspolitische Ausrichtung des ganzen Landes.

Im Zuge der Ost-Privatisierung sollten auf keinen Fall die ohnehin von den Wirtschaftliberalen als reformbedürftig angesehenen »staatsmonopolistischen« Strukturen der alten Bundesrepublik kopiert werden, beispielsweise im Energiebereich und auf dem Verkehrssektor. Für den damaligen Finanzminister der Bundesrepublik, Theo Waigel, stand als wirtschaftliches Credo fest: »Ohne Eigentum keine Motivation!«[48] Und mit einem Blick auf die gerade in Westdeutschland gescheiterten gemeinwirtschaftlichen, gewerkschaftlichen Unternehmen »Neue Heimat« und »Coop« fügte der Finanzminister hinzu: »Zu den wichtigsten Aufgaben der Erneuerung der Sozialen Marktwirtschaft gehört es auch, staatliche Beteiligungen an Unternehmen auf Wettbewerbsmärkten auf wenige, gut begründete Ausnahmen zu beschränken.«[49] »Privatinitiative« hieß für Waigel ausschließlich die des Unternehmers. Jede Art »gemeinwirtschaftlicher« Beteiligung der Belegschaften lehnte er ab.

Zur historischen Klarheit: Die Treuhandanstalt war keine Erfindung des westdeutschen Kapitals, wie immer so gerne behauptet wird. Gegründet wurde sie 1990, natürlich noch unter anderen wirtschaftlichen und politischen Konstellationen, von der DDR-Regierung Modrow und dem von der Bürgerbewegung dominierten »Runden Tisch«. Da hatte man sich noch eine »marktwirtschaftliche Planwirtschaft« vorstellen können, eine »sozial und ökologisch orientierte Marktwirtschaft«. Doch schon nach wenigen Monaten kam der Treuhandgesellschaft die Schlüsselrolle bei der Privatisierung des Industrie- und des Grundvermögens der früheren DDR zu. Sie wurde zur »zentralen Privatisierungsagentur in Ostdeutschland«[50].

Florian Mayer spricht dabei von der »delegierten«[51] Privatisierungspolitik, delegiert von der Bundesregierung an die Treuhandanstalt. Oberstes Ziel war danach die »Privatisierung des volkseigenen Vermögens«, die Schaffung von Wettbewerbsfähigkeit möglichst vieler Unternehmen, wodurch Arbeitsplätze gesichert werden sollten, sowie die Bereitstellung von Grund und Boden für wirtschaftliche Zwecke. Eine schnelle und effiziente Privatisierung sollte schließlich auch die deutsche Einheit finanzieren. Nach dem Grundsatz »Privatisierung ist die beste Form der Sanierung« sollten nach den Vorstellungen des damaligen Treuhand-Präsidenten Rohwedder rund 300 Milliarden Euro durch Verkäufe in die Kassen kommen.

Aber es kam alles ganz anders. Dem Zusammenbruch der Märkte folgte der Zusammenbruch der Produktion vieler ostdeutscher Betriebe, die damit immer schwerer zu verkaufen waren. Es türmte sich ein Schuldenberg von rund 140 Milliarden Euro an. Jetzt wurde die Privatisierungsstrategie geändert. Aus der finanzpolitischen Zielrichtung wurde endgültig eine ordnungspolitische. Die eingeplanten hohen Verkaufsgewinne der Treuhandanstalt machten Platz für den »Selbstheilungsprozess der Marktwirtschaft«[52].

Die Treuhandanstalt konnte weitgehend unter Ausschluss der Öffentlichkeit agieren. Und auch die Politik hatte in die Geschäfte nur begrenzt Einblick – und vor allem keinen wirklichen Durchblick. Zu verstrickt war das Dickicht der 8.500 zu privatisierenden Unternehmen mit insgesamt rund 12.000 Unternehmens- und Betriebsteilen, zu vielfältig und undurchsichtig teilweise das aus Westdeutschland rekrutierte Privatisierungspersonal. Es kam immer wieder zu Affären um Bestechungen, Schmiergeldzahlungen und Veruntreuung großer Transfersummen. Vielfach wurden Unternehmen weit unter »Marktwert« an westdeutsche Partner oder »Freunde« abgegeben. Eher akzeptierte die Treuhandanstalt »negative Kaufpreise« von westdeutschen Interessenten, wenn dadurch die Privatisierung vorangetrieben werden konnte, als den Verkauf an ostdeutsche Interessenten.

Auch das Ausland kam nicht richtig zum Zuge, allen Investitionsverlockungen zum Trotz. Von den bis zum Frühjahr 1991 verkauften 1.600 Unternehmen der Treuhand gingen weniger als hundert an Interessenten im Ausland, an Käufer anderer EU-Länder, der Schweiz, nach USA und Japan. Nach nicht mal einem Jahr Treuhand-Verkaufsaktivitäten hatten die westdeutschen Unternehmen die »Filetstücke« bereits unter sich aufgeteilt. »So wird es wohl dabei bleiben,« schrieb Jörg Roesler, »dass der ostdeutsche Arbeitgeber in der Regel ein Westdeutscher sein wird.«[53] Wenn Bürger der neuen Bundesländer schon in die Privatisierung einsteigen sollten, dann über sogenannte Management-buy-outs. Das betraf in erster Linie die aus den ehemaligen Kombinaten ausgegliederten Kleinbetriebe, zu deren Käufern mitunter auch Gruppen der Belegschaft gehören konnten. Nur wenige Betriebe wurden allerdings an ostdeutsche Interessenten veräußert. Im Rahmen der sogenannten »Kleinen Privatisierung« wurden, so Florian Mayer, rund 15.000 Hotels, Gaststätten, Geschäfte und Kinos überwiegend an ostdeutsche Bürger verkauft.

Westdeutsche Manager waren es, die entscheidend die Politik der Treuhandanstalt bestimmten. Jörg Roesler wies schon 1993 darauf hin, dass der vom Hoesch-Konzern beurlaubte und an die Spitze der Treuhand gekommene Detlev Carsten Rohwedder weiterhin seine Funktionen im Aufsichtsrat von IBM, Volvo, Allianz und Ruhrgas versah, und stellte die Frage: »War es Zufall, dass zwei dieser Firmen die wohl spektakulärsten und umstrittensten Einkäufe bei der Treuhand machten? Die Allianz übernahm komplett die einstige Staatliche Versicherung der DDR; Ruhrgas verleibte sich eines der besten Stücke der DDR-Wirtschaft ein: das ostdeutsche Ferngasnetz.«[54] Die mächtigen westdeutschen Energiekonzerne mit RWE, PreußenElektra und Bayernwerk übernahmen den größten Teil der äußerst lukrativen Energieversorgung der neuen Bundesländer. Ende 1992 waren 75 Prozent der volkseigenen Betriebe veräußert. Andere große Unternehmen wurden durch die Treuhandanstalt liquidiert. So das alte Automobilwerk Eisenach (»Wartburg«) und die Fluggesellschaft der Ex-DDR »Interflug«.

Die Politik der Treuhandanstalt brach alle Dämme, entfesselte in Deutschland einen regelrechten Privatisierungsboom. Privatisierung schien das Allheilmittel zum Füllen leerer Staatskassen und zur Sanierung maroder Haushalte zu sein. Durch Auslagerungen und das Schaffen immer neuer Profitcenter sollten kostenintensive Tarifstrukturen gelöst und die Verwaltungen entbürokratisiert werden. Im Zuge einer verstärkt angebotsorientierten Ausrichtung auf den Markt sollten vor allem effizientere Strukturen aufgebaut werden, denen der Staat bislang im Wege stand. Das sollte für Unternehmen, die Sozialsysteme und die zahlreichen Facetten der Daseinsfürsorge gleichermaßen gelten.

1994 wurde die Treuhandanstalt aufgelöst. Sie hatte nahezu alle Unternehmen und Betriebsteile privatisiert. Insgesamt ging das »Produktivvermögen« der früheren DDR zu 85 Prozent an westdeutsche Unternehmen. Vielfach durch finanzielle Zuschüsse noch kräftig alimentiert oder von der Treuhandanstalt zuvor kostenaufwändig saniert – in der Regel über den Verlust von Arbeitsplätzen und über Stilllegungen unrentabel erschienener Betriebsteile. Für die Folgekosten kam der Steuerzahler auf, frei nach dem Motto: Gewinne privatisieren, Verluste sozialisieren.

Privatisierungsrausch in Brüssel, im Bund und in den Ländern

Mit der deutschen Einheit und der Privatisierung der ostdeutschen Wirtschaft begann im vereinten Deutschland ein neues Kapitel der »Entstaatlichungspolitik«. Denn mit der Übernahme der DDR und ihrer Staatswirtschaft rückte die Bundesrepublik innerhalb der OECD-Staaten »in die Ländergruppe mit der umfangreichsten öffentlichen Wirtschaft«[55] auf, so Florian Mayer. Jetzt plötzlich war das vereinte Deutschland in ökonomischer Hinsicht staatsgetragen. Das sollte natürlich rasch geändert werden, zumal die Politiker der Regierung Kohl für die ehemalige DDR ohnehin das Heil in der Privatisierung sahen. Die ehemals autoritär geführte Staatswirtschaft sollte möglichst allumfassend in privaten Besitz übergehen. Das sei, so die Bonner Politik dieser Jahre, der entscheidende Beitrag zur deutschen Einheit. Vollstrecker dieser politischen Vorgabe war – wie gesagt – die Treuhandanstalt.

Da kam der sich Anfang der 1990er-Jahre verschärfende Druck seitens der Europäischen Union zur Schaffung eines europäischen Binnenmarktes gerade recht: Verstärkt sollten die besonders in staatlicher Hand befindlichen Wirtschaftsunternehmen und Dienstleistungssektoren privatisiert werden. Damit sollte die unternehmerische Tätigkeit des Staates weiter eingeschränkt, die Privatisierung von Dienstleistungen in Ländern und Gemeinden stärker forciert und die Entbürokratisierung weiter vorangetrieben werden. Auf der Brüsseler Fahne standen jetzt ganz oben: Liberalisierung und Marktöffnung.

Dem wohnte natürlich eine gewisse Logik inne. Erklärtes Ziel der EU war und ist es, einen europäischen Binnenmarkt zu realisieren, der die Erbringung von Dienstleistungen innerhalb aller inzwischen 27 Mitgliedsstaaten grenzüberschreitend und ohne Einschränkungen ermöglicht. Da aber in den einzelnen Mitgliedsstaaten in zentralen Bereichen der Daseinsfürsorge extrem unterschiedliche Rahmenbedingungen bestehen, will die EU diese nach und nach harmonisieren und angleichen und für die jeweils anderen Mitgliedsstaaten und ihre Bürger öffnen. An die Stelle von exklusiven öffentlichen Monopolrechten und Spezialregelungen für die Anbieter von Dienstleistungen in den einzelnen Ländern sollen nun im Zuge der Liberalisierung Markt und Wettbewerb treten. Bisherige Gebietsmonopole sollen aufgehoben, Konkurrenz ermöglicht werden. »Kommunale Unternehmen geraten damit auch in Bereichen unter wettbewerbliche Regime, in denen sie bisher in geschützten Monopolen agieren konnten«, so die Studie »Ausgliederung und Privatisierung in Kommunen«[56].

Ein weiterer wichtiger Grund für eine stärkere Dynamik der europäischen Privatisierungs- und Deregulierungspolitik lag auch in der rasanten Verschärfung des internationalen Wettbewerbs. Besonders auf die fortschreitende Globalisierung und auf neue Konkurrenzsituationen, vor allem aus den Märkten Asiens, sollte eine Antwort gefunden werden. Durch die Euro-Einführung und den an Bedeutung gewinnenden Binnenmarkt verlangten die großen europäischen Konzerne zunehmend nach einem einheitlich strukturierten europäischen Markt.

Nachdem die Europäische Union jahrzehntelang für zahlreiche Branchen eher eine regulative, die nationalstaatlichen Interessen und die europäische Gemeinschaft schützende Funktion innehatte, beispielsweise in den Bereichen Landwirtschaft, Textil, Schiffbau und Stahl, gerieten unter dem Einfluss der amerikanischen und britischen »Liberalisierungs- und Privatisierungswellen«[57], so Inge Lippert, auch die öffentlichen Dienstleistungen der EU-Staaten unter Druck aus Brüssel.

Entsprechend wurde in den 1990er-Jahren im Rahmen verschiedener EU-Richtlinien die Liberalisierung auf den Dienstleistungsfeldern Telekommunikation, Bahn, Post und Energieversorgung vorangetrieben. Die einzelnen Regierungen wurden dazu verpflichtet, diese rechtsverbindlichen Vorgaben in nationales Recht umzusetzen.

Damit wollte man diese bislang national geschützten Monopolmärkte dem Binnenmarkt öffnen. Neue Eigentümer sollten zum Zuge kommen, ein offener Wettbewerb und Warenverkehr entstehen. Konsens besteht innerhalb der EU darüber, dass öffentliche Dienstleistungen wie die Bereiche Kommunikation, Verkehr und Transport, Energie- und Wasserversorgung, die Bildung und die sozialen Sicherungssysteme als wesentlicher Bestandteil der Daseinsfürsorge für alle Bürger zugänglich und verfügbar sein sollten – auch unter neuer Rechtsform und in privater Führung.

Dabei können die einzelnen Mitgliedsstaaten selbst entscheiden, ob Dienstleistungen in privater oder öffentlicher Rechtsform angeboten werden. Sie sollen nur allen Bürgern offenstehen, möglichst effektiv arbeiten und wenig »bürokratisch« und verwaltungsdominiert sein. Die EU forciert im Bereich der öffentlichen Dienstleistungen auch das Engagement Privater in Public Private Partnerships. Die öffentliche Hand soll sich aus der unmittelbaren, eigenen Leistungserstellung zurückziehen und diese an private Unternehmen delegieren. Allerdings muss die öffentliche Hand dabei gewährleisten, »dass die Leistungen zu demokratisch festgelegten Versorgungs- und Produktqualitäten sowie sozialverträglichen Preisen erbracht werden.«[58] Dieser Form der Aufgabenausgliederung und der Teilprivatisierung bzw. des Outsourcings bedienen sich zahlreiche Bundesländer im Dienstleistungsbereich und auch die Kommunen, vor allem größere Städte. Da werden Messehallen, Tiefgaragen, Rathäuser und Schulen mit privaten Partnern errichtet, von diesen betrieben und von der Kommune zurückgemietet.

Kontrollgremien und Regulierungsbehörden sollen die Liberalisierung dieser großen und zentralen Sektoren überwachen und gegebenenfalls regulierend eingreifen. Zusätzlich sollen Anreize geschaffen werden wie in einem »wettbewerblichen Markt«. »Das neue Modell der Dienstleistungsproduktion unterscheidet sich grundsätzlich vom traditionellen Modell« resümiert Inge Lippert in der Studie »Öffentliche Dienstleistungen unter EU-Einfluss«[59]. »Es geht um die Umsetzung eines neuen Leitbildes des ›offenen und freien Marktes‹, das durch die Internationalisierung der Dienstleistungen und die Integration des europäischen Binnenmarktes vorangetrieben wird.«

Ein Schlüsseldatum zur Privatisierung der Dienstleistungspolitik war die Tagung des Europäischen Rates in Lissabon im Jahr 2000. Da nämlich wurde der Beschluss gefasst, »die EU bis zum Jahr 2010 zum wettbewerbsfähigsten und dynamischsten wissensbasierten Wirtschaftsraum der Welt zu entwickeln.«[60] Alle Dienstleistungen – Ausnahme waren die Bereiche, die ausdrücklich als *nicht wirtschaftlich* definiert wurden – sollten damit dem europäischen Markt und Wettbewerb zugeführt werden. Genauso wie zuvor schon der Industriesektor und der Warenbereich. Die »Europäischen Dienstleister sollen in Zukunft nicht mehr in erster Linie in nationalen, sondern in europäischen Dimensionen denken und handeln.«[61]

Die einschneidendsten Richtlinien der Europäischen Union betreffen die Sektoren Telekommunikation, Energie, Post und Bahn. Versehen mit zahlreichen Regulierungsmechanismen – vom sogenannten Unbundling bis zur anreizorientierten Preisregulierung – wurde, über die gesamten 1990er-Jahre hinweg, in mehreren Schritten zuerst der Telekommunikationsbereich in den Wettbewerb eingeführt. 1998 erfolgte schließlich die vollständige Liberalisierung aller Telekommunikationsdienste und der dazu gehörenden Infrastrukturen.

1996 begann die Liberalisierung des Energiesektors, die in Deutschland mit dem Energiewirtschaftsgesetz von 1998 in nationales Recht umgesetzt wurde. Die vollständige Marktöffnung für Industriekunden erfolgte 2004, für private Kunden 2007. Ebenfalls schrittweise wurde ab 1997 die Überführung der Post in ein Privatunternehmen eingeleitet, allerdings mit zahlreichen Sonderregelungen und Ausnahmen. Im Vordergrund aller Richtlinien seitens der EU standen dabei die Qualität und eine bestimmte Dichte des Postfilialnetzes. Bis 2009 soll der europäische Binnenmarkt realisiert sein.

In einem seit Jahren vorangetriebenen Richtlinienpaket werden die nationalen Eisenbahnen nach und nach privatisiert, ohne dass es auch nur ansatzweise zu einer wirklichen Marktöffnung des Bahnsektors gekommen ist. Das Stichdatum hier: 2010. Gerade vor dem Hintergrund der umstrittenen Bahnprivatisierung in Großbritannien finden ähnliche Schritte in anderen europäischen Ländern eher zögerlich statt. Die Bereiche Wasserversorgung, Abfallwirtschaft, Bildung und soziale Sicherungssysteme stehen ebenfalls auf der Liberalisierungsagenda.

Im Rahmen der EU-Richtlinien, aber auch erheblich darüber hinaus, sind zahlreiche nationale Regierungen dabei, die Liberalisierungspolitik in nationales Recht umzusetzen. Anders als beispielsweise Großbritannien oder Schweden – so Inge Lippert –, ist Deutschland ein Land, »das erst unter dem Einfluss der regulativen Politik der EU begonnen hat, die öffentlichen Dienstleistungssektoren zu liberalisieren und umzustrukturieren.«[62] Großbritannien hatte im Zuge der neoliberalen Politik die meisten Dienstleistungssektoren bereits seit Anfang der 1980er-Jahre wettbewerbsorientiert in den Markt eingebracht, den Energiesektor, die Bahn, das Wasser vollständig privatisiert. Schweden hingegen setzt auf soziale Regulierung. »Neue marktwirtschaftliche Elemente« wurden in angestammte »sozialdemokratische Strukturen« eingeführt, »ohne den staatlichen Einfluss auf die öffentlichen Dienstleistungen in Frage zu stellen.« Den Schweden ging es »um die Förderung des Wettbewerbs, aber nicht um großflächige Eigentumsübertragung vom öffentlichen auf den privaten Bereich.«[63]

Die Europäische Union ist nicht nur Antreiber in der europäischen Liberalisierungspolitik und in der Umsetzung nationaler Privatisierungen. Brüssel drängt auf internationaler Ebene auch zunehmend auf weitgehende Liberalisierungsschritte. Die EU unterstützt als wichtigstes Regelwerk zur Liberalisierung des Dienstleistungssektors das unter den Mitgliedsstaaten der Welthandelsorganisation (WTO) verhandelte multilaterale Handelsabkommen für Dienstleistungen, das General Agreement of Trade in Services (GATS). Damit befindet sich die EU international weitestgehend auf dem Kurs der Weltbank und des Internationalen Weltwährungsfonds.

So wie das GATT-Abkommen im Güter- und Warenhandel soll das WTO-Dienstleistungsabkommen GATS die Märkte der Mitgliedsländer für den internationalen Handel mit Dienstleistungen öffnen. Zugangsbeschränkungen sollen dabei möglichst reduziert oder ganz fallengelassen werden. Dabei soll jedes Land entscheiden, welche Dienstleistungssektoren es für internationale Wettbewerber öffnet. Dem Markt geöffnet werden sollen möglichst alle Dienstleistungen – vom Tourismus bis zum Bankensektor, vom Gesundheitswesen bis zur Bildung. GATS deckt sämtliche Dienstleistungsbereiche ab, außer Dienstleistungen, die in hoheitlicher Gewalt erbracht werden, und solche im Luftverkehrssektor (Flugsicherung).

Liberalisierung im Sinne von GATS bedeutet die Marktöffnung für ausländische Dienstleistungsanbieter, aber nicht unbedingt die staatliche Deregulierung. Bestehende öffentliche Dienstleistungsmonopole können also beibehalten werden. Für Kritiker bedeutet GATS vor allem einen weiteren Privatisierungsdruck auf die Entwicklungsländer – nach dem Warenhandel nun auch im Dienstleistungssektor.

Schulden bis Sankt Nimmerlein: Berlin am Rande des Abgrunds

Ein Paradebeispiel der jüngeren deutschen Privatisierungsgeschichte, die eine Stadt an den Rand des Abgrunds führte, finden wir ausgerechnet in Berlin – der Hauptstadt. Eine Geschichte, die bis heute nachwirkt und die ihre Schatten auch noch in die Zukunft werfen dürfte.

Berlin ist verschuldet, hoch verschuldet. Aus vielerlei Gründen. Da sind die Belastungen, die aus dem Hauptstadtstatus entstanden sind, eine kaum noch zu finanzierende Infrastruktur durch den Zusammenschluss der beiden Teile der Stadt und eine desaströse Wirtschafts- und Haushaltspolitik seitens des Stadt-Managements, die in der Vergangenheit vielfach zwischen Korruption und Unfähigkeit angesiedelt war.

Das Heil suchten die Politiker des schwarz-roten Senats in den 1990er-Jahren nach der Wende vor allem auch in Privatisierungen großen Stils. Ihr Scheitern hat letztendlich zu dem riesigen Schuldenberg beigetragen, den Berlin in den zurückliegenden Jahren angetürmt hat. 60 Milliarden Euro Schulden, 17.700 Euro pro Kopf der Bevölkerung, drücken Stadt und Bürger.

Da blieb auch das Bundesverfassungsgericht hart, als Berlin auf Subventionshilfen in Höhe von 35 Milliarden Euro klagte, Schuldenhilfen, die der Bund zuvor abgelehnt hatte. Im Oktober 2006 bescheinigte das Gericht dem Berliner Senat, dass er sich gefälligst aus eigener Kraft zu entschulden habe und nicht wieder auf Bundessubventionen zählen dürfe. Schließlich habe man sich ja selbst in diese missliche Lage gebracht. Dennoch: Berlin erhält jedes Jahr immer noch über fünf Milliarden Euro aus Finanzausgleich und Solidarpakt.

Die teuerste »Episode nach dem Mauerfall« war die Geschäftsidee der Bankgesellschaft, die schließlich im Strudel von »Gier, Unfähigkeit und Selbstüberschätzung«[64] in einem Milliardengrab versank.

1994 wurden vom damaligen Senat aus CDU und SPD die öffentlich-rechtlichen Banken privatisiert. Die Landesbank Berlin, die Berliner Hypotheken- und Pfandbriefbank sowie die Berliner Bank wurden unter dem Dach einer privatwirtschaftlichen Holding zusammengeführt, der neuen Bankgesellschaft Berlin AG. Dass die Landesbank als eine öffentlich-rechtliche Anstalt mit zwei privatwirtschaftlich organisierten Banken in einer neuen Aktiengesellschaft aufging, das hatte es in Deutschland so noch nicht gegeben.

Die neue Bankgesellschaft AG gehörte an der Bilanzsumme gemessen über Nacht zu den größten deutschen Banken. Die neuen Hauptstadtbanker sahen sich und ihre Bank als Aktionszentrum zum Auf- und Ausbau der Hauptstadt, der Wirtschaftsregion Berlin-Brandenburg und zur Stärkung des Bankenplatzes Berlin. Von hier aus sollte auch massiv in die osteuropäischen Länder expandiert werden.

Tochterfirmen wurden gegründet, man stieg über hohe Kredite ganz groß ein in den Bau- und Immobiliensektor. Goldgräberstimmung in Berlin – weitgehend unkontrolliert vom Senat, obwohl das Land Berlin an der Bankgesellschaft die große Mehrheit der Aktien besaß und damit alle Risiken und Haftungen behielt. Denn sollte etwas schiefgehen an diesen lukrativen privatwirtschaftlichen Anlagen, dann hatte man ja noch den Mehrheitsaktionär in der Hinterhand. Die rechtliche Konstruktion der Holding Bankgesellschaft machte das Land Berlin zum Bürgen.

Mit im Bankenvorstand: der Fraktionsvorsitzende der CDU im Abgeordnetenhaus, Klaus-Rüdiger Landowsky. Überhaupt tummelten sich viele Parteipolitiker hoch bezahlt im Umfeld der Bankgesellschaft. Der neue Bankenkonzern wurde rasch zu einem der größten Anbieter von Immobilienfinanzierungen und Immobiliendienstleistungen in Deutschland. Die Politik war von sich und ihrer Privatisierungsstrategie begeistert.

Immer neue geschlossene Immobilienfonds wurden aufgelegt, Großkredite vergeben, teilweise an Kunden, die nur ihr Parteibuch offenlegen mussten. Konditionen wurden eingeräumt weit unter Marktwert, Parteifreunde und »Freunde Berlins« wurden vielfach bevorzugt bedient. Ausgerechnet die Privatisierung der Ostberliner Plattenbauten sollte das große Geld bringen. Hohe Mietzinsgarantien über Laufzeiten bis zu 30 Jahren ließen die Investoren in Entzücken geraten. »70.000 Anleger zeichneten Anteile im Gesamtwert von 10 Milliarden Euro«, so Werner Rügemer in seiner Bilanz »Privatisierung in Deutschland«[65].

Die wirkliche Lage der Bank wurde verschleiert, faule Kredite wurden nicht mehr wertberichtigt, über dubiose Tochterunternehmen verschoben. Scheingeschäfte und frisierte Bilanzen. Es wurde getrickst, betrogen und gegaunert. Verschiedene Gesellschafter einzelner Immobiliengesellschaften verfügten über vom Zentralvorstand sanktionierte Haftungsfreistellungserklärungen. Dann kam es, wie es kommen musste. Der »Laden« flog auf.

Die Bankgesellschaft und mit ihr ganz Berlin schlidderten in ihre schwerste Wirtschafts- und Regierungskrise. Milliardenverluste aufgrund spekulativer und nicht abgesicherter Immobiliengeschäfte sowie durch eklatantes Fehlverhalten seitens des Managements bestimmten die Schlagzeilen. Das künstlich fusionierte Bankengebilde, gerade von der Politik lange Zeit als zukunftsweisendes Privatisierungsmodell für den Standort Deutschland gepriesen, war kollabiert. Der Filz von Politik und Wirtschaft, verbunden mit unkontrollierten dubiosen Immobiliengeschäften, hatten der Berliner Bankgesellschaft und damit der Stadt Berlin bzw. dem Steuerzahler einen Fehlbetrag von über 1,6 Milliarden Euro und noch einmal fehlende Rückstellungen von 1,5 Milliarden Euro im Immobiliengeschäft hinterlassen, ohne dass es jemand gemerkt haben wollte.

Ein selbstgefälliger, offensichtlich viele Entscheidungen der Vergangenheit sanktionierender Aufsichtsrat aus Politik und Wirtschaft hatte immer wieder alle Augen zugedrückt. Erst 2001, als das Management auch noch Teile des Immobiliengeschäftes IBAG (hier wurden zuvor die maroden Immobiliengesellschaften gebündelt) an eine in der Karibik ansässige Investmentgesellschaft verkaufen wollte, um auf diese Weise über einen Buchgewinn von rund 1 Milliarde Euro die Rückstellungen für Risiken im Immobilienfondsgeschäft ertragsneutral ausweisen zu können, schritt die Bankenaufsicht ein.

Über die »Affäre Bankgesellschaft« stürzte schließlich die CDU/SPD-Regierung. Der »Architekt« der Bankgesellschaft und die »graue Eminenz« der Berliner CDU, Klaus-Rüdiger Landowsky, musste seinen Vorstandsposten bei der BerlinHyp räumen und wurde im März 2007 wegen Untreue und Vergabe millionenschwerer Kredite zu einer Freiheitsstrafe auf Bewährung verurteilt. Zahlreiche andere Manager der Bankgesellschaft verließen die privatisierte Bank mit hohen Abfindungen und Rentenzusagen.

Die Folgen dieser Privatisierungsaktion wirken lange nach. Die neu ins Amt gekommene SPD-PDS-Regierung übernahm für Berlin alle Risiken aus den Immobiliengeschäften ihrer »ehrenwerten Gesellschaft« in Höhe von fast 22 Milliarden Euro, Verpflichtungen bis zum Jahr 2032. Und setzte einen Sanierungsplan für die Bankgesellschaft von über 2 Milliarden Euro um, überwiegend von der Stadt getragen. Das Sanierungskonzept sah auch die Halbierung der Belegschaft von 17.000 Beschäftigen der Bank vor. In der Privatwirtschaft hätte eine Krise wie die der Bankgesellschaft den Kollaps bedeutet. Für die Misere des Privatisierungsausritts Bankgesellschaft kam das Land Berlin auf und damit der Steuerzahler.

Schuldenabbau und Haushaltssanierung mussten auch herhalten bei einer weiteren Großprivatisierung in Berlin. SPD und CDU veräußerten 1999 für knapp 1,7 Milliarden Euro 49,9 Prozent der Berliner Wasserbetriebe an RWE Aqua und den französischen Dienstleistungskonzern Veolia. Vertragslaufzeit: bis 2028. »Zur Beruhigung des Publikums wurde der Wasserpreis bis 2003 festgeschrieben«, weiß Werner Rügemer. »Danach sollte er sinken.«[66]

Trotz »effizienter« Maßnahmen seitens der neuen Eigner – Personal wurde in den Ruhestand »entlassen«, die Investitionen in die Leitungen zurückgefahren – wurden die Wasserpreise nach der »Schamfrist« sofort um 15 Prozent erhöht. Und sie steigen weiter. Darüber hinaus versprach das Land Berlin den neuen Investoren eine marktunüblich hohe Rendite. Das Ergebnis: Um diese Rendite auszahlen zu können, muss die Stadt seit Jahren selbst auf einen Teil ihrer Einnahmen verzichten. Eine »Meisterleistung« kommunaler Politik!

Privatisiert wurden in Berlin auch Elektrizität und Gas. Ende der 1990er-Jahre ging die Bewag AG, Berlins Unternehmen für Strom und Wärme, für knapp 1,2 Milliarden Euro an ein Konsortium, zu dem auch die damalige PreußenElektra und das Bayernwerk gehörten. Fusionsbedingt – PreußenElektra und Bayernwerk gingen in E.ON auf – landete die Bewag zuerst bei der Hamburger HEW AG und schließlich im Portfolio des Vattenfall-Konzerns und firmiert heute unter Vattenfall Berlin. Die Mitgift der Bewag: Sie verfügte über nahezu alle Berliner Kraftwerke und über ein Leitungsnetz von 40.000 Kilometer Länge. Im Zuge des Bewag-Verkaufs wurden auch die Gaswerke Gasag AG veräußert, die heute zu je einem Drittel Gaz de France, Vattenfall Europe und der unter dem Dach des E.ON-Konzerns operierenden Thüga AG gehören. Die Gasag ist eines der größten kommunalen Gasversorgungsunternehmen Westeuropas.

Für rund 400 Millionen Euro wurden die 65.000 Wohnungen der GSW veräußert, der größten landeseigenen Wohnungsbaugesellschaft Berlins. Das Geld sollte ebenfalls der Sanierung des Landeshaushalts dienen. Käufer: die

US-amerikanische Investmentgesellschaft Cerberus, die auch die Schulden der GSW in Höhe von 1,7 Milliarden Euro übernahm. Obwohl im Zuge des Verkaufs – so Werner Rügemer – versprochen wurde, »dass breiten Schichten der Bevölkerung weiter Wohnungen zu sozialverträglichen Mieten zur Verfügung bereit gestellt würden«[67], haben sich seitdem die Mieten nach »Modernisierungen ... fast verdoppelt«.

Auch die Berliner Krankenhauslandschaft soll nach und nach privatisiert werden. Einen ersten Schritt hat der Senat mit der Zusammenfassung und formellen Privatisierung seiner Kliniken in der Vivantes Netzwerk für Gesundheit GmbH getan. Vivantes versorgt aus einem Netzwerk an Tochtergesellschaften heraus rund 30 Prozent aller Krankenhauspatienten in Berlin und beschäftigt in allen Krankenhäusern und krankenhausnahen Dienstleistungen 13.500 Mitarbeiter. Von dieser Basis aus wird jetzt über mögliche Vollprivatisierungen nachgedacht.

Und 2007 holte Berlin wieder die Vergangenheit der privatisierten Bankgesellschaft ein. Denn Berlin wurde, nachdem die Landesbank Berlin (LBB) 2001 durch Milliardensubventionen vor der Pleite bewahrt werden konnte, von der EU in die Pflicht genommen, seinen 81-Prozent-Anteil an der Bank bis Ende 2007 vollständig zu verkaufen. Wieder ein Novum: Erstmals wurde damit eine große Sparkasse in Deutschland auf dem Markt frei angeboten. Wert der LBB: rund 5 Milliarden Euro.

Und prompt wurde die LBB, die mit 6.800 Beschäftigten und rund zwei Millionen Kunden die größte deutsche Sparkasse ist – etwa jeder zweite Berliner ist Kunde bei der Sparkasse –, zum Spielball der Spekulanten. Da dieser Verkauf einer der größten seiner Art im deutschen Bankgewerbe war, standen die Hedge-Fonds und andere Investoren ganz vorne an. Denn die Interessenten wussten: Wer die Berliner Bank hat, besitzt eine starke Marktposition. Mitte 2007 erhielt auf starkes Drängen des rot-roten Senats schließlich der Deutsche Sparkassen- und Giroverband den Zuschlag, für insgesamt 5,7 Milliarden Euro, womit die LBB zumindest im öffentlich-rechtlichen Lager blieb. Die Politiker hatten es doch mit der Angst bekommen, die LBB einem Investor oder einer anderen Großbank zu veräußern. Und denen war der von den Sparkassen bezahlte Preis zum Schluss schlicht zu hoch.

Kritiker sprechen von einem möglicherweise gefährlichen Weg aus der kommunalen Überschuldung, andere sehen einen Ausverkauf der Stadt, für wieder andere übernehmen die großen Konzerne still und heimlich die Macht in Berlin. Und was heißt das alles für die Berliner – als Bürger, Verbraucher und Kunden? Sie zahlen wahrscheinlich unterm Strich wieder drauf, zum wiederholten Mal. Berlin – ein Stück realer Privatisierungsgeschichte.

Teil II
Der alltägliche Privatisierungswahn

Die Privatisierung der Daseinsfürsorge

»Finanznot schlägt ökonomische Vernunft« könnte dieses Kapitel auch überschrieben sein. Städte und Gemeinden klagen seit Jahren über finanzielle Nöte, denen dringend geschuldete öffentliche Aufgaben zum Opfer fallen. Tatsächlich ist die Situation vielerorts dramatisch. Nicht wenige Städte sind regelrecht pleite, und da sind auch zwischenzeitliche Steuermehreinnahmen nicht mehr als ein Tropfen auf den heißen Stein. Löchrige Straßen werden bestenfalls notdürftig geflickt, damit der Verkehr halbwegs rollt, Eltern streichen die Klassenzimmer in den Schulen ihrer Kinder selbst, damit die Kleinen nicht völlig demotiviert werden, öffentliche Parks verwandeln sich in Schmuddel-Dschungel, derer Gartenämter und städtische Reinigungsdienste nicht mehr Herr werden. Überall fehlen Mittel für Kindergartenplätze. Den Verantwortlichen mangelt es häufig an Phantasie, meistens an Geld.

Die finanziellen Möglichkeiten der Städte und Gemeinden reichen schon lange nicht mehr aus, um alle Dienstleitungen im gewohnten Umfang und mit gleicher Qualität aufrechtzuerhalten. Dabei hat Artikel 28 des Grundgesetzes den Städten und Gemeinden das Recht auf Selbstverwaltung übertragen, was so viel bedeutet, wie die »Angelegenheit der örtlichen Gemeinschaft in eigener Verantwortung« zu regeln. Rechte bedingen natürlich Pflichten. Länder, Städte und Gemeinden sind verantwortlich für die sogenannte Daseinsfürsorge, für die Organisation und Bereitstellung wirtschaftlicher, sozialer und kultureller Dienstleistungen für ihre Bürger. Sie müssen die dazu erforderlichen Einrichtungen zur Verfügung stellen und organisieren: die Verwaltung, die Ämter und aufgabenspezifische Betriebe.

Finanziert wird die kommunale Selbstverwaltung in Deutschland durch Steuern, vor allem durch die Gewerbe- und die Körperschaftssteuer. Hinzu kommen Gelder über die Finanzausgleiche, ein Mitteltransfer von konjunkturell potenteren Regionen an schwächere Landstriche. »Aufgabenbezogene Zuweisungen« des Bundes betreffen Zuschüsse zur Sozialhilfe, die bei den Kommunen liegt. Einen bedeutenden Budgetposten bilden auch die Einnahmen aus eigenem Vermögen der Städte und Gemeinden. Da gibt es reiche Städte und bettelarme. Geld kommt aus eigenen kommunalen Einrichtungen und Betrieben, zu denen vielfach die Krankenhäuser gehören, und auch immer die städtischen Energieversorgungsunternehmen.

Eigentlich kann die gemeindliche Selbstverwaltung aber nur dann richtig ausgefüllt werden, wenn sie auch finanzpolitisch auf eigenen Füßen steht, also über genügend Finanzmittel verfügt, um den gewaltigen Strauß an öffentlichen Aufgaben zu bewältigen. Es gibt heute aber kaum eine deutsche Gemeinde, die nicht dramatisch verschuldet ist und die in der Lage wäre, einen ausgeglichenen Haushalt vorzulegen. Die Ausnahme bilden lediglich Kommunen oder Städte, die in rigoroser Weise große Teile ihres Gemeindevermögens an private Investoren veräußert haben.

Dresden hat seinen gesamten Wohnungsbestand an angelsächsische Investoren verkauft, Düsseldorf seine lukrativen Stadtwerke an einen deutsch-französischen Energiekonzern. Damit kam natürlich auf einen Schlag viel Geld in die Kassen. Die Haushaltslöcher wurden gestopft, die Verantwortlichen rühmen sich ihres kommunalpolitischen Geschicks. Aber wie lange bleibt die Waage zwischen Einnahmen und Ausgaben im Gleichgewicht? Eine Legislaturperiode? Die Spanne bis zur nächsten Bürgermeisterwahl? 35.000 Wohnungen aus Gemeindevermögen an der Elbe sind unwiederbringlich weg und die städtischen Elektrizitätswerke am Rhein auch. Und damit nicht die schlechtesten Einnahmequellen der Vergangenheit, mit denen vor allem andere nicht profitable Bereiche der Daseinsfürsorge mitfinanziert werden konnten – »quersubventioniert«, wie es im Amtsdeutsch heißt.

Die Finanzkrise von Städten und Gemeinden ist vor allem zurückzuführen auf den drastischen Rückgang der für Kommunen existentiell benötigten Gewerbesteuer, bedingt vor allem durch die Reform der Unternehmensbesteuerung der früheren rot-grünen Bundesregierung. Hinzu kam die eher negative gesamtwirtschaftliche Entwicklung der letzten Jahre. Auf der anderen Seite hat sich die Situation am Arbeitsmarkt ständig verschärft, wodurch die Kostenspirale der Kommunen immer weiter nach oben geschraubt wurde.

Den Kommunen wurden seit der Wiedervereinigung seitens des Bundes ständig neue Aufgaben aufgebürdet, aber ihre finanzielle Ausstattung nicht entsprechend angepasst. Die Kosten für die Sozialausgaben stiegen unaufhörlich. Nicht zuletzt durch Hartz IV bedingte Mehrausgaben belasten die Kassen. Die Schere zwischen kommunalen Einnahmen und Ausgaben klafft immer weiter auseinander.

2006 schauten nach Auskunft des Deutschen Städtetages die kommunalen Haushalte in ein Schuldenloch von knapp 110 Milliarden Euro. 28 Milliarden Euro davon bestanden aus kurzfristigen Kassenkrediten. Und die Pro-Kopf-Verschuldung der Kommunen nimmt ständig weiter zu. Berlin ist dabei mit über 17.700 Euro pro Kopf Spitzenreiter. Die Hauptstadt ist eigentlich bankrott. Nichts geht mehr ohne fremde Hilfe, ohne drastische Einschnitte in kommunale Belange. Dramatisch hohe Kosten allerorten, ein über Jahre miserables städtisches Management, Verschwendungssucht und fehlende Kontrolle, gepaart mit Korruption und krimineller Energie, haben Berlin an den Rand des Kollaps gebracht.

Berlin ist aber nicht überall. In der 2006 erschienenen Studie »Ausgliederung und Privatisierung in Kommunen«[1] weisen die Autoren darauf hin, dass die finanzielle Misere der Städte und Gemeinden vorrangig ihre Ursache weder »im Verantwortungsbereich der Kommunen« hat noch als »Folge fahrlässigen Ausgabenverhaltens« anzusehen ist. Im Gegenteil: »Deutsche Städte, Gemeinden und Kreise haben ihre selbstdisponierbaren Ausgaben in den letzten Jahren kontinuierlich gesenkt.« Verwiesen wird auch auf die Personalkosten, die trotz Tarifsteigerungen »konstant geblieben und in manchen Jahren sogar leicht gesunken« sind.

Auch Investitionen wurden drastisch zurückgefahren mit teilweise gravierenden Folgen für die kommunale Infrastruktur. Nach Angaben des Deutschen Städtetages wurden die Investitionen in den Kommunalhaushalten in den zurückliegenden zehn Jahren über die Hälfte auf rund 20 Milliarden Euro verringert. Größtenteils wurden die Investitionsprogramme nur noch über Kreditaufnahmen finanziert.

So sehen heute Städte und Gemeinden vielfach auch aus. Nichts geht mehr. Der öffentliche Nahverkehr wird ausgedünnt, das Schienennetz reduziert, Buslinien gestrichen, Haltestellen geschlossen, dringend notwendige Transportmittel nicht mehr angeschafft. Straßen und Bürgersteige sind teilweise in katastrophalem Zustand und werden notdürftig geflickt. Wasserleitungen tropfen, Wasser versickert. Die »Entsorgungsinfrastruktur ist sanierungsbedürftig«. Auf die öffentliche Hand drückt ein Investitionsstau von mehren Hundert Milliarden Euro, der »von den Kommunen bzw. den kommunalen Betrieben kaum bewältigt werden kann und letztlich Gefahren für die Stabilität des Systems erwarten lässt«. So die erwähnte Studie.[2]

Stadträte und Gemeindeverwaltungen sind zum Sparen verdammt, zur Ausgabenreduzierung gezwungen. Sie suchen nach immer neuen Auswegen zur Finanzierung öffentlicher Aufgaben. Ein zunehmend bevorzugter Weg ist die Kooperation in sogenannten institutionellen oder projektbezogenen Public Private Partnerships, bei denen vor allem auf Investitionen privater Geldgeber spekuliert wird.

Und es wird das Heil in der Privatisierung gesucht. Kommunale Aufgaben werden in privatrechtliche Trägerschaft ausgegliedert, umfirmiert in GmbHs oder Aktiengesellschaften, vielfach »als Ausdruck der Ohnmacht lokaler Akteure«. Irgendwie sollen Wirtschaftlichkeit und öffentlicher Zweck in Einklang gebracht werden. »Diesen Entscheidungen liegt oft die Überzeugung zu Grunde, dass selbstständige, autonom arbeitende Organisationseinheiten effizienter und effektiver tätig seien und so im Wettbewerb besser bestehen können.«[3]

Immer mehr Städte und Gemeinden favorisieren die vollständige, die materielle Privatisierung großer Teile ihrer Daseinsvorsorge bzw. ihrer Vermögenswerte, soweit es das Grundgesetz und die Gemeindeverordnung zulassen. Denn das Gemeindevermögen, oder wie es Hans-Werner Krüger benennt, das »Kämmereivermögen«[4], zu dem neben dem Verwaltungsvermögen (Straßen, Brücken, Parks, Rathäuser, Krankenhäuser, Schulen) auch das Betriebs- und Finanzvermögen (wirtschaftliche Aktivitäten, Grundstücke) zählen, »können veräußert werden«. Und so gehen zahlreiche Kommunen daran, der Not folgend kommunale Aufgaben zu privatisieren, immer in der Hoffnung auf effizientere Strukturen, Kostenersparnis und die Sanierung des Haushalts. »Manche Gemeinden scheuen nicht einmal mehr davor zurück, ihre Rathäuser an Privatpersonen zu verkaufen, von denen sie den Sitz der demokratischen Institutionen dann zurückmieten«, meint Werner Rügemer[5].

Aber nicht nur die dramatische Haushaltslage der Städte und Gemeinden treibt die Politiker und verantwortlichen Gremien in die Privatisierung. Es ist auch das ideologische Sperrfeuer, mit dem sie pausenlos bombardiert werden. Ausgegliederte Unternehmen in privater Rechtsform seien effizienter und effektiver heißt es, könnten sich mit schlankeren Organisationsstrukturen versehen, seien unbürokratischer und damit dienstleistungsfreundlicher, würden im Wettbewerb besser bestehen können. Privatisierte Unternehmen hätten es einfacher bei der Aufnahme neuer Kredite, ohne immer gleich die Kommunalaufsicht im Nacken zu haben.

Mit einem Satz: Die Privaten könnten es letztendlich besser, billiger und wirtschaftlicher – auch in den Kommunen.

Seit der Wiedervereinigung bzw. seit Beginn der 1990er-Jahre sind verstärkt ganze kommunale Sektoren privatisiert oder ausgegliedert worden. Besonders betroffen sind die Bereiche Gesundheit mit Krankenhäusern und der Kranken- und Altenpflege, die Versorgung mit Elektrizität und Wasser, der Entsorgungsbereich mit Müllabfuhr und Straßenreinigung sowie der öffentliche Nahverkehr. Regiebetriebe und Eigenbetriebe, bislang Teil der Verwaltung oder mit eigener Haushaltsführung, erhalten nach Bedarf private Organisationsstrukturen.

Und derartige Liberalisierungen sind meistens die Vorstufe zur materiellen Privatisierung, zum Verkauf kommunaler Beteiligungsunternehmen an private Eigner. Normalerweise bestimmt die Rechtsform des Unternehmens – Regiebetrieb, Eigenbetrieb, formell privatwirtschaftlich – den Grad der Selbstständigkeit des Unternehmens innerhalb der Kommune.

Für Klaus-Peter Schmidt, den Hauptgeschäftsführer des Deutschen Städtetages, bedeutet kommunale Daseinsfürsorge in erster Linie »die Verantwortung dafür, dass den Bürgerinnen und Bürgern und den Unternehmen vor Ort bestimmte Leistungen, im Wesentlichen Infrastrukturleistungen, angeboten werden – und dies in hoher Qualität, flächendeckend, also mit Zugangsmöglichkeiten für alle und zu erschwinglichen Preisen.«[6] Dabei führt er beispielhaft Leistungen auf wie »die Versorgung mit Energie und Wasser, ein gutes Angebot von öffentlichem Personennahverkehr, ein Angebot von sozial erschwinglichem Wohnraum, von öffentlichen Bädern und Bibliotheken sowie die Entsorgung von Abwasser und Abfall.«[7]

Privatisierung der Daseinsfürsorge bedeutet das kommerzielle Anbieten von Dienstleistungen, die früher staatliche oder öffentliche Dienstleistungen waren. Dabei stellt sich immer wieder die Frage: Ist eine Privatisierung der Grundversorgung, der Daseinsfürsorge also, sinnvoll? Welche Sektoren eignen sich für eine Privatisierung? Und wo sind die unbedingten Grenzen eines Verkaufs öffentlicher Verantwortung? Unter Grundversorgung verstehen Tim Kessler und Nancy Alexander in »Grenzen der Privatisierung«[8] global gesehen und über alle Ländergrenzen hinweg diejenigen Dienstleistungen, die zur Führung eines gesunden und menschenwürdigen Lebens unerlässlich sind, also die Wasserversorgung und sanitäre Einrichtungen, der Strom und die Gesundheitsversorgung.

Wenn Städte zu Konzernen werden

Kommunale Unternehmen sind für die gemeindliche Aufgabenerfüllung von entscheidender Bedeutung. Das gilt in erster Linie für Städte und große Gemeinden. Städtische Unternehmen sind vor allem in den Bereichen Energieversorgung, öffentlicher Nahverkehr, Wasserversorgung, Hafenbetrieb und Güterverkehr, Wohnungsbau, Gesundheitswesen, Kultur und Sport sowie Stadtentwicklung und Wirtschaftsförderung aktiv. Dabei sollen die Unternehmen »die Bemühungen der Stadt zum Erhalt und zum Ausbau der kommunalen Infrastruktur« unterstützen. In Deutschland operieren rund 3.500 solcher kommunaler Unternehmen mit einem Umsatzvolumen von 60 Milliarden Euro.

Große Städte agieren häufig wie Konzerne in der Wirtschaft. Sie sind nach streng betriebswirtschaftlichen Kriterien aufgebaut und operieren in einem teilweise autonomen Feld. Diese Unternehmen sollen nicht nur die Notwendigkeiten der kommunalen Daseinsvorsorge erfüllen, sondern gleichzeitig noch möglichst viel Geld in die Stadtkassen spülen.

Die Stadtwerke sind für zahlreiche Kommunen immer noch ein enorm wichtiger Wirtschaftsfaktor, gerade vor dem Hintergrund dringend notwendiger Quersubventionen für nicht rentable öffentliche Einrichtungen. Wenn beispielsweise der einen hohen Profit abwerfende Energieversorger den defizitären öffentlichen Nahverkehr mit subventionieren muss oder Schwimmbäder, Museen, Theater oder Buslinien in entlegenen Gebieten. Der kommunale steuerliche Querverbund ist eine »wesentliche Stütze der kommunalen Infrastruktur«, meint Münchens Oberbürgermeister Christian Ude[9].

Nach einer Untersuchung des Deutschen Instituts für Urbanistik verstärkt sich vor allem in größeren Städten die Tendenz hin zum »Konzern Stadt«. Je größer in Deutschland eine Stadt ist, umso höher ist die Zahl ihrer unternehmerischen Beteiligungen. Nach den Erhebungen von Werner Killian und Jan Hendrik Trapp[10] zu kommunalen Beteiligungen in deutschen Großstädten besitzt jede Großstadt durchschnittlich 90 Beteiligungen, Hamburg beispielsweise 400, Kiel unter 20. Hamburgs größte Beteiligung ist die Hamburger Hafen- und Lagerhaus AG, mit über 60 direkten und indirekten Beteiligungen, die jetzt an die Börse gebracht werden soll. Die Stadt Mannheim besitzt mit der MVV Energie AG den fünftgrößten Energiekonzern Deutschlands mit über 100 direkten und indirekten, nationalen und internationalen Beteiligungen. Und das ist in Deutschland Spitze: Mannheims kommunaler Haushalt wird durch den Umsatz der Beteiligungsunternehmen um das Sechsfache übertroffen.

In knapp 40 Prozent aller kommunalen Betriebe sind privatwirtschaftliche Akteure beteiligt. Über 50 Prozent aller Stadtwerke der größten deutschen Städte sind teilprivatisiert. In den klassischen Versorgungsbereichen Strom, Gas, Wasser, Abfall und Krankenhäuser sowie im öffentlichen Personennahverkehr und bei den Sparkassen gibt es weiter steigende Ausgliederungsquoten. Die dortigen Aufgabenbereiche werden inzwischen fast vollständig außerhalb der kommunalen Verwaltung organisiert.

Im Energiebereich ist der Privatisierungsprozess am weitesten gediehen. Hier sind auch die meisten materiellen bzw. Vermögensprivatisierungen realisiert worden, vor allem durch Beteiligungen seitens der großen Energiekonzerne E.ON, RWE, Vattenfall und EnBW. Nur rund knapp 30 Prozent der Energieunternehmen befinden sich noch vollständig im Besitz der Kommunen. Im Wassersektor sind es 55 Prozent, im öffentlichen Personennahverkehr etwas unter 70 Prozent.[11]

Die Stadt Köln ist an 50 Unternehmen beteiligt – als Allein- oder Mehrheitseigentümer. An oberster Stelle steht die Stadtwerke Holding AG mit einem Jahresumsatz von rund 2,5 Milliarden Euro, die zu 100 Prozent im Besitz der Stadt ist. Zu ihr gehören als wichtigste Unternehmen der Energieversorger RheinEnergie AG mit zahlreichen Tochter- und Beteiligungsgesellschaften, die Kölner Verkehrsbetriebe AG (KVB), die Hafen- und Güterverkehr Köln AG, die Wohnungsgesellschaft der Stadt Köln mbH

(GAG, Gubo), die Abfallwirtschafts- bzw. -entsorgungsunternehmen AWB und AVG, die KölnBäder GmbH und der Telekommunikationsanbieter NetCologne. Mit rund 10.000 Beschäftigten zählen die städtischen Beteiligungsgesellschaften zu den großen Arbeitgebern in Köln und sind als Auftraggeber für Handwerk und Mittelstand in Köln und Umgebung unentbehrlich. Der Energieversorger RheinEnergie ist inzwischen die ergiebigste Einnahmequelle der Stadt.

Die Nachbarstadt Düsseldorf hat hingegen die Mehrheit an ihren Stadtwerken an den Energiekonzern EnBW AG veräußert – für rund 350 Millionen Euro. Ein lukratives Geschäft, allerdings einmalig und nie wiederholbar. Das Geld wurde zur Haushaltssanierung verwendet.

Anders als private Gesellschafter, die ihre Beteiligungen fast ausschließlich auf den wirtschaftlichen Erfolg ausrichten, also die Rendite ins Zentrum aller Aktivitäten stellen, hat ein kommunales Unternehmen, egal in welcher Wirtschaftsform es geführt wird, darüber hinausgehende Ziele zu verfolgen. Es geht neben der ökonomischen Ausrichtung ganz wesentlich noch um die Erfüllung des öffentlichen Zwecks, des politischen Auftrags und der »Absicherung des demokratisch legitimierten Einflusses auf die kommunalen Unternehmen«.[12]

Verbreitete Meinung ist, dass die »Entscheidungsautonomie der Geschäftsführungen« in einem engen Zusammenhang stehen mit dem wirtschaftlichen Erfolg eines kommunalen Unternehmens. Bei erfolgreichem Wirtschaften intervenieren Verwaltung und Politik dementsprechend selten. Solange schwarze Zahlen geschrieben werden, können die kommunalen Unternehmen in ihren Rechtsformen als GmbH oder Aktiengesellschaft vergleichsweise ungestört operieren, was diesen eine zusätzliche Unabhängigkeit verschafft, die aber nicht selten ein Abkoppeln von der kommunalen Politik bedeutet.

So bilden in vielen Städten und Gemeinden erfolgreich wirtschaftende kommunale Unternehmen, Stadtwerke beispielsweise, so etwas wie Nebenregierungen. Das gilt in starkem Maße für Stadtwerke mit angeschlossenem Elektrizitätswerk, die durch ihre Ware immer kräftige Gewinne abliefern und damit den kommunalen Betrieb wesentlich am Laufen halten. Ihre Managements können, »wenn die finanziellen Vorgaben durch die Unternehmen erfüllt werden«[13], vielfach nach Belieben schalten und walten, meist spärlich kontrolliert.

In der von der Hans Böckler Stiftung herausgegebenen Studie »Public Governance kommunaler Unternehmungen« wurden auch die Bereiche Verwaltung, Versorgung, Abfall, öffentlicher Personennahverkehr, Stadtentwicklung und kulturelle Einrichtungen hinsichtlich der Fragestellung unter die Lupe genommen, inwieweit sich die Ausgliederung kommunaler Aufgaben mit entsprechenden Rechtsformänderungen auf die Beschäftigten auswirken wie auch auf die vorhandenen Mitbestimmungsstrukturen. Das Ergebnis: In allen Bereichen hat die Zahl der Beschäftigten »tendenziell eher abgenommen«, in der Kernverwaltung vielfach stärker als in deren Beteiligungsunternehmen.[14]

Die Gründe liegen im Ausgliedern zahlreicher Aufgabenfelder weg von der Verwaltung und im permanenten Kostendruck, dem die Kommunalverwaltungen aufgrund angespannter Haushaltslagen ausgesetzt sind. »In diesem Kontext ist sicher auch das Prinzip ›arme Mutter, reiche Kinder‹ von Bedeutung und gilt zumindest für einige Bereiche der kommunalen Wirtschaft«[15].

Darüber hinaus stehen kommunalen Unternehmen, wenn sie in privater Rechtsform geführt werden und nicht dem öffentlichen Tarifrecht unterliegen, »potentiell mehr Möglichkeiten zur Reduzierung der Personalkosten zur Verfügung als der Verwaltung (niedrigere Tarife, betriebliche Arbeitszeitabsprachen etc.)«. Besonders betroffen: Frauen und Beschäftigte mit niedrigem Qualifikationsniveau. Und: Die »Verselbstständigung kommunaler Unternehmen führt nach Meinung der Personalräte zumindest teilweise zu einer Schwächung der einheitlichen Interessenvertretung in der Kommune«.[16]

Bei der Gründung kommunaler Unternehmen bewegen sich alle personalpolitischen und arbeitsrechtlichen Veränderungen (Löhne und Gehälter, Arbeitszeiten, Kündigungsschutz) im Rahmen festgelegter Vereinbarungen. Bei einer materiellen Privatisierung, also bei dem Verkauf kommunaler Unternehmen oder dem Outsourcen in private Trägerschaft, ändern sich die Bedingungen grundsätzlich. Die in kommunalen Diensten gewonnenen Besitzstände der betroffenen Beschäftigten verlieren dann sehr schnell an Wert.

Nach Auslaufen von Überleitungsverträgen (Übergangsfristen, Abfindungen, Abschlagszahlungen) werden die Entlohnungssysteme und Arbeitsbedingungen den veränderten Vorgaben angepasst. Vielfach kommt es dabei zu Gehalts- bzw. Lohnkürzungen, angeblich um Kündigungen zu vermeiden. »Es gibt Branchen, in denen die Beschäftigten durch einen Übergang in private Rechtsformen gewinnen. In anderen Branchen ist die arbeitsrechtliche Lösung aus dem öffentlichen Dienst mit Verlusten für die betroffenen Mitarbeiter verbunden.«[17]

Die Autoren der Studie führen den Versorgungsbereich an, in dem »durchweg höhere Gehälter« bezahlt werden, während in Bereichen, »in denen die kommunalen Unternehmen um mehr Wettbewerbsfähigkeit kämpfen müssen«, wie in Krankenhäusern und im öffentlichen Nahverkehr, die Beschäftigten Verschlechterungen hinnehmen müssen.

Und noch etwas: Die Identifikation der Beschäftigten mit ihrer Kommune lässt erheblich nach. Auch ist der Terminus »Konzern Stadt«, der vielfach für die Ausgliederung zahlreicher kommunaler Beteiligungen in neue Rechtsformen sowie für Wirtschaftlichkeit und Wettbewerb steht, bei den Bürgern und vor allem den im öffentlichen Dienst Beschäftigten wenig populär.

Denn »Konzern Stadt« steht »für betriebswirtschaftliches Management, Ausgliederung und Privatisierung öffentlicher Aufgaben und Dienste sowie für die Zersplitterung des kommunalen Sektors«. Die Studie kommt zu dem Schluss, dass Arbeitnehmer damit meistens den »Verlust an Arbeitsplatzsicherheit« und »die Herauslösung aus den Tarifstrukturen und Arbeitsbedingungen des öffentlichen Sektors« verbinden«.[18]

Medizin und Krankenhäuser

Krank und alt wird schließlich jeder – Was, wenn Kliniken den Besitzer wechseln?

Sie werden krank! Eine Krankheit kann jeden treffen, zu jeder Zeit. Sie müssen ins Krankenhaus. Sie werden von Ihrem Arzt überwiesen oder melden sich in der Ambulanz auf eigene Faust. Man kennt sein städtisches Krankenhaus oder das nahegelegene Kreiskrankenhaus. Vielleicht waren Sie ja selbst schon einmal dort, als Patient oder Besucher, vielleicht lag schon mal ein Familienmitglied oder ein Bekannter auf einer der vielen Stationen. Über die Ärzte hört man die unterschiedlichsten Geschichten. Der eine wird gelobt, vor anderen wird gewarnt. Jeder Bürger hat irgendwie schon mal mit einem städtischen Krankenhaus seine Erfahrung gemacht. Mancher hat es als unfreundlich erlebt, als schmuddelig vielleicht, andere schimpfen übers Essen oder die unmenschlichen Weckzeiten.

In einem Punkt aber besteht nahezu immer Konsens: Man kann sich auf »sein« Krankenhaus verlassen. Krankenhäuser sind eine feste Größe, denn die medizinische Versorgung ist gesichert – für den Fall, dass es einem mal nicht mehr so gut geht. Und zwar auch dann, wenn man vielleicht nicht über viel Geld verfügt, eine schmale Rente hat oder arbeitslos ist: Im Krankenhaus wird man in der Regel halbwegs gleich behandelt. Auch in der zweiten Klasse, als Kassenpatient. Denn das deutsche Krankenhauswesen gilt als sichere öffentliche Instanz, die jedem Bürger zugänglich ist, unabhängig vom Geldbeutel, von Herkunft und sozialem Status. Deutsche Krankenhäuser sind nahezu für jede Kategorie, ob Unfall oder Notfall, eingerichtet und garantieren eine flächendeckende Versorgung. Auch in dünner besiedelten Gebieten gibt es in aller Regel in erreichbarer Nähe ein Krankenhaus. Das Krankenhaus war in der Vergangenheit immer eine verlässliche kommunale Konstante.

Jetzt werden immer mehr Krankenhäuser und Kliniken privatisiert. Große Klinikkonzerne stehen in den Startlöchern, um dann, wenn ein Krankenhaus zu »schwächeln« beginnt, zuzuschlagen. Denn die Krankenhausbranche steckt zu großen Teilen in einer tiefen Krise, über vielen kommunalen Krankenhäusern kreist der Pleitegeier. Viele öffentliche Kliniken sehen sich gezwungen, wegen Unwirtschaftlichkeit ihren Betrieb einzustellen. Sie wissen sich in ihrer Existenz bedroht, vor allem dann, wenn auch die Kommunen kein Geld mehr haben, um beispielsweise dringend notwendige Investitionen zu tätigen.

Vielfach verkauft die Kommune die aus Steuermitteln errichteten Krankenhäuser zu äußerst günstigen Konditionen, häufig zu Schleuderpreisen, an die privaten Konzerne. Und da sich für den neuen Krankenhausbesitzer das Investment lohnen muss, übernehmen die verkaufenden Kommunen nicht selten auch die finanziellen Altlasten, wie etwa die Pensionsansprüche der Beschäftigten.

So gehen kommunale Krankenhäuser, Landeskrankenhäuser und neuerdings auch Universitätskliniken reihenweise in den Besitz von großen Gesundheitskonzernen über. Sie gehören nun Fresenius/Helios, Asklepios, Rhön und anderen. Die medizinische Versorgung genauso wie Alten- und Pflegeheime werden damit zum Big Business.

Denn die neuen Besitzer der Krankenhäuser und auch im Altenpflegebereich erwarten für ihr Investment natürlich eine gute Rendite, nicht selten bis zu jährlichen 20 Prozent auf das eingesetzte Kapital. Sie haben es nicht nur mehr mit Patienten, ihren Kunden also, und den Krankenkassen zu tun, sondern mit den neuen Anteilseignern, den Shareholdern bei einer Börsennotierung. Rendite aber lässt sich auch in diesem Business in erster Linie erwirtschaften durch Rationalisierung und »Kostendämpfung«.

Sicherlich ist richtig: Private Kliniken investieren häufig mehr als öffentliche. Sie verfügen über andere Kapitalquellen als die klammen Stadtkämmerer, erst recht als die kommunalen Krankenhäuser selbst. Aber allein höhere Investitionen sind auch für private Krankenhäuser kein Garant für bessere Bilanzen. Investiert wird in erster Linie in neue Geräte, in modernste Medizintechnik. Das kostet viel Geld, das wieder hereingeholt werden muss. Moderne Technik ersetzt Menschen.

Gespart wird vor allem an den Personalkosten. Bestehende Tarifbindungen werden aufgelöst, Stellen abgebaut, die Arbeitszeiten verlängert, Arbeitsverträge befristet, Gehälter reduziert. So geschehen etwa bei der Privatisierung der Hamburger Landesbetriebs Krankenhäuser (LBK) und beim veräußerten Universitätsklinikum Gießen/Marburg.

Auch die bisherigen Arbeitsabläufe werden nach strengsten Kriterien überprüft und verknappt. Bei Löhnen und Gehältern kommt es nach der Privatisierung häufig zu einer sogenannten »Lohnspreizung«. Während Ärzte und spezielle Pflegekräfte nach Leistung bezahlt werden und häufig erheblich besser verdienen als in öffentlichen Krankenhäusern, wird beim übrigen Personal, bei den Krankenschwestern und Pflegern, erheblich eingespart. Service- und Hilfskräfte rangieren nicht selten am unteren Ende der Gehaltsskala. Hier liegen die Einkommen weit hinter denen, die von den früheren kommunalen oder gemeinnützigen Arbeitgebern gezahlt wurden.

»Time is money« heißt es in den Krankenhäusern unter den neuen Besitzern, allemal nach Einführung von Fallpauschalen und strenger Budgetierung. Private Krankenhäuser arbeiten ausschließlich nach einer Kosten-Nutzen-Analyse. Und da bringt es mehr Geld, wenn man sich auf ganz bestimmte Patientengruppen konzentriert, auf die, die den höchsten Gewinn abwerfen, die die schnellsten Durchlaufzeiten haben. Ältere Patienten und chronisch Kranke gehören sicherlich nicht zur bevorzugten Klientel der privaten Krankenhausbetreiber. Hightech-Medizin bringt das große Geld, während der Normalpatient ein eher lästiger Kostenfaktor ist.

Nicht selten führen Wettbewerb und Renditeerwartungen dann zu einer gezielten Auswahl unter den Patienten. So ähnlich wie im Bankenbereich, wo der normale Kontoinhaber notgedrungen »mit durchgezogen« wird, während der potente Geschäfts- oder Privatkunde gehätschelt wird. Privatwirtschaftliches Qualitätsmanagement und Fallpauschalen entspringen, wie Kritiker immer wieder sagen, einer betriebswirtschaftlichen Logik, die den Profit über alles, also auch über das Wohl des Patienten stellt. Und da ein privat wirtschaftendes Krankenhaus insolvenzfähig ist, müssen immer genügend Erlöse erwirtschaftet werden. Eine Drohkulisse, die nach innen das Personal diszipliniert und nach außen Alimentierungen der öffentlichen Hand anmahnt.

Aber was bedeutet das für den einzelnen Bürger, für Sie als potenziellen Patienten? Wird in absehbarer Zeit ein Punkt erreicht sein, in dem man sich eine umfassende gesundheitliche Versorgung nicht mehr leisten kann, einen möglicherweise längeren Krankenhausaufenthalt beispielsweise? Was, wenn ich auf dem flachen Land wohne? Habe ich dann überhaupt noch ein Krankenhaus in erreichbarer Nähe? Und wird es nicht immer riskanter, alt zu werden?

In den Ballungsgebieten wird es immer genügend Krankenhäuser geben, wie steht es jedoch mit dem zunehmend entvölkerten Osten Deutschlands? Wenn hier ein öffentliches Krankenhaus die Pforten schließt, wird sich nur selten ein privater Träger finden, der diese Klinik übernimmt. Denn hier lässt sich mangels Patienten nicht genügend Geld verdienen. Und man kann keinen privaten Investor zwingen, eine Klinik zu eröffnen. Eines steht fest: Mit der Privatisierung der Gesundheit und des Krankenhauswesens geht ein Stück vitaler Sicherheit verloren. Das sind keine düsteren Zukunftsszenarien, das ist einfach marktwirtschaftliche Realität.

Dennoch werden immer mehr öffentliche Krankenhäuser von den Kommunen auf ihre Privatisierung hin vorbereitet. Und das läuft meist nach einem bestimmten Muster ab: Zuerst wird die Rechtsform geändert und aus einem städtischen Krankenhaus eine Krankenhaus GmbH gemacht. Dann werden die ins Privatisierungsvisier genommenen Krankenhäuser mit Hilfe kommunaler Entscheidungsträger aus Politik, Wirtschaft und Gewerkschaften »verschlankt« und für den Verkauf zurechtgestutzt. Durch Kostenmanagement, Outsourcing und eine Optimierung der Betriebsabläufe versuchen es die kommunalen Krankenhäuser, mit den Privaten gleichzuziehen. Die unter dem Dach der Berliner Krankenhausgesellschaft Vivantes gebündelten Kliniken Berlins beispielsweise werden so mit Hilfe des aktuellen SPD-PDS-Senats »fit für die Zukunft« gemacht.

Nach einer jüngsten Studie des Rheinisch-Westfälischen Instituts für Wirtschaftsforschung sind bis Ende 2008 weitere rund 26 Prozent der deutschen Kliniken in ihrer Existenz gefährdet. Ein entscheidender Grund dafür liegt im zunehmenden Desinteresse der Länder an diesen »Kostenmaschinen«. So investieren die Länder immer weniger in ihre Kliniken. Nach Angaben der Deutschen Krankenhausgesellschaft (DKG) wurden allein im Jahr 2006 die Zuschüsse um 2,7 Milliarden Euro gekürzt. Kürzungen im elften Jahr hintereinander, so wurde beklagt. Insgesamt wurde seit der deutschen Wiedervereinigung die nationale Krankenhausfinanzierung um über 44 Prozent zurückgefahren. Im Westen sanken die Investitionen um knapp 43 Prozent, im Osten um 49 Prozent. Vor allem wird immer weniger in die Anschaffung moderner Technik und die Bausubstanz der Krankenhäuser investiert. Deutsche Krankenhäuser stehen damit vielfach am Rande der Existenz. Das bedeutet: weitere Hochkonjunktur für private Klinik-Konzerne – mit allen damit verbundenen Unsicherheiten und Risiken für die Patienten.

Risiken bestehen zweifelsfrei auch in einem unterfinanzierten öffentlichen Krankenhaus. Umso wichtiger ist es deshalb, diese Einrichtungen finanziell so auszustatten, dass sie patientengerecht arbeiten können und über die dazu notwendige, qualitativ hochwertige Personaldichte verfügen. Dazu sollten Städte und Kommunen verpflichtet werden und notfalls tief in die Tasche greifen. Deshalb müssen öffentliche Krankenhäuser nicht von Haus aus Zuschussbetriebe sein wie die Oper und die Philharmonie. Ein funktionierendes öffentliches Krankenhaus muss sich natürlich auch einer permanenten Kosten-Nutzen-Analyse unterwerfen, nach strengen Plänen arbeiten, die aber nie zu Lasten der Patienten gehen dürfen. Denn natürlich können auch öffentliche Krankenhäuser wirtschaftlich vernünftig arbeiten. Die eben erwähnte Berliner Krankenhausgesellschaft Vivantes beispielsweise macht es vor. Kein Grund also für den Berliner Senat, sie zu veräußern.

Privatisierte Kliniken stehen unter einem Dauerdruck, dem der Erwirtschaftung von Rendite. Die darf der Investor auf sein eingesetztes Kapital selbstverständlich erwarten. So wie in jedem anderen Industriebetrieb auch. Und dieser Renditedruck, den eine öffentliche Klinik nicht erfährt, lässt sich dauerhaft nur aufrechterhalten durch Rationalisierung, Kostenersparnis, Personalreduzierung. Das muss nicht zwangsläufig zum Nachteil des Patienten sein, aber diese Gefahr ist um ein vielfaches höher als in öffentlich betriebenen Häusern. Denn Kürzung und Verknappung führen schnell zu Qualitätsminderung.

Und die Klagen über die privatisierten Kliniken nehmen zu: So berichtete das Fernsehmagazin »Panaroma« am 26. Juli 2007 von einer Reihe an

Beschwerden in den privatisierten Hamburger Kliniken: von Patienten, von Pflegepersonal und Ärzten. Die Klagen betrafen die Serviceleistungen, die Pflege und die medizinische Versorgung. Die Sendung gelangte zu dem Fazit: Privatisierung ist keine Erfolgsgarantie.[19]

»Privatisieren bis der Arzt kommt« – Medizin im Kosten-Nutzen-Management

Das Gesundheitssystem in Deutschland gilt schon lange als nicht mehr bezahlbar. Da aber auf der einen Seite weiterhin Krankheiten vorgebeugt, Gesundheit erhalten bzw. wiederhergestellt werden soll, und das auf technisch und wissenschaftlich hohem Niveau, werden auf der anderen Seite Kosteneinsparungen und Leistungsreduzierungen propagiert. Diese Schere klafft immer weiter auseinander. Das geht schwer zusammen.

Gesundheit wird in erster Linie als Kostenfaktor gesehen, und Einsparungen bedeuten Beschränkungen. Ullrich Bauer kommt zu dem Schluss: »Wenn heute also immer wieder Reformen im Gesundheitswesen gefordert werden, ist damit zumeist der Prozess der Ökonomisierung gemeint.«[20] Konzidiert Bauer dem Gesundheitswesen auch im System »solidarisch kalkulierter Zwangsbeiträge« eine immanente ökonomische Orientierung an »Kriterien der Effektivität inklusive der Kosteneffektivität«, so bezieht sich die aktuelle Privatisierungsdiskussion des medizinischen Versorgungssystems auf die Maßstäbe von Liberalisierung und marktwirtschaftlicher Deregulierung. »Im Gesundheitswesen ist damit vor allem die Orientierung des gesundheitsbezogenen professionellen Handelns an seiner betriebswirtschaftlichen Nutzenoptimierung bzw. Gewinnmaximierung gebunden.«[21] Auch die Einrichtungen in öffentlicher und freigemeinnütziger Trägerschaft richten sich zunehmend nach »betriebswirtschaftlichen Rentabilitätskalkülen«.

Dabei zielt Ökonomisierung in erster Linie auf das »private Erwirtschaften von Gewinnen aus gesundheitlichen Dienstleistungen« ab. Das bedeutet, dass immer mehr Einrichtungen der medizinischen Versorgung von der öffentlichen in die private Trägerschaft übergehen sollen – im Krankenhausbereich, aber auch in den Bereichen Rehabilitation und Pflege.

Privatisieren soll sich aber auch jeder Einzelne. Denn Privatisierung steht auch für eine Entwicklung, durch die jedem »Versicherten, Patienten oder Nutzer des Gesundheitswesens ein höheres Maß an Eigenverantwortung übertragen wird«. Für Ullrich Bauer wird damit Gesundheit »immer mehr zur einer Privatangelegenheit«. So führt er auf, dass derjenige, der über die durch die Pauschalsätze der Krankenkassen gewährleisteten Zuwendungen hinaus eine Versorgung haben möchte, dafür selbst zahlen muss. »Die qualitativ hochwertige Versorgung ist damit kaum noch in ein solidarisches Vergabeprinzip eingebettet.«[22] Selbstbeteiligung und Zuzahlungen zu allem, zum Zahnersatz, zur Brille, der Gehhilfe. Die Qualität der gesundheitlichen Versorgung wird nach mehr als 100 Jahren Sozialsystem wieder zu einem Schichtenproblem. Die solidarischen Sicherungsprinzipien im Gesundheitswesen sind dabei zu erodieren. »Die Qualitätsniveaus in der gesundheitlichen Versorgung werden sich weiter auseinander bewegen. Eine qualitativ hochwertige Versorgung muss man sich in Zukunft leisten können. Sie ist nicht mehr – nicht einmal mehr dem Anspruch nach – frei zugänglich.«[23]

Dabei ist keineswegs bewiesen, dass die privaten Krankenhausbetreiber von Haus aus besser wirtschaften können als die kommunalen. Denn die immer wieder ins Feld geführte Grundannahme, die Privatisierung öffentlicher Krankenhäuser erbringe erhebliche Einsparungen für die Kommunen und privat geführte Häuser würden grundsätzlich effizienter arbeiten, stimmt nur zum Teil. Zu viele private Krankenhäuser stellen immer wieder Nachforderungen an die Gemeinden. Vielfach machen Kommunen eine Milchmädchenrechnung auf, wenn sie meinen, mit dem Verkauf ihres Krankenhauses an einen privatwirtschaftlichen Klinikkonzern alle Probleme los zu sein. Denn aus der letztendlichen Verantwortung für die gesundheitliche Versorgung ihrer Bürger können sich auch die privatisierungswilligsten Politiker nicht herausstehlen.

In diesem Zusammenhang wird immer gerne ein Blick auf das privatisierte Gesundheitswesen der USA geworfen, für neoliberale Apologeten das Nonplusultra. In den USA werden um die 15 Prozent des Bruttoinlandsprodukts für Gesundheitsaufgaben aufgewendet. Obwohl die USA damit, wie Ullrich Bauer ausführt, im Vergleich der OECD-Staaten an der Spitze liegen, »ist der Wirkungsgrad ihres weitgehend marktregulierten, also privatisierten Systems der gesundheitlichen Sicherung eines der ineffektivsten«. Über 45 Millionen US-Bürger sind nicht krankenversichert, die durchschnittliche Säuglingssterblichkeit ist höher als in allen europäischen Ländern. Zum Vergleich: Deutschland gibt für die gesundheitliche Versorgung seiner Bürger rund 10 Prozent des Bruttoinlandsproduktes aus.

Reich werden mit Kliniken und Altenheimen

Krankenhäuser sind ein besonders lukratives Investment. »Helios kauft Krankenhaus« titelte die FAZ am 3. März 2007. »Die zum Fresenius-Konzern gehörende Krankenhausgruppe Helios verstärkt ihre Aktivitäten in Süddeutschland. Sie übernimmt nach eigenen Angaben das Krankenhaus Überlingen am Bodensee zu einem nicht genannten Preis. Der bisherige Eigentümer Spital- und Spendfonds der Stadt Überlingen bleibe Minderheitsgesellschafter. Die Transaktion bedürfe noch der Zustimmung des Kartellamtes. Die in Berlin beheimatete Gruppe führt damit künftig 56 Kliniken mit mehr als 26.000 Beschäftigten. Das Krankenhaus Überlingen hatte 2005 einen Verlust von 350.000 Euro ausgewiesen, die Kommune sah sich nicht in der Lage, die auf mehr als 15 Millionen Euro veranschlagten Investitionen zu tragen. Helios will die Klinik modernisieren und ein neues zusätzliches Fachärztezentrum am Klinikstandort bauen.«

Einer hatte es schon früh verstanden, dass sich mit Krankenhäusern richtig viel Geld verdienen lässt: der Gefäßchirurg und gewiefte Geschäftsmann Lutz Helmig. Als er und einige Kollegen Anfang der 1980er-Jahre die Idee hatten, Kliniken aufzukaufen, zu sanieren und dann in privater Trägerschaft zu betreiben, rissen sie Dämme ein, zertrümmerten Dogmen. Denn die medizinische Versorgung galt bis dahin, von wenigen Ausnahmen abgesehen, als eine Domäne der öffentlichen Hand, als zentraler Punkt staatlicher Obhut. Dr. Helmig & Co. attackierten auf breiter Front eine hierzulande für unantastbar gehaltene Bastion, mit deren Einnahme Kritiker den beginnenden »Ausverkauf der Gesundheit« sahen. Wie richtig sie lagen, sollten sie in den folgenden Jahren erfahren. Denn jetzt kam die Privatisierung von Kliniken der öffentlichen Hand so richtig auf Touren und wurde zu einem lohnenden Geschäft. Eine Lawine war losgetreten.

Die neuen und potenten Aufkäufer kamen gerade recht, denn zahlreiche Länder und Kommunen konnten angesichts leerer Kassen dringend notwendige Investitionen in Gebäude und neue Technologien ihrer Krankenhäuser nicht mehr tätigen. Ausgestattet mit üppigen Bankkrediten und beraten von auf Privatisierung spezialisierten Banken, griffen sie zu, wo immer sich Gelegenheiten boten. Länder und Städte sahen auf der anderen Seite ihre große Chance, den kostenintensiven medizinischen Klotz am Bein auf elegante Weise abzuschütteln. 1984 wurde mit dem Gemeindekrankenhaus in Hürth bei Köln erstmals ein kommunales Krankenhaus privatisiert. Seit den

1970er-Jahren gab es schon diverse private Spezialkliniken, zum Beispiel für Herzoperationen oder Augenheilkunde. Der eigentliche Privatisierungsboom aber begann, wie in anderen Branchen auch, so richtig in den 1990er-Jahren nach der Wende. Vor allem in den ostdeutschen Städten wurden die einst staatlichen Kliniken der DDR bereitwillig privaten Trägern überlassen. Da die Kommunen mit dem Krankenhausbetrieb aber keinerlei Erfahrungen hatten, so »Zeit online« vom 22. Juni 2006, »nahmen sie Angebote von privaten Ketten gern an. Seither wächst auch im Westen die Bereitschaft zu privatisieren.«

Anfänglich kauften die neuen privaten Klinikbetreiber, was ihnen angeboten wurde, was auf dem Markt zu haben war. In erster Linie kleinere Kliniken, die sie schnell sanierten, um rasch in den Bereich schwarzer Zahlen zu geraten und eine Rendite zu generieren. Innerhalb des zurückliegenden Jahrzehnts stieg die Zahl privater Krankenhäuser von rund 15 auf über 25 Prozent. Und jetzt blasen die großen privaten Gesundheitskonzerne auf die »großen Häuser«, auf die Maximalversorger mit dem gesamten medizinischen Spektrum im Portfolio.

Denn der deutsche Gesundheitsmarkt wird zunehmend beherrscht von einigen wenigen, häufig auch börsennotierten Klinikketten. An erster Stelle stehen die vier großen Krankenhausgesellschaften Rhön Klinikum AG, Helios Kliniken GmbH, Asklepios Kliniken GmbH und Sana Kliniken GmbH – allesamt mächtige Gesundheitskonzerne mit Milliardenumsätzen. Aber auch die einem Arzt und seiner Familie gehörende Osnabrücker Paracelsus-Kliniken GmbH zählt mit insgesamt 40 Kliniken zu den größten privaten deutschen Klinik-Konzernen.

Das bereits in den 1970er-Jahren gegründete Rhön-Klinikum in Bad Neustadt an der Saale wurde 1989 als erster deutscher Klinik-Konzern von der Gründerfamilie Münch an die Börse gebracht. Zu diesem Zeitpunkt gehörten zum Unternehmen ein Herz- und Gefäßklinikum, ein Operationszentrum für Schädel-Hirn-Verletzte und eine Handchirurgie. Das Rhön-Klinikum beschäftigte knapp 700 Mitarbeiter, der Umsatz betrug 50 Millionen Mark. Heute arbeiten in den 45 über das ganze Bundesgebiet verstreuten Konzernkliniken mit rund 15.000 Betten über 31.000 Menschen. Umsatz: 2 Milliarden Euro. Acht Standorte des Rhön-Klinikums sind akademische Lehrbetriebe. Dem Aufsichtsrat des Rhön-Klinikums, dem auch wichtige gesundheitspolitische Persönlichkeiten wie der SPD-Politiker Karl Lauterbach angehören, steht mit Eugen Münch der Gründer der Klinikkette vor.

Der »Stern« schrieb unter der Überschrift »Kapitalismus im Krankenhaus« über Eugen Münch: »Patienten sind bei ihm Fälle, Operationen Stückkosten. Wenn ich ein teures Großgerät kaufe, dann muss da alle zehn Minuten ein Fall durchgeschleust werden. Auch der Arzt muss sich, wie in der Industrie, einem Takt einfügen.«[24]

Den größten Privatisierungs-Coup lieferte Rhön 2006. Da stand in Deutschland erstmals eine Universitätsklinik zur Privatisierung an: das ein Jahr zuvor aus der Fusion der Universitätskliniken Gießen und Marburg entstandene Universitätsklinikum Gießen und Marburg GmbH. Nach einem heftigen Bieterwettbewerb erhielt die Rhön Klinikum AG seitens der hessischen Landesregierung den Zuschlag für eine Mehrheitsbeteiligung am Universitätsklinikum Gießen und Marburg, die Anfang 2007 in den Rhön-Konzern einbezogen wurde. Kaufpreis: 110 Millionen Euro. Lediglich fünf Prozent der Anteile verblieben beim Land Hessen. In Marburg und Gießen sind nichtwissenschaftliche Mitarbeiter beim Klinikum angestellt, beamtete Professoren und wissenschaftliche Mitarbeiter bleiben beim Land als Arbeitgeber. Alles soll sich ändern in Gießen und Marburg, nichts bleibt, wie es war. Der Vorstandsvorsitzende des Rhön-Klinikums Wolfgang Pföhler: »Wir schaffen kurze Wege, beseitigen Engpässe, sorgen für logistisch geordnete, verknüpfte Abläufe. Am Uniklinikum in Gießen etwa werden wir die derzeitigen 100 oder 108 Gebäude – so genau weiß das keiner – durch einen einzigen Neubau ersetzen.«[25]

Und schon macht die Vertretung der Klinikärzte »Marburger Bund« weitere »Unikliniken als Spekulationsobjekte« aus und sieht über den Krankenhäusern »künftig das scharfe Richtschwert des Wettbewerbs«. Unter dem Motto »Das Krankenhaus und die Maximierung der Kapitalrendite« ging der Marburger Bund der Frage nach: »Privatisierung als Fluch oder Chance?«. Zitat: »Uns Ärzte beschleicht bei alledem für einen Moment das Unbehagen ob der Demütigung uns vertrauter alter Verhältnisse, wie wir sie unter dem Kennwort conditio humana verstehen, und wehren uns mit bissiger Trägheit, diesen ideellen Verlust als kulturellen Gewinn zu akzeptieren, stehen doch auch die Bedingungen unserer ärztlichen Immunität zur Disposition. Wir dienen mit unserer Kunst dem Patienten, aber Diener eines Dienstleistungsbetriebes wollen wir nicht sein und Diener des Kapitals schon gar nicht.«[26]

Auch das Land Rheinland-Pfalz plant, möglicherweise das Universitätsklinikum Mainz zu privatisieren, mit mehr als zwei Dutzend Kliniken, 1.500

Betten, 6.000 Beschäftigten und jährlich rund 55.000 stationären und 150.000 ambulanten Patienten. Der Grund auch hier: chronische Finanzprobleme und erhebliche Defizite. Gedacht ist an eine Körperschaft des öffentlichen Rechts, wobei die Hochschulmedizin in eine Kapitalgesellschaft umgewandelt werden soll. Die Verantwortung für Forschung und Lehre würde beim Land bleiben. Auch Nordrhein-Westfalen und andere Bundesländer diskutieren die Privatisierung ihrer teilweise defizitär arbeitenden Universitätskliniken.

Der Rhön-Konzern rühmt sich aber auch immer wieder damit, »leidende« Krankenhäuser zu übernehmen, um so einer möglichen Insolvenz zuvorzukommen. Ein derartiger Notverkauf war beispielsweise das hoch verschuldete Städtische Krankenhaus Hildesheim, bei dem die Stadt keinen anderen Ausweg sah als die Veräußerung an die Rhön Klinikum AG. Jetzt sollen große Teile des alten Gebäudes abgerissen werden und ein funktioneller Neubau entstehen. Ein Drittel der Investitionen steuert das Land bei, zwei Drittel finanziert Rhön über Kredite und Eigenkapital. Jetzt hat die öffentliche Hand nichts mehr zu sagen, muss aber nach wie vor die Risiken mittragen, für den Fall, dass das Krankenhaus auch jetzt noch nicht rentabel arbeitet und in die roten Zahlen rutscht.

Gesundheit ist keine Ware! Unter diesem Motto hatten sich die Hamburger Bürger im Rahmen eines groß angelegten Referendums mit Volksentscheid für den Verbleib ihres Landesbetriebs Krankenhäuser (LBK) in öffentlicher Trägerschaft ausgesprochen und damit gegen den Verkauf an private Betreiber protestiert. Mit millionenfachen Defiziten im Nacken ignorierte der Hamburger Senat schlichtweg Volkes Stimme. Das Unternehmen Landeskrankenhäuser wurde veräußert. Der Ausweg aus dem langjährigen Investitionsdilemma hieß: Privatisierung.

Das LBK mit seinen 13.000 Beschäftigten und 700 Millionen Euro Jahresumsatz ging in den Besitz des Asklepios-Klinikums über. Der Kaufpreis: 320 Millionen Euro, von denen Asklepios lediglich 19 Millionen Euro bezahlte. Den großen Restbetrag musste das LBK durch Kredite selbst aufnehmen und finanzieren. Zur Minimierung des eigenen Risikos für den neuen Besitzer. Bürge: die Stadt Hamburg. Zusätzlich blieben die Altschulden beim Senat. Ein gutes Geschäft dürfte anders aussehen. Aber der Senat war froh, das LBK, immerhin eines der größten medizinischen Zentren Deutschland, losgeschlagen zu haben. Mit der Übernahme des LBK Hamburg avancierte Asklepios zum größten privaten Klinikbetreiber Deutschlands.

Bis 1996 marschierten die beiden Klinikbetreiber Lutz Helmig und Bernhard Broermann unter der Firmierung Asklepios gemeinsam. Dann trennten sie sich und teilten ihr gemeinsam zusammengekauftes und saniertes Klinikimperium untereinander auf. Helmig gründete die Helios Kliniken, Broermann behielt den anderen Teil von Asklepios. Aus den einstigen Partnern wurden Konkurrenten, die sich bei den großen zukünftigen Privatisierungen nun heftig bekämpfen sollten. Bestand die Asklepios-Gruppe 1996 erst aus 18 deutschen Kliniken und vier Kliniken in den USA, so gehören heute über 90 Einrichtungen und eine Vielzahl von Tageskliniken zum Konzern. Insgesamt besitzt Asklepios 75 Akut-Krankenhäuser sowie Fach- und Spezialkrankenhäuser. Hinzu kommen Rehabilitationskliniken und Altenpflegeheime. 20 Asklepios-Kliniken arbeiten als akademische Lehrkrankenhäuser eng zusammen mit Universitäten, Fachschulen und der Industrie. Der Konzern verfügt über mehr als 20.000 Betten und erwirtschaftet mit 32.000 Mitarbeitern einen Umsatz von über 2 Milliarden Euro.

Ex-Asklepios-Geschäftsführer Axel Paeger hat es seinem Mentor Bernhard Broermann gleichgetan. Vielleicht sogar noch ein wenig raffinierter. Denn er hat nicht nur von Anfang an seinen Sitz in die steuergünstige Schweiz verlegt, sondern lässt sich seine Expansion auch noch durch einen internationalen Investor finanzieren. So kauft die 2003 von ihm gegründete Kette Ameos den deutschen Bundesländern unrentable Krankenhäuser ab, mit Vorliebe psychiatrische Krankenhäuser, und »trimmt sie auf Rendite«.[27] 14 normale Krankenhäuser, 15 Pflege- und Altenheime und 22 Psychiatrien gehören zum Ameos-Portfolio. Die Ameos AG gilt inzwischen als der größte private Betreiber stationärer Einrichtungen für psychisch erkrankte Menschen. Jetzt greift Ameos nach den Landeskrankenhäusern Niedersachsens mit Psychiatrie und Maßregelvollzug – unter erheblichen Protesten der oppositionellen Politik, der Kirche und zahlreicher gesellschaftlicher Gruppen. Für das Land bedeutet das rund 100 Millionen Euro in die leeren Kassen, für die Patienten und die Beschäftigten eine ungewisse Zukunft.

Denn die Rendite ist für Ameos wie für alle anderen Krankenhauskonzerne die wesentliche Messlatte aller Geschäfte. Durch Quadriga Capitals, so die »Süddeutsche Zeitung«, haben mehrere Pensionsfonds, beispielsweise »die niederländischen Beamten und die British Airways«, in Ameos investiert. Und so werden die übernommenen Kliniken und Landeskrankenhäuser durchrationalisiert und profitabel gemacht. Anders als in normalen Häusern wird in der Psychiatrie nicht über Fallpauschalen, sondern über attraktive Tagessätze abgerechnet. Erkrankungen wie Depressionen würden deutschlandweit zunehmen, meint die »Süddeutsche Zeitung«. »Die Psychiatrie ist ein wachsender Markt«, meint Axel Paeger. Mit einem privatisierten Landeskrankenhaus »als Keimzelle eines regionalen Schwerpunktes« könne er sich und Ameos »viele Jahre Netzwerkaufbau« sparen.[28] Die angestrebte Rendite der Ameos-Objekte liegt bei bis zu jährlichen 20 Prozent.

Doch zurück zur Helios-Gruppe des Lutz Helmig. Der Klinikkonzern besitzt knapp 60 eigene Kliniken mit weit über 16.000 Betten. Darunter sind vier große umfassende Kliniken, sogenannte Maximalversorger, in Erfurt, Berlin, Wuppertal und Schwerin. Damit zählt Helios zu den größten privaten Anbieteren stationärer und ambulanter Patientenversorgung in Europa. Helios beschäftigt rund 27.000 Mitarbeiter. Zum Helios-Konzern gehören eigene Reinigungsgesellschaften, Logistikunternehmen, Blutspendezentralen und Technikausstatter.

Die Privatisierung von Krankenhäusern hatte Lutz Helmig, seine Familie und auch die maßgeblichen Geschäftsführer schon zu Multimillionären gemacht. Im Herbst 2005 verkaufte der öffentlichkeitsscheue Arzt dann überraschend seinen 94-Prozent-Besitz an der Helios Kliniken GmbH (die restlichen sechs Prozent verteilten sich auf fünf Manager) – für 1,5 Milliarden Euro an den Bad Homburger Fresenius-Konzern. Mit diesem Deal stieß die börsennotierte Fresenius AG in eine neue Privatisierungsdimension im Klinikbereich vor, zu einem Gesundheitskonzern mit einem Umsatz von 10 Milliarden Euro und weltweit fast 100.000 Beschäftigten. Fresenius operiert als global tätiger Gesundheitskonzern mit Produkten und Dienstleistungen in der Dialyse, im Klinikbereich und in der ambulanten medizinischen Versorgung von Patienten. Fresenius ProServe ist ein international operierender Anbieter von Dienstleistungen für das Gesundheitswesen. Das Leistungsspektrum umfasst das Krankenhausmanagement, die Planung und Errichtung von Krankenhäusern sowie von pharmazeutischen und medizintechnischen Produktionsanlagen.

Mit der Akquisition der Helios Kliniken GmbH und deren Zusammenführung mit der bereits im Portfolio befindlichen Wittgensteiner Kliniken AG zur Helios Kliniken Gruppe wurde Fresenius ProServe, so die Firmierung, zu einem der führenden privaten Krankenhausträger in Deutschland. Und die Akquisitionen gehen weiter. 2006 übernahm Helios Kliniken die Mehrheit an der Humaine Kliniken GmbH mit sechs Krankenhäusern. Der Helios-Konzernsitz wurde 2006 von Fulda nach Berlin verlegt.

Und Helios setzt weiter ganz auf Expansion, würde liebend gern auch ein Universitätsklinikum unter seine Fittiche bringen und sieht darin eine »herausragende Wachstumschance«. Besonders der neuerlich gestiegene Kostendruck durch die Tarifabschlüsse 2006 für Ärzte in kommunalen Krankenhäusern sowie die mit der Gesundheitsreform einhergehenden Budgetkürzungen verschlechtern nach Ansicht des Helios-Managements einmal mehr die wirtschaftliche Situation öffentlicher Kliniken. Oder anders: alles potentielle Übernahmekandidaten! Aber: Akquiriert wird nur, was Rendite verspricht. Alles andere kann getrost in Staates Händen bleiben. »Als privates Unternehmen sind wir darauf angewiesen, im Wettbewerb erfolgreich zu sein«, so das Helios-Management. »Wir werden daher nur medizinische Einrichtungen in unseren Konzern integrieren, wenn die finanziellen Rahmenbedingungen keine wirtschaftliche Gefahr für die Entwicklung der bestehenden Helios-Kliniken darstellen und die Möglichkeit, unternehmerisch handeln zu können, gegeben ist. Diese beiden Hauptkriterien sind uns insbesondere bei der möglichen künftigen Privatisierung weiterer Universitätskliniken essenziell wichtig.« Und weiter: Das wirtschaftliche Übernahmeziel sei eine Rendite von drei Prozent im ersten vollen Geschäftsjahr nach Erwerb des Krankenhauses, und von »nachhaltigen 15 Prozent ab dem fünften Jahr«.[29]

So ganz nebenbei: Was macht ein Geschäftsmann mit 1,5 Milliarden Euro? Helios-Gründer Helmig wurde sogleich erneut aktiv. Über seine »hauseigene« Beteiligungsgesellschaft Aton, spezialisiert auf lukrative Investments in den Bereichen Dienstleistungen und Hightech-Medizintechnik, stieg der umtriebige Arzt mit 25,1 Prozent der Anteile bei der Fluggesellschaft dba ein. Das »Phantom aus dem OP« – so der damalige dba-Chef Hans Rudolf Wöhrl über seinen neuen, kamerascheuen Miteigner – verkündete denn auch, er sei schon immer gern mit dba geflogen. Wenn das kein Grund für ein solches Investment ist! Und schließlich ging 2006 dba in den Besitz der zwischenzeitlich börsennotierten Air Berlin über.

Eine etwas andere Privatvariante stellen die Sana Kliniken da, die in Deutschland 33 eigene Krankenhäuser betreiben und zwei Dutzend Kliniken im Rahmen von Managementverträgen führen. Jährlich werden über eine halbe Million Menschen stationär und ambulant behandelt. Sana gehört 33 privaten Krankenversicherern. Der Kreis der Aktionäre muss sich nach den Statuten ausschließlich auf Mitglieder des Verbandes der privaten Krankenversicherer (PKV), die ursprünglichen Gründer des Sana-Verbundes, beschränken. Das Besitzerfeld reicht von der Allianz über Axa, Barmenia,

DKV, Huk-Coburg, Provinzial, R+V bis zur Victoria. Das soll auch in Zukunft so bleiben. Für die privaten Krankenversicherer bedeutet der Besitz von Kliniken auch ein Stück zusätzlicher Macht und Einflussnahme auf die Gesundheitspolitik im Lande.

Wann immer sich eine Privatisierung anbietet, greift der Sana-Konzern mit seinen derzeit knapp 10.000 Beschäftigten und mehr als 20 Dienstleistungsgesellschaften zu. Aber das Unternehmen hat darüber hinaus noch ein anderes Modell entwickelt, seit in den 1990er-Jahren die Stadt Stuttgart die Leitung des mit etwa 900 Betten größten städtischen Krankenhauses, des Katharinenhospitals, an den Münchner Krankenhausbetreiber abgetreten hat. Das sogenannte »Stuttgarter Modell«, also die Übertragung der Betriebsführung von Krankenhäusern an die Sana im Rahmen eines Managementvertrages bei gleichzeitigem Erhalt der bisherigen Trägerschaft, wurde bislang bei bundesweit 34 Krankenhäusern angewandt.

Alle großen Klinikkonzerne nutzen entscheidend Synergieeffekte besonders im Dienstleistungsbereich – lokal und konzernweit. Meistens wird dieser Teil in Subunternehmen ausgegliedert, die ihre Leistungen den Krankenhäusern und Seniorenzentren konzernweit anbieten. Dazu gehören das Catering, Reinigungen und Wäschereien, der zentrale Einkauf und die Logistik, die Medizintechnik, Zentralsterilisation und Physiotherapie, Zentrallabore, Lager, Apotheke, das Wachpersonal und die Personalabteilung. Für die Konzerne ist das ein profitables Geschäft, wird dabei doch viel Personal eingespart.

Ein zunehmend lukrativeres Geschäft lässt sich mit Alten- und Pflegeheimen machen. In einer immer älter werdenden Gesellschaft wittern viele private Betreiber das große Geld. Auch die Krankenhauskonzerne tummeln sich vermehrt in diesem Segment, übernehmen kommunale Alten- und Pflegeheime, möbeln sie auf, rationalisieren, bieten was das Zeug hält, kassieren häufig öffentliche Zuschüsse und verdienen kräftig. Oder sie gehen in den Segmenten Seniorendienste und Altenpflege Managementverbünde ein. Denn auch mit der Weiterversorgung pflegebedürftiger Menschen ist viel Geld zu machen.

»Wir wollen der Aldi in der Pflegebranche werden«, verkündete der Gründer, Aufsichtsratsvorsitzende und größte Einzelaktionär der in Hamburg ansässigen Marseille-Kliniken AG, Ulrich Marseille, des deutschlandweit größten Betreibers von Alten- und Pflegeheimen, in der FAZ vom 27.

November 2006. Der umtriebige Unternehmer – 60 Prozent der Aktien des inzwischen börsennotierten Unternehmens liegen bei ihm und seiner Familie – setzt jetzt verstärkt auf den wachsenden Markt für finanzschwache Senioren, der schließlich auch bedient werden will. »Es geht darum«, so zitiert die FAZ den Geschäftsmann weiter, »an einwandfreien Massen-Produkten zu günstigen Preisen Geld zu verdienen«. In »Ein-Sterne-Häusern«, wie er ausführt. Die »Aldi-Heime« sind nur eine neue Spielwiese im großen Geschäft mit Alten und Kranken.

Die Marseille-Kliniken AG betreibt bundesweit mehr als 60 Senioren-Einrichtungen überwiegend im Segment Alten- und Behindertenpflege, aber auch mit Pflege- und Rehabilitationseinrichtungen mit rund 9.000 Betten und 5.000 Beschäftigten, teils neu gebauten Heimen, teils aus kommunaler Hand besonders in Ostdeutschland privatisierten. »Im Mittelpunkt der Aufmerksamkeit steht für uns der Kunde«, heißt es bei der Marseille-Kliniken AG, »sei es als Patient in der Klinik, als Bewohner im Senioren-Wohnpark oder nicht zuletzt als Aktionär«. Zynische Werberhetorik! Kunden sind die, die immer alles bezahlen! Und wer nicht zahlen kann, soll nach der Logik Marseilles bitteschön wegbleiben.

Zu den großen privaten Unternehmen in diesem Bereich gehört seit Jahren auch die Senator Beteiligungsgesellschaft in Lübeck. Karl Diehl und seine beiden Gesellschafter brüsten sich, die Möglichkeiten, die sich aus dem Privatisierungswahn der kommunalen und freigemeinnützigen Träger ergeben, »konsequent« zu nutzen. Jüngst erst kamen die Kieler Betreuungs- und Pflegedienste der Stadt Kiel und verschiedene Einrichtungen des Roten Kreuzes unter das Senator-Dach.

Fazit: Das Geschäft mit der Medizin war immer ein Big Business. Mit der zunehmenden Privatisierung des Krankenhausbereiches und der Altenpflege überlassen Länder und Kommunen nun auch diese Bastionen den Geschicken des Marktes. Einrichtungen, die den Menschen gerade in den kritischen Phasen des Lebens vielfach Fluchtburg, Rettungsanker und Halt sind. Private Träger, bei allen fachlichen Qualitäten, die sie haben mögen, orientieren sich nahezu ausschließlich an der Rendite, also am finanziell potenten »Kunden«. Dazu entziehen sie sich immer stärker der Kontrolle und Überprüfbarkeit seitens der Öffentlichkeit. Die ist erst wieder gefragt, wenn auch das privat betriebene Klinikgeschäft stagniert und die Gewinne ausbleiben. Dann darf die Kommune wieder in die Bücher schauen und notfalls die roten Zahlen tilgen.

Müll und Abfallentsorgung

Wenn der Müllmann doppelt kostet – Die Privatisierung der Abfallentsorgung

Das Procedere eines jeden Haushalts: Sie sammeln den Müll in der Wohnung oder im Haus, tragen ihn runter oder vor die Tür und werfen ihn in die Mülltonnen. Vielfach getrennt nach einzelnen Müllkategorien, mitunter auch unsortiert. Immer können Sie sich darauf verlassen, dass der Müll an einem bestimmten Tag abgeholt und entsorgt wird. Dafür bezahlen Sie einen Preis an das Entsorgungsunternehmen, der sich an der Größe der Mülltonne und deren Inhaltsvolumen orientiert. Früher wurde der Müll von der Kommune selbst entsorgt, doch das ist heute nur noch selten der Fall. Meist liegt die Entsorgung in der Regie eines privaten Unternehmens.

Aber kann ich mich eigentlich getrost zurücklehnen, vertrauend auf die privatwirtschaftliche Müllabfuhr und Abfallentsorgung, wenn ich abends im Fernsehen Bilder von den Müllbergen im italienischen Neapel sehe? Da türmt sich der Abfall, weil die privatisierte Müllabfuhr die Kommune ein ums andere Mal erpresst, neue Konditionen bzw. mehr Geld verlangt, mit Müll Politik macht. Sind neapolitanische Verhältnisse auch bei uns möglich? Was, wenn der Müll plötzlich nicht mehr abgeholt wird? In dem Moment, wo eine Kommune nicht einmal mehr über ein eigenes Müllfahrzeug verfügt, über keinen städtischen Müllmann, sind solche Szenarien ohne Zweifel auch bei uns denkbar, weil eine Kommune so auch bei uns erpressbar wäre.

Müllentsorgung ist eine ureigene Aufgabe der Daseinsfürsorge, liegt also letztendlich in der Verantwortung der Kommunen. Das hängt damit zusammen, dass alles, was mit Müll und Abfällen zu tun hat, immer auch die Bereiche Umwelt und Gesundheit berührt. Doch gerade der Müll hat schon immer Stoff für Schlagzeilen geliefert: Berichte über illegale Mülldeponien, verseuchte Böden, die Müll-Mafia, aber auch über Gesundheitsgefährdung, Hygienemängel und Gammelfleisch schrecken die Menschen immer wieder auf. Wird eine Schlamperei aufgedeckt, muss im Endeffekt die Kommune geradestehen, sprich: der Steuerzahler für den Schaden aufkommen. Trotzdem gehört die Müllbeseitigung zu den bevorzugten Privatisierungsfeldern, nicht zuletzt deshalb, weil mit Dreck richtig viel Geld zu verdienen ist.

Jahrzehntelang wurde der Müll auf Deponien transportiert, ohne große Umweltschutzauflagen, ohne ein Gefahrgutmanagement. Giftige Gase entwichen in die Luft, Schadstoffe verseuchten die Böden und sickerten ins Grundwasser. Mülldeponien verschandelten die Landschaft. Die Politik reagierte. Das Abfallgesetz 1972 verpflichtete alle Landkreise und kreisfreien Städte zur Entsorgung der in ihrem Gebiet entstandenen Abfälle. Nach und nach verschwanden Tausende von Müllkippen und Schuttkuhlen und wurden durch wenige, geordnete Mülldeponien ersetzt. Immer deutlicher wurde, dass es mit der ausschließlichen Entsorgung von Abfällen nicht mehr getan war. Müll wurde nun gleichermaßen unter ökonomischen wie ökologischen Gesichtspunkten betrachtet. Denn die Rohstoffe werden knapper, die Herstellungsprozesse energieaufwändiger und große Teile des Mülls sind recycelbar. Mit der stärkeren Konzentration der Müllentsorgung auf die Landkreise, weg von den einzelnen Gemeinden, verfügten sie vielfach nicht mehr über eine Müllabfuhr. Die Lösung des Problems: Es wurden immer mehr private Unternehmen mit dem Mülltransport betraut.

Parallel zu den kommunalen Entsorgungsträgern wurde Anfang der 1990er-Jahre mit der Gründung des Dualen Systems Deutschland das Einsammeln von Verpackungen ausschließlich privaten Entsorgern übertragen. Markenzeichen: der »Grüne Punkt«. Grund dieses »marktwirtschaftlichen Zusammenschlusses von Handels-Konsumgüterunternehmen sowie Verpackungsherstellern« war die Angst, durch die neue Verpackungsverordnung zum allgemeinen Müllabladeplatz zu verkommen. Denn das Gesetz verpflichtete den Handel jetzt zur Rücknahme aller Verkaufsverpackungen, beispielsweise von Joghurtbechern, Zahnpastatuben und Keksdosen.

Finanziert wird das private Einsammeln von Müll über den »Grünen Punkt«. Die Verpackungshersteller und der Handel zahlen an die Gesellschaft Duales System ein Entgelt, das sie von der Rücknahmepflicht entsprechend der Verpackungsverordnung befreit. Dass diese Kosten letztendlich der Verbraucher übernimmt, muss eigentlich nicht sonderlich hervorgehoben werden. Oder anders ausgedrückt: Mit dem Kauf der Verpackung ist das Einsammeln, Sortieren und Verwerten bereits mitbezahlt, das deutschlandweit von rund 800 privaten »Entsorgungspartnern« umgesetzt wird. Diesen gehören die gemeindlichen Müllcontainer und gelben Tonnen. Einer der bedeutendsten Vertragspartner des DSD ist die Firma Remondis, die in vielen deutschen Großstädten die Verpackungen aus Kunststoff, Metall und Verbundstoff in den gelben Tonnen und Säcken einsammelt.

1996 wurde die Abfallwirtschaft mit dem Kreislaufwirtschafts- und Abfallgesetz weiter modifiziert. Ziel dieser neuerlichen Novelle war es, Abfälle nun grundsätzlich zu vermeiden oder zumindest entscheidend zu verringern, entstandenen Restmüll wieder zu verwerten und so in eine Art Kreislaufwirtschaft einzusteigen. In diesem Zusammenhang wurde aber auch grünes Licht für die Übertragung kommunaler Entsorgungspflichten auf Dritte gegeben. Damit kamen die privatwirtschaftlich ausgerichteten Unternehmen noch besser ins Spiel. Unterstützt wurde diese Politik durch die umwelt- und wettbewerbspolitischen Direktiven der Europäischen Union.

Der Einstieg privaten Kapitals in die Abfallwirtschaft erreichte ab sofort eine neue Dimension. Vor allem die äußerst lukrative Müllverbrennung, die bisher in der Regel durch gemischtwirtschaftliche Unternehmen getragen worden war, wurde gern in privatrechtliche Hände übergeben. Die Städte und Gemeinden übernahmen die Finanzierung, die Privaten lieferten das Know-how. Inzwischen gibt es deutschlandweit etwa 60 große Müllverbrennungsanlagen, die teilweise ihren Müll aus der gesamten Region erhalten. Da es sich bei Müllverbrennungsanlagen um gigantische, »kathedralenähnliche« Bauwerke handelt, die Millionensummen der öffentlichen Hand verschlingen – immer sitzen die Kommunen neben den privaten Eignern mit im Boot – kam es in der Vergangenheit häufiger zu handfesten Affären. Zum Beispiel in Köln.

2002 flog der Korruptionsskandal um die Kölner Müllverbrennungsanlage (MVA) auf, ein Gestrüpp aus parteipolitischer kommunaler und privater Kumpanei, in dem Schmiergelder in Millionenhöhe und dubiose Parteispenden flossen und reihenweise Haftbefehle gegen Politiker und Firmenchefs erlassen wurden.

Wie in vielen anderen deutschen Großstädten, so wurde auch in Köln Anfang der 1990er-Jahre im Zuge eines neuen Abfallwirtschaftskonzepts eine Müllverbrennungsanlage konzipiert, ausgelegt für rund 420.000 Tonnen Müll aus dem Stadtgebiet. Gemeinsam mit dem privaten Müllunternehmer Trienekens, einer damaligen RWE-Tochterfirma, gründete die Stadt die Abfallentsorgungs- und Verwertungsgesellschaft Köln (AVG). Der Auftrag: die Planung und der Bau einer Verbrennungsanlage, die schließlich 1996 genehmigt wurde. Kosten der Anlage: rund 400 Millionen Euro. Der Publizist und »Kölnexperte« Werner Rügemer sieht das so: »Im Entsorgungsvertrag verpflichtete sich die Stadt, der AVG ›zunächst‹ bis zum Jahre 2025 den Hausmüll zur Verbrennung anzuliefern, und zwar in der unveränderbaren

Menge von 421.000 Tonnen pro Jahr.«[30] So sei es nicht nur in Köln gewesen, sondern gängiges Procedere bei nahezu allen entstandenen Müllverbrennungsanlagen. »Die Stadt garantierte den Privaten ein jahrzehntelanges Monopol und einen risikolosen Gewinn.«

Rund um den Müll bildete sich nun ein wahres Spielfeld für die kriminelle Energie der Kölner Protagonisten aus Politik und Wirtschaft. Aber erst 2002 flogen die Machenschaften auf, die den Kölner Bürger und Müllgebührenzahler auch heute noch teuer zu stehen kommen. Millionen Euro an Schmiergeldern waren bei der Auftragsvergabe dieses teuersten, jemals in Köln errichteten Bauwerks geflossen. Die städtischen Manager der AVG strichen hohe Geldbeträge ein, Unternehmer Trienekens natürlich auch, und ebenfalls die Kölner SPD, die das Projekt Müllverbrennungsanlage positiv beschieden hatte.

Als ob das noch nicht ausreichte, wurde hinter dem Rücken des Kölner Stadtrats und vorbei an den Kölner Haushalten die Müllverbrennungsanlage um ein Vielfaches größer konzipiert und ausgelegt, als es die Stadt gebraucht hätte, und das zu einem Zeitpunkt, als sie bereits genehmigt war. Jahr für Jahr wurde mehr Müll verbrannt, wurde die Anlage für die Betreiber dadurch lukrativer. Denn die Müllverbrennungsanlage war heimlich, entgegen der Genehmigungsbescheide der Kommunalaufsicht, erheblich überdimensioniert gebaut worden, was die Verbrennungskapazitäten nahezu verdoppelte. Für die Betreiber der Müllverbrennungsanlage hieß das: doppelt verdienen. Denn einmal strichen die Müllunternehmer risikolos die von der Stadt garantierten Mindestgewinne ein, zum anderen konnten sie die Überkapazitäten anderen Müllentsorgern preiswerter zur Verfügung stellen.

Müll ist nun einmal ein immerwährendes Übel, das verantwortungsvoll entsorgt bzw. wiederverwertet werden muss. Aber gerade bei der Müllbeseitigung stoßen ständige Rationalisierungen und die vordergründige Fixierung auf Gewinne an Grenzen, provozieren geradezu Schlamperei, Verantwortungslosigkeit und Kumpanei mit den Aufsichtsgremien sowie ständig steigende Kosten. Warum also sollten die Kommunen diesen sensiblen Bereich der Daseinsfürsorge nicht wieder selbst betreiben – und dabei möglicherweise noch richtig gut verdienen?

Mit Müll zu Milliardären werden

Es gibt in Deutschland Hunderte von Unternehmen, die untereinander und mit der kommunalen Abfallwirtschaft um das lukrative Abfallgeschäft konkurrieren. Die größten privaten Abfallentsorger setzen dabei jährlich einige Milliarden Euro um. Und auf dem deutschen Markt ist ein heftiger Kampf um die sicheren Pfründe entbrannt, in den immer stärker ausländische Großkonzerne eingreifen. Im April 2007 übernahm der französische Versorgungskonzern Veolia, der in Deutschland auch im privatisierten Wassergeschäft mitmischt, das zweitgrößte deutsche Entsorgungsunternehmen Sulo. Transaktionswert der Akquisition: 1,45 Milliarden Euro. Sulo verfügt über ein eigenes duales System. Verkäufer dieses gigantischen Geschäfts waren die Investmentgesellschaften Blackstone und Apax. Auch der französische Suez-Konzern betreibt mit Sita Deutschland einen weiteren großen Abfallspezialisten. Der Berliner Abfallriese Alba AG hat im April 2007 vom baden-württembergischen Energiekonzern EnBW dessen Müllgeschäft U-Plus übernommen. Zuvor schon hatte sich Alba die Mehrheit an der Interseroh AG gesichert. Mindestens 60 Prozent des deutschen Abfalls sind so inzwischen in privater Hand.

Das Duale System Deutschland, das auf den »Grünen Punkt« ein Monopol hatte, wurde 2003 von der Europäischen Kommission zurückgepfiffen. Konkurrenz wurde erlaubt. Jetzt gibt es weitere Unternehmen, die zur Organisation des Mülls mit dem »Grünen Punkt« berechtigt sind. Die Alteigentümer und Gründer des Dualen Systems – Metro, Rewe, Nestlé und andere Konzerne – reagierten auf die Marktöffnung und den Wegfall ihres »natürlichen Monopols« pikiert. 2004 veräußerten sie die DSD GmbH an den US-Finanzinvestor Kohlberg Kravis Roberts (KKR) für rund 800 Millionen Euro, wodurch in Deutschland eine neue Stufe der Müllprivatisierung eingeleitet wurde. Jetzt liegt die Rücknahme und Entsorgung großer Müllberge in Deutschland in ausländischer Hand. Die mächtigen Finanzinvestoren haben schnell begriffen, wie viel Geld in Deutschland mit Müll und recycelbarem Verpackungsmaterial zu verdienen ist.

Sieht man sich die Konsolidierung der Branche und die wachsende ausländische Intervention an, so ist der mit Abstand größte und mächtigste Konzern dieser Art die in Lünen angesiedelte Remondis: Das Müllimperium von Norbert Rethmann und seinen vier Söhnen Klemens, Ludger, Georg und Martin, dirigiert über die Familienholding Rethmann AG & Co. »Die neuen Barone an der Ruhr«, titelte das »Handelsblatt« am 19. März 2006, nachdem Remondis zuvor mit RWE Umwelt den bis dahin größten Konkurrenten mit Billigung des Kartellamts akquiriert und unter seine Kontrolle gebracht hatte. Zuvor hatte sich RWE Umwelt seinerseits die Müllimperien Edelhoff und Trienekens einverleibt. Remondis stieg mit diesem Coup zur uneingeschränkten Marktführerschaft in Deutschland auf, in vielen Landstrichen Nordrhein-Westfalens gar zum Monopolisten. »Von vielen unbemerkt hat Norbert Rethmann sein Unternehmen zum größten familiengeführten Abfallunternehmen der Welt geformt«, so das »Handelsblatt«[31]. »Der Aufstieg des Familienbetriebs am nördlichen Rand des Kohlenpotts, wo einst die mächtigen Stahlbarone den Takt angaben, vollzog sich ebenso still wie atemberaubend.«

Das 1934 von Josef Rethmann gegründete Fuhrunternehmen, anfänglich mit vier Pferden, fünf Pferdewagen, darunter ein Umzugswagen, eine Hochzeitskutsche und ein Leichenwagen im Programm, übernahm 1959 mit der Müllabfuhr im westfälischen Selm erstmals einen kommunalen Mülltransport. Später kam es zum Einstieg in die Tierkörper- und Schlachtabfallverwertung, in die Kunststoffverwertung und Krankenhausentsorgung in Deutschland. Anfang der 1990er-Jahre erfolgte der massive Einsieg in die Entsorgungs- und Recyclingaktivitäten der neuen Bundesländer und die Umstrukturierung des Unternehmens auf die Schwerpunkte Städtereinigung und Entsorgung. Der große Wurf aber gelang den Rethmanns mit der für rund 800 Millionen Euro vollzogenen Übernahme von RWE Umwelt. Immerhin bedeutete das zwei Milliarden Euro mehr Umsatz und 12.500 neue Beschäftigte.

Zum Kundenkreis des größten deutschen Entsorgungs- und Recyclingunternehmens gehören Hunderte Kommunen und Großunternehmen aller Branchen. Zum Dienstleistungsspektrum von Remondis zählen die Wasserversorgung, die Abwasserreinigung sowie die Sammlung, Aufbereitung und Vermarktung von Wertstoffen aller Art. Remondis verfügt weltweit über 500 Standorte in 16 europäischen Staaten sowie in China, Japan, Taiwan und Australien. Das Unternehmen erbringt Dienstleistungen für Kommunen mit insgesamt 20 Millionen Einwohnern und betreibt die Sortierung, Aufbereitung und Behandlung von Müll in über 500 eigenen Anlagen. Der Müll wird in über 6.000 Nutzfahrzeugen transportiert.

Das Unternehmen verfügt in Deutschland über 40 Deponien, 40 Gewerbeabfallaufbereitungsanlagen, 30 Kläranlagen, 25 Bauschuttaufbereitungsanlagen, knapp 60 Kompostierungs- bzw. Vergärungsanlagen, über 60 Papiersortieranlagen und 50 Sonderabfallaufbereitungsanlagen. Jährlich werden rund 17 Millionen Tonnen Abfälle, Schutt und Schrott bewegt. Remondis operiert in den Geschäftsfeldern Public Private Partnership (Dienstleistungen für Kommunen), Company Partnership (Dienstleistungen für Industrie, Handel und Gewerbe), Logistik und Anlagen (Transport und Deponien) sowie Stoffströme und Produkte (Kreislaufwirtschaft und Entwicklung marktfähiger Produkte aus Sekundärstoffen).

Mit Müll zu Milliardären: Die Rethmanns sind die größten »Müllmänner« Europas. Veröffentlichte Rethmann bis vor drei Jahren noch einen Konzerngeschäftsbericht, so hat sich die Holdinggesellschaft heute mit gewachsener Größe in puncto Publizität und Kommunikation ganz zurückgezogen. Die Rethmanns profitierten in den vergangenen Jahren vor allem durch die zunehmende Privatisierung bzw. Auslagerung von Entsorgungs- und Versorgungsaufgaben im öffentlichen und privatwirtschaftlichen Sektor. Und ganz nebenbei beherrscht die Familie Rethmann auch noch den polnischen und ungarischen Markt beinahe flächendeckend.

Fazit: Immer wieder erschüttern Müll- und Abfallskandale die Öffentlichkeit. Da werden Böden kontaminiert, Müll einfach irgendwo abgeladen, da geht es unhygienisch zu, vielfach »stinkt« es zum Himmel. Die Müllentsorgung ist eines der sensibelsten Felder der Daseinsfürsorge, das strenger Kontrollen bedarf. Aber Müll ist auch ein einträgliches Geschäft. Wenn sich Städte und Gemeinden dazu entschließen, dieses eigentlich urkommunale Aufgabenfeld zu privatisieren, dann müssen sie es zumindest mit strengen Auflagen flankieren und für ein entsprechendes Kontrollregime sorgen. Auch das kostet viel Geld, bindet Arbeitskräfte. Und wenn sich am Müll, wie gesehen, so viel Gewinn erzielen lässt, sollten sich die Kommunen fragen lassen, warum sie dieses Geld nicht selbst verdienen wollen? Und sie hätten obendrein noch Einfluss auf eine bürgernahe Preisgestaltung.

Strom, Gas und Wasser

Strom und Gas und hohe Preise – Private Monopole kennen kein Pardon

Die Strom- und Gaspreise steigen stetig. In den zurückliegenden drei Jahren hat sich die Energie-Preisspirale um bis zu 40 Prozent in die Höhe geschraubt. Die Menschen haben nicht zu Unrecht das Gefühl, von den großen Stromkonzernen rücksichtslos abgezockt zu werden. Und wer versucht, seinen Stromlieferanten daraufhin zu wechseln, merkt erst einmal, wie kompliziert das ist. Am Ende bleibt das Gefühl der Ohnmacht, wie sehr man dem traditionellen Anbieter ausgeliefert ist. Dabei hat jeder Bürger per Verfassung das Recht auf eine »Grundversorgung« mit Strom, Gas und Wasser, eine Grundversorgung, die sozusagen die Basis des Lebens darstellt. Ohne Energie und Wasser ist ein geregeltes Leben nun einmal nicht denkbar, und das sollte auch für jedermann erschwinglich sein. Doch wenn sich diese Entwicklung fortsetzt, wird Strom und Gas zum Luxusgut.

Als Grundversorgung ist die Energielieferung an Haushaltskunden zu festgelegten Bedingungen und Preisen zu verstehen. Grundversorger ist dabei nach dem im Juli 2005 verabschiedeten Energiewirtschaftsgesetz jeweils das Energieversorgungsunternehmen, »das die meisten Haushaltskunden in einem Netzgebiet der allgemeinen Versorgung beliefert«. Dabei ist der Grundversorger verpflichtet, alle Haushaltskunden mit Strom und Gas zu den veröffentlichen allgemeinen Bedingungen und allgemeinen Preisen zu versorgen. Aber: Eine offizielle Strom- oder Gaspreistabelle gibt es nicht. Also ist alles nur blanke Theorie. Die Wirklichkeit sieht anders aus.

Die Festlegung der Preise für Strom und Gas liegt im Ermessen der Energieversorgungsunternehmen. Und die sind seit einigen Jahren in privater Hand und haben sich der öffentlichen Regulierung und Krontrolle weitgehend entzogen. Mit der Folge: Die Bürger haben es mit einer aggressiven und rücksichtslosen Preispolitik zu tun.

Der Staat hat sich im Rahmen von Liberalisierung und Marktöffnung aus der »Daseinsvorsorge« für Energie herausgezogen und die »Ware Strom« dem privaten Spiel der Kräfte überlassen. Damit obliegt nun den privatisierten Großunternehmen die gesamte Verantwortung für eine reibungslose Versorgung mit Elektrizität. Was in der Hoffnung auf mehr Wettbewerb, breitere Angebote und niedrigere Preise ordnungspolitisch seitens der Politik vielleicht in guter Absicht geschehen sein mag, entpuppt sich gerade im Energiesektor heute vielfach als wirtschaftliches Ärgernis für die Verbraucher. Monopolistische Strukturen in der Elektrizitätserzeugung und klar markierte Gebietsmonopole bestimmen die deutsche Energiewirtschaft, was häufig massive Nachteile für die Kunden zur Folge hat.

Nach einem gigantischen Fusions-Monopoly rund um die von der Europäischen Union forcierte Liberalisierung des Marktes 1998 und der entsprechenden nationalen Gesetzgebung blieben vier mächtige Energiekonzerne übrig, die ausschließlich auf die Karte Energie setzen und heute den deutschen Energiemarkt beherrschen: E.ON, RWE, Vattenfall Europe und EnBW. Der E.ON-Konzern war aus der Fusion von VEBA und VIAG und damit aus PreußenElektra und Bayernwerk entstanden. RWE hatte sich zuvor mit der Dortmunder VEW den »ewigen Konkurrenten« im Westen einverleibt. Die schwedisch dominierte Vattenfall Europe entstand aus dem Zusammenschluss der Hamburger HEW, der Berliner Bewag und dem ostdeutschen Energieversorger VEAG sowie dem Braunkohleproduzenten Laubag. EnBW ging aus der Fusion der beiden im Südwesten Deutschlands operierenden Energiekonzerne Badenwerk und Energie-Versorgung Schwaben hervor. All das war nur möglich aufgrund politisch motivierter Privatisierungsprogramme.

Im Rahmen der Ausrichtung der Konzerne auf die lukrativen Geschäftsfelder von Strom und Gas wurden in den zurückliegenden Jahren jeweils rund 40 Milliarden Euro investiert. Die Energiekonzerne waren in einem Kaufrausch wie keine andere deutsche Industriebranche. Mit Abschluss dieses gigantischen Konzentrationsprozesses mit Megafusionen und Milliardendeals sowie der ausschließlichen Fokussierung auf Strom und Gas war der Weg nun frei für Markt und Geschäft.

Dieses mächtige Quartett teilt heute den Strom- und Gasmarkt weitgehend unter sich auf. Es verfügt über eine Machtstellung, wie man sie in keiner anderen Industriebranche findet. Über 80 Prozent der Stromerzeugung liegt in seinen Händen. Ihm gehören nahezu alle großen deutschen Kraftwerke, die Atomkraftwerke gänzlich. Die restlichen 20 Prozent der Kraftwerkskapazitäten teilen sich die zum RAG-Konzern gehörende Steag und die der BASF gehörende Wintershall sowie einige große Stadtwerke. So gestaltet sich der Strompreis maßgeblich über die Erzeugung.

Den großen vier Konzernen gehört zudem, regional fein säuberlich voneinander getrennt, das gesamte deutsche Höchst- und Hochspannungsnetz, die »Lebensadern« der Stromverteilung. Sie dominieren über ihr ausgeklügeltes Beteiligungsportfolio einen Großteil der deutschen Stadtwerke und Regionalversorger. Durch die von ihnen kontrollierten Stadtwerke haben sie auch Zugriff auf die Niedrigstromnetze, die schließlich zum Verbraucher führen. Es ist klar, wer im Wesentlichen die Konditionen für den Strom bestimmt. E.ON und RWE kontrollieren darüber hinaus drei Viertel des deutschen Gasmarkts. Vor allem nach der Akquisition der früheren Ruhrgas AG avancierte der E.ON-Konzern zum mächtigsten deutschen Gaskonzern. Die Folge: eine weitgehende Marktabschottung, steigende Preise und die Verhinderung des Markteintritts neuer Wettbewerber.

Die Voraussetzungen für die Konzerne sind damit gut, besser könnten sie gar nicht sein: Der hohe Konzentrationsgrad auf dem deutschen Strommarkt, oder anders gesagt, der Mangel an Konkurrenz und Wettbewerb beeinflusst die Strompreise maßgeblich, und nicht gerade zugunsten der Verbraucher. Und wer nicht mitspielt, das heißt den geforderten Preis zahlt, dem wird der Strom eben abgestellt.

Auf dem deutschen Energiemarkt herrschen ordnungspolitisch nahezu oligopolistische bzw. monopolistische Strukturen. Die vier Großen agieren weitgehend unkontrolliert. Mit ihrem scheinbar beliebigen Drehen an der Preisschraube erzeugen sie einen ungeheuren Druck auf die gesamte Gesellschaft und beeinflussen damit nicht unerheblich die Dynamik der Volkswirtschaft. Sie belasten Haushalte, Industrie und Kommunen gleichermaßen. Und sie entziehen dem Markt Milliardensummen an Kaufkraft.

Das hatten die Privatisierungsexperten so natürlich nicht gewollt. Aber sie hätten wissen müssen, was auf sie, die Gesellschaft und damit die Konsumenten zukommt, als sie die »natürlichen Monopole« der Stromwirtschaft im Zuge der europäisch vorgegebenen Energiemarktliberalisierung einfach nur in private Strukturen überführten. Ohne Entflechtung, ohne Trennung von Produktion und Netz. Zu sehr hatte sich die Politik bei der Privatisierung der Energiebranche die nationale Gesetzesfeder von der Energielobby führen lassen.

Dass die Politik am Gängelband der Energiewirtschaft hängt, kommt nicht von ungefähr. Denn immer hatte es im Energiebereich in Deutschland ein enges Zusammenspiel von öffentlichen und privaten Versorgern gegeben, seit der Einsatz elektrischer Energie zur Beleuchtung und Kraftanwendung Ende des 19. Jahrhunderts das Leben der Menschen und die Industrie und damit die gesamte Gesellschaft revolutioniert hatte.

Der starke Einfluss der Kommunen in der Energiewirtschaft, der sich bis zum Jahr 2000 fortgesetzt hat, hat seinen Ursprung in der historischen Konzessionshoheit und im Wegerecht. Für diese Exklusivität zahlten die Versorgungsunternehmen jährliche Abgaben an die Städte und Gemeinden. Durch »gemeindliche Konzessionsverträge« und ein unternehmerisches Netzwerk war es bei Unternehmensentscheidungen zum Bau von Trassen und Leitungen bedeutend einfacher, Entscheidungen durch Städte und Gemeinden im Sinne des Unternehmens herbeizuführen. Andererseits erlaubten die Konzessionsverträge den Städten und Gemeinden einen teilweise erheblichen Einfluss auf die Stromversorgungsunternehmen, sodass diese allen Grund hatten, sich mit den Verwaltungen gutzustellen. Und genau hier liegen die Ursprünge der bis heute fortdauernden für Deutschland so typischen engen Verzahnung zwischen Energiewirtschaft und Politik. Denn der Zugriff auf die Elektrizitätsversorgung bedeutete auch in der Vergangenheit schon immer ein Stück realer Macht.

Ende des 19., Anfang des 20. Jahrhunderts wurden immer mehr Stromversorgungsunternehmen gegründet oder umfirmiert in »gemischtwirtschaftliche Unternehmen«, in der die öffentliche Hand, also die Städte und Gemeinden, ebenso als Aktionäre vertreten waren wie Privatpersonen. Nach dem Ersten Weltkrieg wurde ein Großteil der Energieerzeuger verstaatlicht. Immer mehr Kommunen begannen im Zuge von Rückkaufklauseln der »gemeindlichen Konzessionsverträge« damit, die bis dahin private Stromversorgung, die als immer lukrativer angesehen wurde, in ihren Besitz zu bringen. 1929 kontrollierte die öffentliche Hand bereits 80 Prozent der Stromversorgung, während die kommunalen Unternehmen den Strom an die Endverbraucher verteilten.

Und so stellt sich der Energiemarkt im Jahr 2007 dar, nach Liberalisierung und Marktöffnung: Obwohl es alles in allem in Deutschland immer noch rund 600 kommunale Stromerzeuger und Netzbetreiber gibt, haben die vier großen Konzerne E.ON, RWE, Vattenfall Europe und EnBW den Markt fest im Griff. Sie treiben die Preise nach oben, sie liefern ihren Shareholdern satte Renditen. In den Sog dieser großen vier, und da an vorderer Stelle E.ON und RWE, sind immer mehr Stadtwerke geraten. Verkauften die Stadtwerke bis vor wenigen Jahren noch 30 Prozent ihres Stroms aus Eigenerzeugung, so liegt dieser Anteil heute bei nicht einmal mehr 10 Prozent. Von denen wiederum liefern die größten 15 Stadtwerke rund zwei Drittel der Stromkapazität. Den Stadtwerken kommt zunehmend die Rolle des Versorgers für den Endkunden in seiner Gemarkung zu.

Immer mehr Stadtwerke haben in den letzten Jahren erhebliche Anteile an einen der großen Stromkonzerne verkauft oder sind Partnerschaften mit ihnen eingegangen und damit in deren Abhängigkeit geraten. Über 300 kommunale Versorgungsunternehmen weisen inzwischen private Beteiligungen auf. Besonders expansiv sind dabei die Konzerne E.ON und RWE, die Hunderte kommunale Versorgungsunternehmen unter ihre Kontrolle gebracht haben – von kleineren Gemeinden bis zu großen Stadtwerken. Allein die E.ON-Tochter Thüga kommt auf über 100 maßgebliche Beteiligungen.

Ein gutes Beispiel dafür ist die Stadt Düsseldorf: Mit Zustimmung des Stadtrates verkauften die Stadtwerke Düsseldorf Ende 2005 ein Aktienpaket im Wert von rund 360 Millionen Euro an den Energiekonzern EnBW, der nunmehr mit knapp 55 Prozent die Mehrheit und damit auch das Sagen hat. Erst das Bundeskartellamt schob solchen Geschäften für die Zukunft einen Riegel vor und stoppte besonders E.ON und RWE in ihrem Akquisitionsrausch, kommunale Energieversorgungsunternehmen zu übernehmen, um maßgeblichen Einfluss auf sie ausüben zu können.

E.ON und RWE haben mit Abstand die meisten Kunden im Land, bestimmen die Preise für Strom und Gas. Die hohen Gewinne, Quartal für Quartal, werden in immer neue kostspielige Akquisitionen im Ausland investiert, wo in den vergangenen Jahren erhebliche Marktpositionen erreicht wurden. Aus der gesicherten heimatlichen Oligopolstellung heraus treten die Großen als Global Player auf, die auch im europäischen und gar im Weltmaßstab zu den größten Energie-Playern zählen.

In welchen Größenordnungen die Energiekonzerne unterwegs sind, lässt sich an den Investitionsvolumina ablesen. E.ON veranschlagt für drei Jahre rund 20 Milliarden Euro, RWE 12 Milliarden – überwiegend für neue Kraftwerke, also die Verbreiterung ihrer Operationsbasis, und für große Unternehmensübernahmen im Ausland. Die Gewinne der vier großen Gebietsmonopolisten bewegen sich im hohen Milliardenbereich, die Dividenden steigen Jahr für Jahr, beim E.ON-Konzern zum wiederholten Male zweistellig. Die Managements zählen zu den Topverdienern der deutschen Industrie. Die hohen Strom- und Gaspreise machen es möglich. Doch die Kunden profitieren nicht davon.

Teure Frische aus der Leitung – Geschäfte machen mit Wasser und Abwasser

Wasser ist für uns eine Selbstverständlichkeit, über die eigentlich nicht nachgedacht wird. Wasser ist einfach da. Man dreht die Leitung auf und es fließt. Bestenfalls wird mitunter über die Qualität des Trinkwassers gestritten, trinken kann man in ganz Deutschland quasi aus jeder Leitung. Für das Wasser sorgt der Staat bzw. die Kommune, Wasser ist Daseinsfürsorge pur, für das Wasser wird bezahlt, aber bitteschön: nicht zu viel.

Wir sind angewiesen auf das, was aus der Leitung kommt – und erwarten reines Wasser zum zivilen Preis. Doch Qualität hat ihren Preis, allemal nachdem Wasser in vielen Teilen der Welt immer rarer wird. Es gibt ein »Menschenrecht auf Wasser«, sagen viele Politiker und Ökologen. Wasser dürfe eigentlich nicht den Gesetzen des Marktes unterworfen werden.

Dennoch greift auch hier die Privatisierung um sich, obwohl die Wasserversorgung und Abwasserentsorgung in Deutschland zu den Kernaufgaben gemeindlicher Daseinsfürsorge zählen. Es wird hier weniger intensiv privatisiert als in anderen Bereichen kommunaler Aufgaben, aber dennoch zielgerichtet. Denn mit Wasser und Abwasser sind auch hierzulande Renditen zu erzielen. Vor allem die Europäische Union drängt auf eine Marktöffnung. In Großbritannien wurde 1989 die gesamte Wasserversorgung und Abwasserentsorgung privatisiert, in Frankreich beherrschen den Markt die beiden multinationalen französischen Konzerne Suez und Veolia.

International werden im Bereich Wasser und Abwasser im Zuge von Privatisierungen Milliarden umgesetzt. Denn Wasser gilt vielen inzwischen so kostbar wie Öl, wird zunehmend zu einem umkämpften Gut, das wesentlich über die Lebensqualität entscheidet, und oft der Stoff des reinen Überlebens ist.

Die Privatisierung des »Lebensmittels« Wasser ist äußerst umstritten und provoziert vor allem bei den Bürgern, aber auch bei verantwortlichen Politikern erheblichen Protest. Der Ruf nach dem reinen Markt in diesem Segment ist ein wenig leiser geworden. Zu viele Reinfälle hat es mit der Privatisierung des Wassers gegeben, allzu häufig stiegen nach einem Verkauf die Preise, wurde das Thema besonders für Kommunalpolitiker zu »heiß«. So geht die Privatisierung in diesem Bereich langsamer voran als in anderen. Noch sind über 90 Prozent des Wassermarktes in öffentlicher Hand, wobei immer mehr kommunale Unternehmen inzwischen in der privaten Rechtsform einer GmbH oder Aktiengesellschaft geführt werden.

Noch sind die Gemeinden für die Versorgung der Bevölkerung mit Wasser verantwortlich. Rund ein Viertel des deutschen Wassers wird von gemischtwirtschaftlichen Anbietern in die Wasserleitungen gepumpt. Da tummelt sich eine »eine bunte Vielfalt zwischen öffentlich-rechtlichen und privaten Anteilseignern.«[32] Doch gilt es immer zu bedenken: Die Liberalisierung des Wassermarktes bzw. dessen Privatisierung heißt stets auch, ein natürliches öffentliches Monopol in private Hände zu geben. Denn im Wasserbereich kann es keinen wirklichen Markt geben, da aus einer Wasserleitung keine zwei Sorten Wasser kommen können. Die netzgebundene Wasserwirtschaft verträgt keine unterschiedlichen Wasserqualitäten. Die Qualität des Trinkwassers muss von seiner Aufbereitung bis zum Wasserhahn *einen* Prozess durchmachen. Der Wassermarkt erlaubt daher keine Trennung von Erzeugung, Netzbetrieb und Verteilung, wie beispielsweise der Stromsektor.

»Netze der Wasserwirtschaft beschränken sich auf den jeweiligen urbanen Siedlungs- und Gebietszusammenhang. Im Netz selbst kann das Wasser nicht beliebige Fließrichtungen einnehmen, also nicht einfach hin und her bewegt werden«, meint Klaus Lederer in »Wasser – ein Gut wie jedes andere?«[33] und folgert: »Hier gibt es keine Konkurrenzlagen. Die lokale Wasserwirtschaft bildet ein klassisches natürliches Monopol.« Und eines gilt es immer in der Privatisierungsdiskussion zu bedenken: »Da die Kommunen nach wie vor für das Vorhandensein von Wasserver- und Abwasserentsorgung letztverpflichtet sind, fallen alle Lasten aus Missmanagement und Substanzentzug am Ende auf die Kommunen, subsidiär den Staat, zurück.«

Die Abwasserentsorgung in Deutschland gilt im Gegensatz zur »Wasserproduktion« als hoheitliche Aufgabe, die von Städten und Gemeinden in kommunaler Trägerschaft wahrgenommen werden muss. Dabei dominieren nach wie vor öffentlich-rechtliche Unternehmensformen. Nach Angaben der Deutschen Vereinigung für Wasserwirtschaft, Abwasser und Abfall e.V. (DWA) befindet sich die Abwasserentsorgung in Deutschland zu 36 Prozent im kommunalen Eigenbetrieb, zu 28 Prozent bei Zweckverbänden als Aufgabenzusammenschluss mehrerer Kommunen, zu 17 Prozent in der Form einer Anstalt des öffentlichen Rechts und zu 15 Prozent als vollständig in die Organisationsstruktur der Kommune integrierter Regiebetrieb. Trotzdem ist die Privatwirtschaft, so der DWA, »in hohem Maße in die Abwasserentsorgung eingebunden«. Legt man die Gesamtausgaben im Abwassersektor zugrunde, dann werden rund 70 Prozent aller Leistungen im Bereich Planung, Bau und

Betrieb der Anlagen von privatwirtschaftlichen Unternehmen »im Auftrag der öffentlichen Aufgabenträger« erbracht.

Die Privatisierung von Wasser beendet vielfach eine jahrzehntelange erfolgreiche öffentliche Wasserwirtschaft. Wenige große Konzerne, oftmals dieselben wie bei Strom und Gas, teilen das Geschäft unter sich auf. Als erste deutsche Großstadt verkaufte Stuttgart 1999 seine Wasserversorgung vollständig an den Energiekonzern EnBW und dazu seine Anteile an den Zweckverbänden Landeswasserversorgung und Bodensee-Wasserversorgung. Inzwischen ist EnBW bei zahlreichen anderen Stadtwerken eingestiegen und hält beispielsweise seit 2006 die Mehrheit bei den Düsseldorfer Stadtwerken und somit auch am Wasser. Die anderen großen Strom- und Gaskonzerne haben demzufolge zahlreiche Wasserversorger in ihrem Portfolio, wenngleich die Beteiligungen nach und nach wegen zu geringer Renditeaussichten, auch durch Reglementierungen der Politik, bei gleichzeitig hohen unumgänglichen Investitionen in Leitungen und Anlagen, zurückgefahren werden.

Der E.ON-Konzern ist, obwohl sich nahezu alle Ressourcen und Konzernaktivitäten auf die vergleichsweise lukrativeren Segmente Strom und Gas konzentrieren, im Wasserbereich breit aufgestellt. Allein schon durch die enge Zusammenarbeit über Beteiligungen und Kooperationen mit Städten und Gemeinden im gesamten E.ON-Gebiet fühlt sich E.ON auch in Sachen Wasser und Abwasser als »kompetenter Partner der Kommunen«. So unterhält die E.ON-Wassersparte unterhalb ihrer jeweiligen Regionalkonzerne mit den Kommunen vor allem zahlreiche langfristige Kooperationen für den Betrieb, die Instandhaltung und die Modernisierung von Anlagen und Systemen der Abwassertechnik und versorgt zahlreiche Kommunen und Landkreise direkt mit Trinkwasser.

Die Essener RWE AG war nach einer gewaltigen Expansionsphase und der Akquisition des liberalisierten britischen Wasserkonzerns Thames Water, der auch Groß-London mit Wasser versorgt, vorübergehend der drittgrößte Wasserproduzent der Welt. Ende 2006 zog sich RWE wieder aus dem internationalen Geschäft zurück. Der Grund: Die Investitionen in die teilweise brüchigen englischen Rohrleitungen stiegen schier ins Unermessliche. Und das bei einer Rendite, die vertraglich festgelegt fünf Prozent nicht überschreiten durfte, für das RWE-Management ohnehin am unteren Limit.

Obwohl das »Wasser« seit diesem Reinfall nicht mehr zum Kerngeschäft von RWE zählt, werden die Beteiligungen in Deutschland im Rahmen der RWE Aqua weitergeführt, nun als sogenanntes »Kompetenzcenter Wasser«

unterhalb der RWE Energy Gruppe, dem Elektrizitäts-Herzstück des Energieriesen. RWE Aqua ist zuständig für alle Dienstleitungen rund ums Wasser für RWE Energy und deren Regionalgesellschaften und damit für zahlreiche Städte und Gemeinden und deren Versorgungs- und Entsorgungsunternehmen. Die Regionalgesellschaften und RWE Aqua entwickeln für die Kommunen Wasserver- und Abwasserentsorgungskonzepte, betreiben Wasserwerke und Rohrnetze sowie Kläranlagen und Kanalnetze. Immerhin liefert RWE in Kontinentaleuropa Wasser für rund 14 Millionen Menschen und entsorgt Abwasser für etwa sieben Millionen Einwohner.

Zur RWE-Wassergruppe gehört auch die RWW Rheinisch-Westfälische Wasserwerksgesellschaft mbH mit einer jährlichen Kundenlieferung von 80 Millionen Kubikmetern Wasser durch ein 3.000 Kilometer langes Leitungsnetz. Zwischen der holländischen Grenze im Norden und dem Bergischen Land im Süden ist RWW eines der größten Unternehmen in der Wassergewinnung und -verteilung der Region. In enger Kooperation mit den Kommunen operieren auch die beiden RWE-Wasserunternehmen envia Aqua GmbH und Süwag Wasser GmbH.

Prominentestes Privatisierungsbeispiel in Deutschland sind die Berliner Wasserwerke (BWB), zu denen nicht nur die Versorgung von rund 3,5 Millionen Menschen mit Trinkwasser gehört, sondern auch die Abwasserentsorgung. Die Berliner Wasserwerke wurden teilprivatisiert: Die Anteile gingen je zu einem Viertel an den französischen Konzern Veolia Wasser und die deutsche RWE Aqua (zusammen 49,9 Prozent), die andere Hälfte blieb bei der Stadt Berlin. Veolia und RWE übernahmen die Betriebsführung. Hauptmotiv für den Teilverkauf des städtischen Wassers waren tiefe Löcher im städtischen Haushalt. Immerhin brachte die Transaktion rund 1,6 Milliarden Euro in die Berliner Senatskasse.

Blieb der Wasserpreis für die Berliner und ihr »Berlinwasser« anfänglich konstant, schnellte er dann doch in die Höhe. Seit 2003 sind die Wasserpreise in Berlin um rund 25 Prozent gestiegen. Der Trinkwasserpreis liegt damit um rund ein Viertel über dem anderer deutscher Städte wie München oder Köln. Ein Mehr an Effizienz wurde durch »Freisetzung« von Personal erreicht – die Beschäftigtenzahl sank von 6.200 auf weit unter 5.000 – und durch ein Zurückfahren der Investitionen. Vertragliche Gewinngarantien mussten erfüllt werden. Der bis zum Jahr 2028 laufende Vertrag kann frühestens 2023 gekündigt werden. Wird vorzeitig außerordentlich gekündigt, muss die Stadt den Privaten nicht nur den Kaufpreis zurückerstatten, sondern auch noch erheblichen Schadensersatz und die Rückzahlung aller geleisteten Investitionen.[34]

In Berlin hat auch die Eurowasser Aufbereitungs- und Entsorgungs GmbH, ein Tochterunternehmen des französischen Multis Suez, ihren Sitz. Eurowasser versorgt in Kooperationen mit Kommunen und Zweckverbänden überwiegend ostdeutsche Städte im Großraum Rostock, Schwerin, Leuna und Cottbus, aber auch das westdeutsche Goslar mit Trinkwasser und entsorgt deren Abwässer. Besonders das sogenannte »Rostocker Modell« mit einem umfassenden Betreibervertrag gilt Eurowasser als »Vorreiter der Public Private Partnership der deutschen Wasserwirtschaft«.

Anders in Potsdam. Nachdem die Potsdamer Stadtverordneten 1997 der Teilprivatisierung der Potsdamer Wasserwirtschaft mit dem Verkauf von 49 Prozent an Eurowasser zugestimmt hatten – auf diese Weise sollte der marode Haushalt saniert werden –, wurde die Ernüchterung von Jahr zu Jahr größer. Dachte die Kommune blauäugig, die Wasserpreise würden sinken und die Kommune könne Kosten sparen, so griff Eurowasser den Potsdamern kräftig in die Tasche. Innerhalb von nur drei Jahren verdoppelte sich der Wasserpreis, und die Prognosen waren weiter steigend. Potsdam zog die Notbremse und trennte sich von Eurowasser. Die Stadt erwarb ihre Anteile zurück und zahlte kräftig drauf.

Insgesamt sind die großen Unternehmen in Deutschland noch recht zögerlich beim Geschäft mit Wasser. Die Renditen sind längst nicht so hoch wie bei der Privatisierung anderer Felder der Daseinsvorsorge, denn zur Einhaltung umwelt- und gesundheitspolitischer Mindeststandards sind erhebliche Investitionen nötig. Eine nachhaltige Wasserwirtschaft braucht hohe Investitionen. Und es wächst der Unmut der Menschen über steigende Wasserpreise für die »Ware Wasser«. Dennoch dürfte die kommunale Wasserwirtschaft, wenn auch in langsamerem Tempo als in anderen Bereichen der Daseinsfürsorge, weiter privatisiert werden.

Immobilien, öffentlicher Raum und Nahverkehr

Sozialwohnungen im Angebot – Wenn das Dach überm Kopf verkauft wird …

Die meisten Dresdner erhielten zur Jahreswende 2005/2006 einen auf den ersten Blick eher schmucklosen Brief. Bei genauerem Hinsehen wurden sie dessen gewahr, was zuvor schon in der Tageszeitung gemutmaßt wurde. Die Immobilien der städtischen Wohnungsbaugesellschaft Woba standen zur Disposition: Alle Wohnungen sollten verkauft werden. Der Brief informierte über den anstehenden neuen Besitzerwechsel und darüber, dass die Wohnungen demnächst in den Besitz eines englischen Finanzinvestors übergehen würden – einer sogenannten »Heuschrecke«. Die Mieter müssten sich keine Sorgen machen, hieß es in dem Schreiben. Alles würde beim Alten bleiben, nur die Mieten müssten an die neuen Herren überwiesen werden.

Alles beim Alten? Jahrelang hatten die Menschen in den Wohnungen der Woba gewohnt, zu vergleichsweise moderaten Mieten. Warum nur würde ein englischer Investor die Dresdner Wohnungsbaugesellschaft für so viel Geld kaufen, wenn er nicht das Ziel hätte, daran richtig gut zu verdienen? Es konnte doch nur eine Frage der Zeit sein, dass die Mieten drastisch erhöht, die Wohnungen saniert oder in Eigentum umgewandelt würden. Heuschrecken als Samariter? Den Dresdnern fuhr der Schreck in die Glieder, bei allen Beschwichtigungen ihrer Politiker. Klar war, die von ihnen gewählte Stadtregierung hatte ihnen das Dach überm Kopf weg verkauft. Ohne Ankündigung, ohne Rücksprache, ohne jede Sentimentalität.

Dabei kamen sich der Kämmerer und die Stadtspitze von Dresden besonders raffiniert vor, als sie Anfang 2006 schließlich sämtliche Anteile ihrer Wohnungsbaugesellschaft Woba Dresden GmbH für rund 1,7 Milliarden Euro an die Fortress Investment Group LLC veräußerten. Mit dem Verkauf ihrer 50.000 Wohnungen vermeldete die sächsische Landshauptstadt stolz, auf einen Schlag »als erste deutsche Großstadt schuldenfrei« zu sein. Ganz nebenbei: Kritiker behaupten, der Verkauf sei erheblich unter Wert erfolgt.

Die Investorengruppe Fortress war nicht irgendwer. Bereits 2004 hatte der angelsächsische Finanzinvestor für rund 2,5 Milliarden Euro mehr als 80.000 Wohnungen der 1918 in Berlin gegründeten »Gemeinnützigen Aktiengesellschaft für Angestellten-Heimstätten« (Gagfah) von der Bundesanstalt für Angestellte (BfA) übernommen. Die 2006 akquirierten Dresdner Wohnungen wurden unter dem Dach der 2005 neu gegründeten, in Luxemburg ansässigen und nach dortigem Recht operierenden Aktiengesellschaft Gagfah S.A. platziert.

Größter Wohnungsbesitzer in Deutschland aber ist mit 230.000 Wohnungen ebenfalls ein englischer Finanzinvestor, die Londoner Private-Equity Gesellschaft Terra Firma Capital Partners, die ihren deutschen Immobilienmarkt durch die in Bochum ansässige Deutsche Annington Immobilen Gruppe steuert.

Ein Grund für die Akquisitionsstrategie von Gagfah und Deutscher Annington: Deutsche Immobilien sollen im internationalen Vergleich in gutem baulichen Zustand sein. Dazu sind die Mieten aufgrund städtischer und staatlicher Zuschüsse vielfach niedriger als in anderen Ländern. Und: In Deutschland wohnen die Menschen meistens zur Miete, das bedeutet, die neuen Spekulanten können ihr Ziel, die übernommenen Wohnungen kurzfristig in Eigentumswohnungen umzuwandeln, um sie den Mietern oder anderen Interessenten gewinnbringend zu offerieren, rasch umsetzen. Vielfach haben sich die neuen Großvermieter in Immobilienhändler verwandelt, deren wichtigstes Anliegen es ist, Mieter mit möglichst hohen Profitraten ins Eigentum zu drängen. Insgesamt haben die großen Investmentgesellschaften Terra, Fortress, Oaktree und Cerberus in den vergangenen fünf Jahren in Deutschland rund 600.000 Wohnungen für über 20 Milliarden Euro gekauft[35] – und davon schon wesentliche Teile mit Gewinn weitergereicht.

Durch solche Verkäufe nimmt sich eine Kommune natürlich entscheidende Spielräume, über den eigenen Wohnungsbesitz in städteplanerische Belange oder in die Wohnungsbelegung ordnend und gestalterisch einzugreifen. Das liegt auf der Hand: Denn gerade über die kommunalen Wohnungsbaugesellschaften konnten Städte besonders auch ihrer Verpflichtung nachkommen, Unterkünfte für »Einkommensschwache oder Menschen mit schwierigem Sozialverhalten« Wohnraum zu offerieren. Diese Gruppierungen wie auch Alleinerziehende oder junge Familien jedenfalls tun sich auf dem privaten Wohnungsmarkt sehr schwer. Für den Deutschen Mieterbund steht fest: »Wer in großem Stil staatliches Wohnungseigentum aus der Hand gibt, verscherbelt Sozialkapital.«[36] Und: Schließlich ist eine Privatisierung häufig auch »wirtschaftlich unsinnig, weil die kommunalen Unternehmen Gewinne an die Stadt abführen.«[37]

»Die Zeit« schrieb am 5. Januar 2006 unter der Überschrift »Wenn der Investor klingelt«: »Aus der Traum vom humanen Wohnen für alle. Mit dem Verkauf von Millionen Sozialwohnungen an internationale Fonds verraten deutsche Städte ein Jahrhundertwerk.« Dabei könnten die Aufsichtsbehörden sehr wohl Verkäufe dieser Art untersagen.

Für den Präsidenten des Deutschen Städtetages und Oberbürgermeister der Stadt München, Christan Ude, sind Wohnungsverkäufe wie der in Dresden »eine krasse Fehleinschätzung, eine neoliberale Irrlehre«[38]. Auch für ihn steht fest, dass die Städte für die unteren Einkommensgruppen und deren Versorgung mit angemessenem Wohnraum verantwortlich bleiben. Das gilt auch für das Zusammenleben unterschiedlicher Milieus und Menschen verschiedener Herkunft. »Hierzu braucht es eine kommunale Wohnungspolitik. Politiker im Osten Deutschlands sind verantwortlich für den Städteumbau. Das setzt voraus, dass sie noch Wohnungen haben, um diese Entwicklung zu gestalten.«[39] Denn privatisierte Mietwohnungen werden schneller zu Spekulationsobjekten, als ihren Bewohnern lieb sein kann.

Zu den für die privaten Investoren lukrativsten Kandidaten auf dem deutschen Markt zählt derzeit das zur Disposition stehende Immobilienportfolio der nordrhein-westfälischen Landesentwicklungsgesellschaft (LEG) mit rund 100.000 Wohnungen und 300.000 Mietern. Die LEG entstand Anfang der 1970er-Jahre aus den Wohnungsbaugesellschaften Rheinische Heim GmbH (Bonn), Rote Erde GmbH (Münster), Westfälische Lippe Heimstätte GmbH (Dortmund) und Rheinische Heimstätte GmbH (Düsseldorf). Ihre Aufgabenschwerpunkte waren Stadtsanierung, Stadtentwicklung, Wohnungsbau und Kleinsiedlungswesen. Die LEG hat sich im Laufe der Jahre zu einer potenten Unternehmensgruppe entwickelt. 1987 erwarb sie für den symbolischen Preis von damals einer Mark die Bestände der einst gewerkschaftseigenen Neuen Heimat NRW GmbH mit rund 38.000 Wohnungen. Schließlich wurde auch die landeseigene Wohnungsgesellschaft Rheinland Köln mit rund 8.000 Wohnungen übernommen. Die LEG, die sich schon jetzt als »konsequent privatwirtschaftlich orientiertes Unternehmen« definiert, soll nach dem Willen der schwarz-gelben Landesregierung von Nordrhein-Westfalen »richtig« privatisiert werden.

Auch bei der Deutschen Bahn sollen die Immobilien veräußert werden, die sich bislang ja noch im Bundesbesitz befinden. Im Zuge der Neuausrichtung der anstehenden Privatisierung der Deutsche Bahn AG wurde bereits 2004 deren Immobiliengeschäft neu ausgerichtet. Alle nicht betriebsnotwendigen Liegenschaften sollen bei der Bahn im Zuge der Konzentration auf die Kerngeschäfte veräußert werden. So wurde schon ein umfangreiches Immobilienportfolio der Deutschen Bahn an die Aurelis Real Estate verkauft, eine der größten europäischen Immobilientransaktionen der letzten Jahre. Das Portfolio umfasste 1.850 Liegenschaften mit einer Gesamtfläche von etwa 30 Millionen Quadratmetern. An der Aurelis Real Estate sind die WestLB-Tochter Weltdeutsche Immobilienbank mit 51 Prozent und die Deutsche Bahn AG mit 49 Prozent beteiligt. Darüber hinaus erfolgte der Verkauf von über 1.000 Bahnhofsempfangsgebäuden an die First Rail Property GmbH. Die nicht betriebsbedingten Immobilien werden durch die DB Services Immobilien GmbH am Markt platziert. Die DB Services Immobilien betreut mit rund 25.000 Objekten, 30.000 Mietverträgen sowie Grund und Boden mit einer Gesamtfläche von 240 Millionen Quadratmetern eines der größten Immobilienportfolios in Deutschland, meist in besten Innenstadtlagen.

Unter dem Strich lässt sich feststellen, dass der Ausverkauf einst staatlicher oder kommunaler Wohnungsbestände munter weitergeht. Vor allem der in den attraktiveren Wohnlagen. Die Kommunen haben in aller Regel nur noch dort sozialen Wohnraum zu vergeben, wo ohnehin keiner gern wohnen will. Als Folge dürfte die Ausdehnung sozialer Brennpunkte in Zukunft weiter zunehmen. Denn dass es Wohnraum in öffentlicher Hand gab und zum Teil ja noch gibt, hatte immer auch den tieferen Sinn, um soziale Ungleichgewichte auszutarieren, eine Kommune nicht nur in arme und reiche Ghettos aufzuteilen. Der Markt kann und will das nicht mehr richten, der Staat und die Kommunen haben ihre Verantwortung dafür mit ihren Verkäufen komplett abgegeben.

… und »Heuschrecken« richtig Kasse machen

Die »Heuschrecken« Terra mit der Deutschen Annington und Fortress mit der Gagfah haben es wie alle Finanzinvestoren auf eine möglichst hohe Rendite ihrer Engagements abgesehen, immer im zweistelligen Prozentbereich, und das innerhalb kürzesteter Zeitspannen, nie länger als fünf Jahre. Das erreichen sie durch einen möglichst geringen Eigenkapitaleinsatz. Dabei erlauben ihnen der Zugang zu günstigem Fremdkapital und das Zurückgreifen auf sichere Mieteinnahmen eine hohe Eigenkapitalrendite. Hinzu kommen meist drastische Rationalisierungsprogramme, verbunden mit erheblicher

Personalreduzierung, Mieterhöhungen, die Umwandlung von Miet- in Eigentumswohnungen, die Verringerung der Leerstandsquoten und das Outsourcen firmenübergreifender Aufgaben.

Die Deutsche Annington akquirierte 2001 zahlreiche Eisenbahnerwohnungsbaugesellschaften aus dem Bundeseisenbahnvermögen (BEV) mit insgesamt 65.000 Wohnungen. Der Name »Deutsche Annington« wurde von der britischen »Annington Homes« abgeleitet, die im Zuge der Privatisierungen in Großbritannien vom dortigen Verteidigungsministerium die Häuser und Wohnungen der britischen Streitkräfte übernommen hatte. 2003 verkaufte auch die Kieler Heimbau AG 10.000 Wohnungen an die Deutsche Annington. Zum entscheidenden Schlag aber holte die deutsche Tochter des britischen Finanzinvestors 2005 aus.

Im Rahmen seiner Neustrukturierung verkaufte der Energiekonzern E.ON seine Tochter Viterra mit 152.000 Wohnungen, hauptsächlich im Ruhrgebiet, für 7 Milliarden Euro an die Deutsche Annington GmbH. Zehntausende Wohnungen mit Hunderttausenden betroffener Mieter wurden da komplett veräußert. Der E.ON-Immobilienbereich Viterra war aus dem umfangreichen Werkswohnungs- und Grundstücksbesitz der VEBA-Gesellschaften hervorgegangen, die bereits vor Jahrzehnten privatisiert worden und durch Fusion zur E.ON gelangt waren. Der Name Viterra wurde nach der Übernahme durch die Deutsche Annington getilgt. Mit »gutem« Beispiel war zuvor die Bundesregierung selbst vorangegangen: Gemeinsam mit der Deutschen Post hatte sie bereits 1997 die 39.000 Wohnungen der Deutschbau Holding je zur Hälfte an die beiden Immobilienunternehmen Viterra und Deutsche Grundbesitz Management, eine Tochter der Deutschen Bank, veräußert.

Zur deutschlandweit operierenden Gagfah Group, die dem Finanzinvestor Fortress gehört, zählen neben der Gagfah Immobilien-Management GmbH in Essen weitere potente Unternehmen. Die 1922 gegründete NILEG (Norddeutsche Landesentwicklungsgesellschaft) beispielsweise, die als Tochtergesellschaft der NordLB für die Verwaltung ihres Wohnungsbestands in Norddeutschland verantwortlich war, wurde von Fortress Investment 2005 mit allen Beteiligungsgesellschaften für rund 1,5 Milliarden Euro erworben. Weiter im Gagfah-Portfolio: 4.300 Wohnungen der LEG Landesentwicklungsgesellschaft NRW und rund 750 Wohnungen der Stadt Freiburg und einige Tausend Wohnungen der GBH im württembergischen Heidenheim.

Verantwortlich für die ungebremste Akquisitionspolitik der Gagfah ist die Gagfah Acquisition GmbH die die Aufgabe hat, neue Wohnungsbestände aus kommunalem Besitz aufzukaufen, wann immer sich eine günstige Gelegenheit dazu bietet. Mit rund 170.000 Wohneinheiten in ganz Deutschland gehört die Gagfah Group zu den einflussreichsten privaten Vermietern im Lande.

Jetzt sollen nach dem Willen der großen Wohnungseigentümer – in den USA und einigen europäischen Staaten ist das schon gang und gäbe – aus akquirierten Wohnungsbaubeständen sogenannte Real Estate Investment Trusts (Reits) gebildet werden, Immobilienholdings, die anschließend gewinnbringend an die Börse gebracht werden. Damit würden die Investmentgesellschaften noch einmal richtig Kasse machen. Die Frankfurter Börse schwärmt von einer »völlig neuen Assetklasse«. »Der Gesetzgeber sollte den Marktkräften mehr vertrauen«[40], hieß es an die Adresse der Regierung in Berlin. Und die reagierte: Im März 2007 verabschiedete der Deutsche Bundestag das »Gesetz zur Einführung von deutschen Immobiliengesellschaften mit börsennotierten Anteilen«.

Anteile an Real Estate Investment Trusts werden im Gegensatz zu Immobilienfonds wie Aktien gehandelt. Allerdings müssen die börsennotierten Immobiliengesellschaften in der Reit-Position 90 Prozent ihrer Gewinne ausschütten. In der Regel sind Reits steuerfrei, müssen also keine Gewerbesteuer bezahlen, oder unterliegen besonderen steuerlichen Vergünstigungen. Dagegen müssen die Anleger ihre Dividende versteuern. Eine hohe Mindestausschüttung ist gegenüber Fonds und Immobiliengesellschaften gesetzlich Pflicht. Ziel der Zulassung dieser neuen börsennotierten Immobiliengesellschaften ist in erster Linie der Anreiz für Unternehmen, »ihre stillen Reserven« nunmehr steuerfrei zu heben, ihre Immobilen auszulagern bzw. zu verkaufen, um so über zusätzliches Kapital zu verfügen. Zahlreiche Unternehmen wie KarstadtQuelle, die Metro oder die Deutsche Bank haben dieses bereits nach alter Gesetzgebung exerziert.

Die börsennotierten Immobilien-Trusts sollen Anreize schaffen, betriebliche und öffentlich genutzte Immobilien, wie Verwaltungsgebäude, Hotels, Einzelhandels- und Logistikimmobilien, zu veräußern, um das darin gebundene Kapital freizusetzen. Reits sollen sich auf bestimmte Marktsegmente fixieren: Hotels, Gefängnisse, Verwaltungsgebäude. Denn die sich im Besitz der öffentlichen Hand befindlichen Immobilien gelten als »Reits-geeignet«. Das gilt für Verwaltungsgebäude, Wohngebäude, komplette öffentliche Wohnungsbaugesellschaften und auch für Spezialimmobilien.

Und jetzt planen die beiden größten Wohnungsunternehmen Deutsche Annington und Gagfah sogar das Zusammengehen unter einem Dach. Der Finanzinvestor Terra will seine Wohnimmobiliengesellschaft Deutsche Annington an den bereits börsennotierten Konkurrenten Gagfah, an dem Fortress 80 Prozent hält, veräußern. Damit wäre natürlich das allen Verkäufern und Mietern versicherte »langfristige« Engagement der britischen Fondsgesellschaft auf dem deutschen Wohnungsmarkt urplötzlich Makulatur. Die luxemburgische Gagfah würde andererseits mit rund 400.000 Wohneinheiten in Deutschland zum unumschränkten Herrscher des privaten Mietmarktes.

Denn das Gagfah-Management lässt keinen Zweifel an seiner offensiven Strategie. Mit jährlichen Investitionen von rund 1,4 Milliarden Euro will die Gagfah ihr Imperium um rund 25.000 Wohnungen pro Jahr erweitern, Wohnungsbestand nach Möglichkeit weiterhin aus kommunalem und öffentlichem Besitz übernehmen. Im Portfolio der deutschen Kommunen »schlummern« laut Bundesverband deutscher Wohnungs- und Immobilienunternehmen GdW noch rund 2,5 Millionen Wohnungen. Der Deutsche Mieterbund spricht gar von drei Millionen Wohnungen, die in Deutschland direkt oder indirekt von der öffentlichen Hand gehalten werden. Da gibt es noch viel zu kaufen. Die Branche jubelt. Und für den Deutschen Mieterbund steht fest: »Wir erleben jetzt eine neue Runde im Monopoly-Spiel um Mitwohnungen.«[41]

Messen, Schulen, Rathäuser – Der Ausverkauf der Städte

Neben dem Verkauf großer Wohnungsbestände wird auch auf anderen Ebenen weiter munter veräußert und ausgegliedert. Besonders durch die vielfältigen Modelle von Public Private Partnerships stehen sogar die »Kathedralen« kommunaler Handlungshoheit zur Disposition. Inzwischen sind rund 80 Prozent aller Projekte im Bereich Public Private Partnership in Deutschland auf kommunaler Ebene angesiedelt. Dabei liegt der eindeutige Schwerpunkt in den Großstädten. Nach Ermittlungen des Deutschen Instituts für Urbanistik sind in den Städten über zehn Prozent aller getätigten Sachinvestitionen »PPP-Investitionen«. Die Gelder fließen also in entsprechende Projekte – in den Straßenbau, in Schulgebäude, Rathäuser, Messehallen und zahlreiche weitere Infrastruktureinrichtungen.

Grundlage vieler PPP-Initiativen in Städten und Gemeinden ist die Erkenntnis, dass zahlreiche Bauprojekte aufgrund der aktuellen Haushaltskrise nicht mehr gestemmt werden können. Selbst kommunale Pflichtaufgaben wie die Modernisierung oder die Schadstoffsanierung städtischer Gebäude, die Instandhaltung von Schulen, Schwimmbädern oder Turnhallen sind nicht mehr gewährleistet. Städte und Gemeinden haben in den zurückliegenden drei Jahren ihre Ausgaben für Infrastrukturmaßnahmen von 35 auf 20 Milliarden Euro heruntergefahren. Die Folgen sind unübersehbar – ständig und täglich: löchrige Straßenpflaster, undichte Kanäle, marode Gebäude.

So stehen bei den auf kommunaler Ebene abgeschlossenen PPP-Projekten Schulen mit Abstand an erster Stelle. Denn häufig hält die Bausubstanz von Schulen nicht mehr den aktuellen Bauvorschriften stand. Rund ein Drittel des gesamten Hochbaubedarfs der Kommunen, und dabei ist der kommunale Wohnungsbau nicht mitgerechnet, entfallen inzwischen auf den Schulbau.

Beispielsweise werden in vielen nordrhein-westfälischen Städten und Landkreisen Schulen aller Art neu gebaut, saniert, erweitert und umgestaltet, Verwaltungsgebäude, Krankenhäuser und Universitätskliniken und zahlreiche Verkehrsprojekte – immer mit privaten Gesellschaften, immer langfristig. Das finanzielle Mindestvolumen einer solchen Transaktion liegt bei rund 15 Millionen Euro. In Leverkusen sind das die Berufsschulen, in Monheim am Rhein alle 13 städtischen Schulen, Schulen im Rhein-Erft-Kreis, 15 Schulen und Sporthallen im sauerländischen Meschede und Schulen in zahlreichen Städten des Ruhrgebietes.

Zahlreiche Gebäude werden verkauft und nach abgeschlossener Sanierung zurückgemietet. In Gladbeck und Unna sind privat errichtete kommunale Verwaltungsgebäude entstanden. Der »Spiegel« am 28. Januar 2007 unter der Überschrift »Die Rathaus GmbH«: »Im Gladbecker Rathaus hat der Bürgermeister nur noch politisch das Sagen. In der nordrhein-westfälischen Stadt hat der Baukonzern Hochtief die Geschäfte der öffentlichen Verwaltung übernommen – eine Premiere in Deutschland.«[42] In anderen Städten werden baulich überfällige Rat- und Kreishäuser abgerissen, neu gebaut bzw. saniert und privat betrieben.

Der Kreis Lippe will seinen gesamten Straßenbau, Straßenbetrieb und die Straßenunterhaltung im Zuge einer PPP-Ausschreibung neu organisieren. Das Projekt umfasst Kreisstraßen, Radwege und die Straßennetze kreisangehöriger Gemeinden. Die Stadt Harsewinkel lässt mit einer vertraglichen

Gesamtlaufzeit von 30 Jahren Straßen umbauen und von privater Hand instandhalten.

Und immer mehr Nahverkehrsprojekte werden einer intensiven PPP-Prüfung unterzogen. Im Schienenbereich sind die Städte Düsseldorf, Mönchengladbach und Wuppertal sowie die Kreise Mettmann und Neuss einen Verbund eingegangen. Dabei geht es um die Planung und die Errichtung, einschließlich des technischen Betriebs und der Instandhaltung der Strecken, Bahnhöfe und Fahrzeuge der Rheinisch Niederbergischen Bahn durch einen privaten Partner. Hinzu kommen verschiedene Hafenbetriebe und die Deutsche Hochschule der Polizei in Münster. Das Land Nordrhein-Westfalen strebt PPP-Modelle in allen zum Bau oder zur Sanierung anstehenden Hochschulbauten an.

Public Private Partnership, wohin man schaut. Beispielsweise im Bereich Schulen und Kindertagesstätten der Stadt Halle/Saale, auf den Weg gebracht durch die PPP Task Force Sachsen-Anhalt. Planung, Bau, Betrieb und Finanzierung liegen bei in Halle beheimateten Projektgesellschaften und diversen Bauunternehmen, u. a. dem Baukonzern Bilfinger Berger. Mit Investitionsmitteln des Bundes und des Landes werden Schulgebäude und Kitas privat errichtet und betrieben über eine geplante Vertragslaufzeit von 25 Jahren. Stolz präsentieren sich die Verantwortlichen: Das Schul-Projekt weise 19 Prozent »Effizienzvorteile gegenüber der konventionellen Beschaffung« auf, beim Kita-Projekt 12 Prozent. »Die Effizienzvorteile resultieren aus der Optimierung der Lebenszykluskosten und einer optimalen Risikoverteilung.«[43] Und der private Betreiber erwartet eine Rendite von rund zehn Prozent. Über ein Vierteljahrhundert wohlgemerkt. Ob diese Rechnung aufgeht?

Zum lukrativen Geschäft für die Investoren wurde auch das Bildungszentrum Ostend in Frankfurt am Main – gebaut von der Stuttgarter Baufirma Müller-Altvater, die zum niederländischen Baukonzern Royal BAM Group gehört, und der Südleasing GmbH, einer Tochtergesellschaft der Landesbank Baden-Württemberg. Der 56 Millionen Euro teure Bau beherbergt die Volkshochschule, zwei Abendgymnasien, eine Berufsschule und ein Konservatorium. Die Frankfurter Oberbürgermeisterin Petra Roth schwärmt von »Einsparungen von circa 25 Prozent« gegenüber einer kommunalen Investition. Und die wesentlichen Risiken lägen bei den privaten Partnern. Allerdings: Die Verträge zwischen der Stadt und der Leasinggesellschaft sind geheim, die Stadtverordneten haben sie nicht zu Gesicht bekommen.

Das Revisionsamt der Stadt Frankfurt kam zu einem verheerenden Urteil über die von der Politik gepriesene Partnerschaft: die Standards von Schulbauten wurden massiv unterschritten, von »zu kleinen Treppenhäusern« war die Rede, von »zu kleinen Räumen«. Die Beamten attestierten dem Projekt erhebliche bauliche Mängel und kamen zu dem Urteil: »Hätte die Stadt selbst gebaut, wäre es für den Steuerzahler drastisch günstiger gewesen.«[44]

Doch nach den Vorstellungen einer immer größeren Zahl von Stadtkämmerern gehört zukünftig die Gebäudewirtschaft nicht mehr zu den Kernkompetenzen kommunaler Daseinsvorsorge, eignet sich also besonders für Ausgliederungen, allemal bei schlechter Kassenlage. Das gilt auch für den Bau von Brücken, Straßen und Tunnels. Im PPP-Verfahren werden der milliardenteure Ausbau der A 8 zwischen Augsburg und München und weitere Autobahnabschnitte gebaut, und auch der Wiederaufbau des Berliner Stadtschlosses mit Kosten von rund 700 Milliarden Euro soll im Rahmen einer Public Private Partnership realisiert werden.

Von privater Seite bläst man bereits zu einem weiteren Angriff auf die kommunalen Bastionen. Ein völlig neues Betätigungsfeld hat die Bertelsmann-Tochter Arvato ausgemacht. Privatisierungsterrain tut sich auf in der kommunalen Verwaltung. Erst in England, jetzt in Deutschland.

Nachdem der in Gütersloh ansässige Teilkonzern des Medienriesen bereits 2005 ins englische PPP-Geschäft eingestiegen ist und die komplette öffentliche Verwaltung des englischen Kreises East Riding in der Nähe von York mit über 320.000 Einwohnern übernommen hatte, wurde dieses Pilotprojekt 2007 auf Deutschland übertragen. In East Riding hat Arvato, zu der Großdruckereien und CD-Presswerke, aber auch Call-Center und verschiedene Service-Gesellschaften gehören, sämtliche kommunalen Dienstleistungen übernommen. Dazu zählen der Einzug von Lokalsteuern, Gehaltsabrechnungen für kommunale Bedienstete, der Unterhalt von einem Dutzend Bürgerbüros und die Abwicklung der gesamten IT-Infrastruktur. Der Vertrag geht über acht Jahre mit einem Umsatzvolumen von 200 Millionen Euro. In England ist diese Praxis inzwischen an der Tagesordnung – und Bertelsmann wittert da ein großes Geschäft.

Und jetzt hat man Deutschland im Visier. Der Anfang wurde im April 2007 in Würzburg gemacht. Arvato übernimmt die Würzburger Kommunalverwaltung und wird die Stadt über eine zentrale Internet-Plattform steuern und die Verwaltung nach den Gesetzen der Planwirtschaft radikal umbauen. »Aus Bürgern sollen Kunden werden«, bemerkte der »Spiegel« am 12. Mai 2007. »Würzburg integriert!« heißt das PPP-Projekt, mit dem die Stadt Würzburg in den nächsten acht Jahren 25 Millionen Euro sparen will. Kernbestandteil des Vertrages der neuen »Rathaus AG« ist die »integrierte Abwicklung aller Verwaltungsleistungen mit dem Ziel einer »besseren Servicequalität, der Vereinfachung der Prozesse und der Beschleunigung der Verwaltungsabläufe«. Als Erstes wurde analysiert, dass die Stadt getrost rund 70 Arbeitsplätze einsparen könne. Bertelsmann verspricht sich den Einstieg in ein lukratives und ausbaufähiges Geschäft

»Die Stadt Leverkusen befindet sich in einer der schlimmsten Finanzkrisen ihrer Geschichte«, meinte Kämmerer Rainer Häusler im Frühjahr 2006.[45] Kein Geld in der Kasse auf der einen Seite, aber demgegenüber drei dringend sanierungs- und modernisierungsbedürftige berufsbildende Schulen der Stadt. Hochtief Solutions kam zum Zug: Planung, Bauleistung und Finanzierung der Sanierungsmaßnahmen mit anschließendem Gebäudemanagement, also der Instandhaltung und Reinigung der Berufsschulen sowie der Verpflegung von mehr als 3.000 Schülern.

Das Bauvolumen von 70 Millionen Euro war für die Stadt, die sich mit einem Nothaushalt über die Zeit hangelte, nicht zu stemmen. Da war ein PPP-Vertrag mit seiner Laufzeit von 29 Jahren nach Meinung des Kämmerers gerade das Richtige. Public Private Partnership war die Rettung, denn Leverkusen verfügte über kein genehmigungsfähiges Haushaltssicherungskonzept. Die Stadt verpachtete die Schulgebäude zunächst an den privaten Investor. Dieser wurde mit den Sanierungsmaßnahmen beauftragt und dazu verpflichtet, anschließend die Gebäude weiter zu betreiben. »Seit Beginn der Bauarbeiten zahlt die Stadt die monatliche Miete gemäß der PPP-Vereinbarung an den Partner, mit der sowohl sämtliche Baumaßnahmen als auch die Kreditkosten abgegolten werden.« Und: »Die Kreditsumme wird dem gesamtstädtischen Kreditvolumen bisher nicht zugerechnet, da der Investor Kreditnehmer bleibt«[46], so der Leverkusener Stadtkämmerer. Und das erschien den Leverkusenern besonders günstig, weil sie sich gegenüber einer Eigenrealisierung Ersparnisse von rund 15 Prozent errechneten.

Das ging so: Die Laufzeit des Leverkusener Projekts – Sanierung, Planung und Finanzierung, Bauunterhaltung und Bewirtschaftung der berufsbildenden Schulen – war auf 29 Jahre angelegt. Da konnte das notwendige Kapital in Form einer üblichen Projektfinanzierung durch die private Seite aufgebracht werden oder aber alternativ, wie in Leverkusen geschehen, durch eine »Forfaitierung« der Entgeltforderungen seitens des privaten Bauunternehmens und der Bank – mit »Einredeverzicht« des öffentlichen Auftraggebers – ein übliches Procedere in deutschen Städten und Gemeinden.

Das bedeutet: Die private PPP-Gesellschaft verkauft ihre gesamten Miet- und Leasingforderungen gegenüber der Stadt an eine Bank, wodurch die Stadt die laufenden Zahlungen jetzt direkt an die Bank zu leisten hat. Der »Einredeverzicht« bedeutet, dass die Stadt die festgelegten Entgelte regelmäßig an die Bank zahlt, allerdings unabhängig davon, ob der private Partner die vereinbarten Leistungen erbringt oder nicht. Der Trick verbessert die Kreditkonditionen ganz erheblich, da es sich jetzt quasi um einen verdeckten zinsgünstigen Kommunalkredit handelt und nicht um einen Kredit zu marktüblichen Konditionen. Das soll die Mietzahlungen der Stadt nach unten drücken.

Der private Investor und die Bank sind dabei auf der »sicheren Seite«, so Werner Rügemer, das Risiko trägt die Stadt. »Der Investor verfügt bereits zu Beginn der Laufzeit über die Gesamtsumme aller während dieser Zeit von der öffentlichen Seite zu zahlenden regelmäßigen Entgelte. Er braucht keinen Kredit aufzunehmen. Die Bank hat die Sicherheit, dass die Entgelte in der vereinbarten Höhe fließen.«[47]

Erfüllt der Investor seinen Vertrag nicht, muss sich die Stadt mit ihm auseinandersetzen. Und »geht der Investor in die Insolvenz, muss die Stadt trotzdem zahlen.«[48] Ein extremes Beispiel dafür, welche Risiken Privatisierungen bergen und wie sie in die kommunale Katastrophe führen können, hat ja die Stadt Berlin mit dem Absturz ihrer Bankgesellschaft erleben dürfen. Aber auch die Stadt Köln kann ein Lied von allzu forscher Privatisierung singen.

Verkauft und dann zurückgemietet: Köln – von allen guten Geistern verlassen

Die Erbauer der Kölner Großsport- und Multifunktionshalle »Kölnarena« rühmen sich immer wieder, Europas größten Hallenbau in privater Initiative realisiert zu haben, ohne öffentliche Mittel und dazu in für ein solches Projekt »rasender« Geschwindigkeit. Ein Hoch der Privatinitiative. Aber das stimmt so nur zum Teil.

Politik und Wirtschaft in Köln waren sich seit Jahren darin einig, dass die Stadt eine große Halle braucht, eine Arena mit 18.000 Sitzplätzen, in der neben Popkonzerten, Musicals und Opernaufführungen, Sport-Events wie Eishockeyspiele, Tennisturniere und Boxnächte veranstaltet werden können, politische Großereignisse ebenso wie Wirtschaftskongresse und die Jahreshauptversammlungen großer Konzerne der Region. Nur: Die Stadt war hoch verschuldet, die Kassen waren leer. Also durfte der Bau der neuen Arena auf keinen Fall die öffentliche Hand belasten. Investoren waren gefragt und wurden gesucht.

Finanziert wurde das Projekt mittels einer »kölschen Lösung«, von dem »Immobilienfonds Köln-Deutz«, einer Gesellschaft des Kölner Bankhauses Oppenheim, gemeinsam mit dem Bauunternehmer Josef Esch. Da die aufwändige Kölnarena allein wirtschaftlich nicht tragfähig schien, wurde sie kurzerhand mit einem anderen Projekt kombiniert. In einer Art »Mantelbebauung« wurde um die Arena herum ein riesiger Bürokomplex geplant.

Der Rat der Stadt Köln verkaufte dem Oppenheim-Esch-Fonds ein städtisches Grundstück – weit unter Marktwert, wie man heute weiß. Dafür aber, so versicherten die Manager des Oppenheim-Esch-Fonds den Politikern, würde man dort nicht nur Deutschlands größte Veranstaltungshalle bauen, sondern für die Stadt Köln auch noch ein neues Rathaus, das sogenannte Technische Rathaus. Der damalige Kölner Oberstadtdirektor Lothar Ruschmeier von der SPD, der »den Beschluss eingefädelt« hatte, so jedenfalls wird kolportiert, ließ sich dafür feiern, Köln nicht nur die »modernste Mehrzweckhalle der Welt« zu bescheren, sondern gleich ein neues Rathaus dazu, »ohne selbst eine einzige Mark zu investieren.«[49]

Der Bau des »Doppelprojekts« wurde über einen geschlossenen Immobilienfonds finanziert. 77 betuchte Personen und Persönlichkeiten brachten die notwendige Investitionssumme von 450 Millionen Euro auf, 150 Millionen für die Arena, 300 Millionen für das Rathaus. Zu den Anlegern gehörten der Kölner Verleger Alfred Neven DuMont, die Familie des verstorbenen Bankiers Freiherr von Oppenheim, der frühere Arbeitgeberpräsident Dieter Murmann, die KarstadtQuelle-Großaktionärin Madeleine Schickedanz und die Industriellenfamilie Werhahn. Für diese Investition wurden den Herrschaften bis 2028 jährliche Mietgarantien und Gewinnausschüttungen von bis zu zehn Prozent und steuersparende Verlustzuweisungen zugesichert.

Indem die Stadt ihrerseits die »Miet- und Ergebnisgarantie« dieses Großprojekts übernommen und Oberstadtdirektor Ruschmeier einen entsprechenden Vertrag über eine Laufzeit von 30 Jahren unterschrieben hatte, muss die Stadt nun für das Rathaus 30 Jahre lang Miete zahlen – insgesamt rund 500 Millionen Euro. Für den zwischenzeitlich verstorbenen Kölner Oberbürgermeister Harry Blum handelte es sich dabei um den »vermieterfreundlichsten Vertrag in ganz Köln«.[50] Und es ist gar nicht sicher, ob er das zynisch gemeint hatte oder ob er davon wirklich überzeugt war.

Nach einem Beschluss des Berliner Landesgerichts kann man ganz ohne die Gefahr einer Klageandrohung behaupten: »Die Anmietung des Rathauses durch die Stadt (Köln) beim Investor Oppenheim Esch auf die 30 Jahre Mietzeit gerechnet, erweist sich ... als ungleich teurer, als wenn die Stadt das Rathaus selbst hätte bauen lassen.«[51] Lothar Ruschmeier wechselte zum Ende seiner Amtszeit und passend zur Eröffnung der Kölnarena 1998 direkt auf einen hochdotierten Posten in der Geschäftsführung der Oppenheim-Esch-Holding.

Freilich, die Stadt Köln hätte ohne den Deal mit dem Oppenheim-Esch-Fonds bei ihren notorisch klammen Kassen vermutlich heute noch keine »Kölnarena«. Nun hat man die Multifunktionshalle, aber auch einen restlos überdimensionierten Bürokomplex am Bein. Und horrende Mietverpflichtungen, die über Jahrzehnte und Generationen hinweg vom Steuerzahler aufgebracht werden müssen, egal was aus dem Technischen Rathaus letztendlich wird. Da garantiert die Stadt sogar die Miete für die 2.500 zum Rathaus gehörenden Parkplätze, selbst wenn sie nicht belegt sind.[52] Und das bei notorisch leeren Kassen.

Dann das Ganze noch einmal: Beim Bau der neuen Kölner Messehallen waren wieder die üblichen Protagonisten zur Stelle. Die Stadtspitze, mit ihren engen Beziehungen zum Bankhaus Sal. Oppenheim, beauftragte die Oppenheim-Esch-Holding mit dem Bau. Dafür hatte sich die Stadt als Mehrheitsgesellschafter der Koelnmesse GmbH gegenüber Oppenheim Esch verpflichtet, 30 Jahre lang den jährlichen Mietzins für den Neubau in Höhe von knapp 21 Millionen Euro zu zahlen. Alles in allem summierten sich, so Werner Rügemer, die auf der Kalkulation des Investors basierenden Beträge bis 2035 auf 800 Millionen Euro.[53] Abgewickelt wurde das Geschäft wieder über einen geschlossenen Immobilienfonds mit einschlägiger Unternehmerriege und garantierter Rendite und steuerlicher Verlustzuweisung.

Unter dem Titel »Milliarden-Monopoly« hatte im Juli 2005 eine WDR-Sendung über die engen Beziehungen zwischen der Kölner Stadt-Spitze und dem Bankhaus Sal. Oppenheim berichtet, dem Hauptfinanzier der Holding. Der Vorwurf: Köln hätte 360 Millionen Euro sparen können, wenn die Stadt den Bau der Messe-Nordhallen nicht über die Oppenheim-Esch-Holding, sondern über Kommunalkredite finanziert hätte. Ohnehin sei die Auftragsvergabe auf »nicht demokratischen« Wegen zustande gekommen. Es habe keine öffentliche Ausschreibung gegeben. Und Angebote, die bis zu 200 Millionen Euro günstiger gewesen sein sollen als die von Oppenheim Esch, seien schlicht ignoriert worden.

Die Mietsumme sollte durch die Untervermietung der neuen Hallen an die Koelnmesse GmbH erwirtschaftet werden. Sollte die Messe GmbH die Mieten nicht mehr aufbringen können oder gar zahlungsunfähig werden, müsste die Stadt Köln die Miete allein aufbringen. »Um sich abzusichern, setzte der Investor durch, dass die Stadt die Mietgarantie übernimmt«, weiß Werner Rügemer. »Das ist eine übliche Fußangel: Öffentlich wird die Risikofreude der Investoren gelobt, im Kleingedruckten wird aber die öffentliche Hand verpflichtet, den Gewinn des Investors notfalls mit Steuergeldern zu finanzieren.«[54] Und die vom Bürger gewählten Vertreter lassen sich auf solche Deals ein und setzen sie auch noch durch.

Shopping-Malls und Fußballstadien – Die Privatisierung des öffentlichen Raums

Sie heißen »Arkaden«, »Forum«, »Galerie«, »Colonaden«, »Promenaden«, »Piazza« – die Einkaufszentren und Shopping-Malls, die das Bild vieler deutscher Städte »zieren«. Nahe den Innenstädten, am besten mittendrin, verwirklichen die Stadtverantwortlichen mit Hilfe williger Architekten und starker Investoren ihrer Einschätzung nach eine »neue Urbanität«, eine Urbanität, die »ihre« Städte wiederbeleben soll. Nicht mehr auf der »grünen Wiese« entstehen heute die »Einkaufs-Paradiese«, sondern Downtown, in besten Lagen, bevorzugt als »City«, als neue Mitte in der Stadt. Da werden riesige Grundstücke ausgewiesen und neu betoniert, vielfach in Kombination mit alten historischen Innenstadtfassaden, die als Hülle für die Einkaufszentren dienen. Gerade erst wurden die neuen »Schloss-Arkaden« in Braunschweig hinter der rekonstruierten Außenkulisse des alten Stadtschlosses eröffnet, und in Saarbrücken muss demnächst die von Martin Gropius errichtete, unter Denkmalschutz stehende, »Königlich preußische Bergwerksdirektion« dran glauben: Sie wird Shopping-Mall in bester Lage.

Zunehmend legen Einkaufscenter und Malls die Innenstädte lahm. Sie besetzen nicht nur die geografische Mitte der Stadt, sondern sie verändern sie auch maßgeblich. Natürlich unter ästhetischen Gesichtspunkten, aber viel entscheidender: in ihrer sozialen Struktur. Der bislang öffentliche Raum wird zu privatem Terrain – uniform, nur noch zu bestimmten Zeiten begehbar, und schon gar nicht für jedermann. Denn es gilt das Recht der neuen Eigentümer und Vermieter. Sie haben die Hoheit über Zehntausende Quadratmeter Innenstadt. Sie wollen ihre Klientel, Menschen, die kaufen und konsumieren, die Geld dalassen. Der »Center-Manager« bestimmt, wem wessen Nase passt, setzt seine Regeln um. Er hat das Hausrecht und damit auch die Möglichkeit des Hausverbots. Der Bürger ist plötzlich »nicht mehr Herr im eigenen Haus«, in seiner Stadt. Für viele Menschen wird »öffentlicher Raum« zur unfreiwilligen »No-Go-Area«.

Das, was Stadt eigentlich ausmacht, wird systematisch und geplant zurückgedrängt durch die Privatisierung des »öffentlichen Raums«. Der Architekt Holger Pump-Uhlmann (»Angriff auf die City«) stellt die Frage, wie die Stadt zukünftig wohl aussehen wird: »Das idealisierte Geflecht anonymer Individuen, die gesittet miteinander umgehen zwischen Wohnen, Arbeit, Verkauf, Kultur und Verkehr? Oder die mittelschichtorientierte, auf Verkauf und Event ausgerichtete Stadtform, aus der Wohnen und Arbeiten weitgehend verdrängt sind?«[55]

Eines der von dieser Tendenz europaweit am stärksten profitierenden Unternehmen ist die der Familie Otto (Otto-Versand) gehörende ECE Projektmanagement GmbH & Co. KG in Hamburg. Im Bereich innerstädtischer Einkaufszentren ist ECE mit Abstand Marktführer in Europa. Vorsitzender der Geschäftsführung ist Alexander Otto, jüngster Sohn des Unternehmensgründers Werner Otto. ECE betreibt und managt rund 90 riesige Shopping-Center mit knapp 2,5 Millionen Quadratmetern Verkaufsfläche und 9.200 gewerblichen Mietern in nahezu allen deutschen Großstädten. Rund zwei Dutzend weitere Shopping-Center sind geplant oder bereits im Bau. Der Jahressumsatz des »Schwesterunternehmens« der otto group beträgt knapp 11 Milliarden Euro.

Zum ECE-Portfolio gehören riesige Einkaufscenter wie das erweiterte Alstertal-Einkaufszentrum in Hamburg mit 240 Fachgeschäften auf 59.000 Quadratmetern Einkaufsfläche, die Potsdamer Platz Arkaden in Berlin mit 40.000 Quadratmetern Einkaufsfläche und 120 Geschäften, das Ettlinger Tor Karlsruhe mit 33.000 Quadratmetern und 130 Fachgeschäften. Und wie sie sonst noch alle heißen: City-Arkaden Wuppertal, Allee-Center Magdeburg,

Rathaus-Center Dessau, City-Galerie Augsburg, Altmarkt-Galerie Dresden, City-Point Kassel, Stern-Center Potsdam. Hinzu kommen die »Colonaden und Promenaden« der Bahnhöfe Köln, Hannover und Leipzig. Das sind natürlich nur einige wenige Hausnummern. Gebaut wird in Passau, Saarbrücken, Leverkusen und Ludwigshafen. In Oldenburg kämpft ECE gegen den Willen der Bürger und die Denkmalpflege um ein Shopping-Center direkt neben dem Schloss.

Das immer gleiche Argument der ECE-Manager: Shopping-Center bringen Leben in die Innenstädte, sind die Alternative zur »grünen Wiese« und sagen der »Verödung« der Innenstädte den Kampf an. Und obendrein das Wichtigste: Sie versprechen hohe Umsatzsteigerungen in der Stadtmitte und satte Renditen. Dazu würden sie Arbeitsplätze schaffen, seien sicher und immer kontrolliert, was sich letztendlich kostengünstig auf die Kommune auswirke. Einkaufszentren als »Wohlfühl-Oasen«. Wer schert sich da noch um die vielen Wachmänner und Überwachungskameras. »Ob in Schwerin, Magdeburg, Bautzen, Wetzlar oder Bayreuth – die Einkaufsgalerien sorgen für lebendige Marktplätze und bringen Schwung in den City-Einzelhandel«, jubelt das ECE-Management, währenddessen der innerstädtische Einzelhandel ob der neuen Konkurrenz durchschnittliche Umsatzeinbußen von bis zu 30 Prozent beklagt, wenn ECE die City übernimmt.

ECE plant und baut die öffentlichen Räume weiter zu. »Der Trend geht zum spektakulären Shopping-Erlebnis mit umfangreichen Serviceangeboten, bekannten Marken und Wareninszenierungen.« Große Wachstumspotenziale werden auch im Gastronomiebereich versprochen. »Attraktive Angebote wie etwa Foodcourts erhöhen nachweislich die Aufenthaltsdauer der Centerbesucher.« Einen weiteren Trend sieht ECE im »zunehmenden Einsatz von modernen Kundenbindungsinstrumenten wie Center-Cards, also Kreditkarten in Kooperation mit Banken, Einkaufsgutscheinen und Parkwertkarten«. Und dann soll es da noch Dienstleistungseinrichtungen aller Art geben: Post, Banken, Behörden, Ärzte sowie Fitness- und Wellness-Center. Ein lebhafter öffentlicher Marktplatz, eine durchkommerzialisierte Shopping-Mall. Da hat auch das Notdürftigste seinen Preis. Im Kölner Hauptbahnhof ist der Toilettengang für den ankommenden Reisenden umständlich und teuer. Der Center-Manager wird's schon richten.

»Öffentliche Räume« sind nach der Definition des Soziologen Georg Glasze Gebiete in staatlichem oder kommunalem Besitz, die auch von der öffentlichen Hand verwaltet werden, Orte, die für alle zugänglich sind und in denen Öffentlichkeit hergestellt wird. Dabei liegt die Bedeutung des öffentlichen Raums vor allem im letzten Punkt: »Die Präsenz aller sozialen Gruppen in der Öffentlichkeit und ihre Mitwirkungsmöglichkeit an der politischen Willensbildung als Grundlage einer demokratischen und sozialen Gesellschaftsordnung.«[56]

Idealtypisch beschreibt der Deutsche Städtetag den öffentlichen Raum als »tragende Struktur der europäischen Stadt«. Danach gibt der öffentliche Raum den Städten nicht nur »ihr Gesicht, ihre Essenz, ihre Identität«, sondern bildet durch Straßen, Plätze und Parks auch die Bühne für soziales, wirtschaftliches und kulturelles Leben, »die Schauplätze von Arbeit und Konsum, von Armut und Reichtum, von Festen und politischen Aktionen«. Und ganz idealistisch: »Zugänglich für jedefrau und jedermann, zweckfrei und ohne besondere Legitimation ist der öffentliche Raum zugleich der Inbegriff und das Symbol für Gleichheit, Toleranz und demokratische Stadtkultur.«[57] Der öffentliche Raum sei »kein Luxus«, heißt es, seine Nutzung und Gestaltung »nicht nur aus Gründen des Stadtmarketings und zur Förderung des Städtetourismus ein Anliegen der Wirtschaftsförderung«, sondern »eine zentrale Aufgabe der kommunalen Daseinsvorsorge«. Und der Deutsche Städtetag ist sich sicher, dass eine Stadt, die sich nicht um ihre öffentlichen Räume kümmert, eine bedeutende Chance »zur Stärkung der Identität und Integration ihrer Bürgerinnen und Bürger, zu mehr Geschlechter- und Generationengerechtigkeit«[58] ungenutzt lässt. Fazit: Der öffentliche Raum muss zu jeder Zeit uneingeschränkt für alle Bürgerinnen und Bürger sowie die Gäste der Stadt zugänglich sein.

Wenn es also stimmt, dass der öffentliche Raum das größte »soziale und kulturelle Kapital der Städte« ist, und dass die »Privatisierung öffentlicher Räume, die Übernutzung und Kommerzialisierung« ebenso verhindert werden müssen wie die »Verödung, gestalterische Vereinheitlichung und Banalisierung«[59], dann wundert einen die Realität in vielen Großstädten schon. Die Losung des Deutschen Städtetages »Keine Zukunft für die Stadt ohne Zukunft für den öffentlichen Raum« bei gleichzeitiger Propaganda privaten Investments in Einkaufspassagen und Malls funktioniert nur bedingt. Da wird die Umgestaltung von Straßen und Plätzen der Innenstädte als Standortvorteil gegenüber konkurrierenden Kommunen zwar gepriesen, gleichzeitig aber die Forderung nach uneingeschränkter Zugänglichkeit und öffentlicher Nutzbarkeit mit allen Möglichkeiten der Kommunikation verlangt. Selbst wenn in einer Mall – wie es vielfach geschieht – auch städtische Funktionen integriert werden oder die Mall zu einem sozialen Treffpunkt wird, handelt es sich eigentumsrechtlich um privaten Raum. Mit privatem Hausrecht.

Die meisten Städte sind nicht zuletzt ihrer leeren Kassen wegen froh, wenn private Investoren auch auf ihrer Gemarkung Malls und Einkaufscenter bauen wollen. Da veräußert man schon mal gerne ein großes Areal, auch wenn das stadtplanerisch nicht klug ist. »Hamburg wird sogar das Kernstück eines neuen Viertels, der so genannten Hafencity, Investoren überlassen«, beklagt die »Zeit«.[60] Die Kommunalpolitiker frohlocken über neue Arbeitsplätze, ohne freilich zu bedenken, dass jede neue Mall kleine städtische Einzelhandelsgeschäfte »wegbeißt«, sie bejubeln Steuergelder, von denen nicht einmal sicher ist, ob sie der Investor auch vor Ort entrichtet. Schnell sind sie aber dabei, kommunale Kompetenzen an die Wirtschaft abzutreten, allemal wenn ein Investor eine »Industriebrache« der Stadt bebauen will.

»Die Entwicklung der geplanten Einkaufszentren zeigt exemplarisch eine Tendenz, immer mehr Funktionen in Räumen anzusiedeln, die sich im privaten Eigentum befinden. Viele finanzschwache Kommunen in Deutschland sind sogar sehr daran interessiert, dass Straßen und Plätze neu errichteter Baublöcke und Stadtviertel (z. B. Europaviertel Frankfurt/Main, Potsdamer Platz Berlin) im Privateigentum bleiben: Sie sparen auf diese Weise die Erschließungskosten. Die Gestaltung des Wegerechts in diesen Gebieten wird in der Regel durch Verträge zwischen der Kommune und dem Investor ausgehandelt.«[61] Georg Glasze kommt zu dem Schluss, dass Leistungen, die in den Wohlfahrtsstaaten des 20. Jahrhunderts »egalitär und flächendeckend von der öffentlichen Hand bereitgestellt wurden«, heute vielfach privatwirtschaftlich organisiert werden. »Dabei werden nicht Orte geschaffen, die von möglichst vielen Gruppen der Gesellschaft angeeignet werden können, sondern Orte und Gebiete für strategisch ausgewählte Teile der Gesellschaft.«[62]

Beispiel Berlin: Kritiker bemängeln den weitgehenden Ausverkauf des Bezirks Mitte und des Potsdamer Platzes an private Investoren, womit die Stadt die Kontrolle über die Innenstadt weitgehend verloren habe. Auch hier bedeute die Privatisierung der Stadt die weitgehende Unterordnung öffentlicher Belange unter die »Interessen der Verwertungspolitik des Marktes«. Das bleibt nicht ohne Folgen für die Struktur der Städte. Etwa bei der Privatisierung des öffentlichen Raums am Potsdamer Platz.[63]

Am Exempel des Sony Centers am Potsdamer Platz zeigt Georg Glasze den Unterschied zwischen »gewachsenen« Geschäftszentren der Innenstädte und »geplanten Einkaufszentren« auf. So befinden sich hier auch die Wege zwischen den einzelnen Geschäften und Komplexen nicht in öffentlichem Eigentum. Daher gilt das private Hausrecht, und das Management legt durch die Hausordnung die »öffentliche« Ordnung fest. Bei Zuwiderhandlungen gegen einen straffen Verbotskatalog wird mit Center-Verbot und strafrechtlicher Verfolgung wegen Hausfriedensbruchs gedroht. Auch bei den vom ZDF während der Fußball-WM 2006 öffentlich übertragenen Veranstaltungen befanden sich alle Fußballfans als Gäste des Sony Centers in einem vermeintlich »öffentlichen Raum«. Der Marktplatz als öffentlicher Raum verschwindet und wird durch private Einkaufszentren und Erlebniszonen ersetzt, in denen das Hausrecht der Besitzer die Polizei zunächst ausschließt. Geregelt wird auf »eigene Faust«. »So erinnert die Architektur des als ›öffentliches Forum‹ bezeichneten zentralen Platzes des Sony Center an einen Marktplatz der Bürgerstadt. Letztlich manifestiert sich damit ein konkurrierendes Leitbild von ›öffentlichem Raum‹: ein physischer Raum, der für Konsum, Erholung und Unterhaltung offen zugänglich ist – allerdings nur für die passende Klientel.«[64]

Und so sieht die Realität in vielen deutschen Innenstädte aus: Einkaufspassagen, Shopping-Malls und vielfach auch Fußgängerzonen bilden privatisierten öffentlichen Raum. Private Sicherheitsdienste, die immer mehr zur Boombranche werden, wachen darüber, wer sich in diesen Räumen aufhalten darf und wer nicht. Selbst Innenstadtbereiche, die eigentlich öffentlicher Raum sind, Fußgängerzonen beispielsweise, werden in stiller oder auch offener Übereinstimmung von Handel und Kommune nicht selten von Obdachlosen, Drogenabhängigen und Punks »gesäubert«, analog zu den U- und S-Bahnen. Sicherheitsdienste patrouillieren in Geschäftsvierteln. Das sei man den Händlern und den Kunden schuldig, heißt es dann auf Nachfrage. Überhaupt nimmt die Präsenz privater Sicherheitsdienste rasant zu: Nicht nur in Fußgängerzonen und Einkaufszentren, auch in und um die Fußballstadien oder bei öffentlichen Events, man findet sie als Ladendetektive für gleich mehrere Läden der Innenstadt oder als Türsteher vor Diskotheken.

Das ideologische Unterfutter zur Privatisierung öffentlicher Räume liefert die vom Otto-Konzern im Jahr 2000 initiierte gemeinnützige Stiftung »Lebendige Stadt«. Otto brüstet sich, dort alles, was Rang und Namen hat, aus Politik, Wirtschaft und Kultur versammelt zu haben. Und tatsächlich: Viele machen mit. Minister, Architekten, Beamte, wie die »Süddeutsche Zeitung« am 6. Oktober 2006 vermerkte: »Eine Stiftung als Feigenblatt«. Oder:

»Eine Melange aus wirtschaftlicher Macht und politischer Ohnmacht.« Dem Kuratorium der Stiftung, die sich die aktive Mitgestaltung der Städte zum Ziel gesetzt hat, gehören neben dem ECE-Chef Alexander Otto der Innenminister Sachsens, der Ministerpräsident Schleswig-Holsteins, die Oberbürgermeister von Düsseldorf und Köln und hochrangige Beamte aus den Berliner Ministerien an. So wird der »Freiraum« Stadt zum Zweckraum, legen sich die Politiker selbst städtebauliche Handschellen an. »Die Stiftung betreibt hier also ein machtvolles Netzwerk, das von der ECE genutzt werden kann. Das nicht zu sehen wäre naiv« – so die »Süddeutsche Zeitung«.

In Hamburg gibt es eine besonders enge Verflechtung zwischen ECE und Politik. Mit Andreas Mattner und Robert Heinemann sitzen gleich zwei ECE-Manager in der Hamburger Bürgerschaft. Heinemann ist obendrein noch bildungspolitischer Sprecher der CDU im Rathaus, ECE-Geschäftsführer Mattner Vorstandsvorsitzender der »Lebendigen Stadt«.

Die Privatisierung der Städte ist in vollem Gange. Dabei gibt es für private Investoren noch viel Geld abzuschöpfen. Plätze, Parks und Grünanlagen können privaten Sponsoren zur Gestaltung überlassen werden, bei entsprechenden Namensgebungen und Vermarktungsmöglichkeiten. Als Gegenleistung bieten private Nutzer der Öffentlichkeit ein Optimum an Sicherheit – durch Wachdienste und eine perfekte Videoüberwachung in »ihren« Anlagen. Die Straßenbeleuchtung steht zur Privatisierung an, und sind denn wirklich schon alle zur Verfügung stehenden Freiflächen von Werbung überzogen? Die plakatierte Stadt – Werbeterror ohne Ende!

Der Sponsor hat das Sagen. So auch in einem weiteren eigentlich weitgehend öffentlichem Raum: dem Fußballstadion. Auch hier haben, von den Stadtoberen sanktioniert, Privatisierung und Marketing Einzug gehalten, dass es vielfach schon an Nötigung grenzt. Da wurde aus dem Hamburger Volksparkstadion kurzerhand die »AOL Arena« (neuerdings »HSH Nordbank Arena«), aus Hannovers Niedersachsenstadion die »AWD-Arena«, aus dem Waldstadion in Frankfurt die »Commerzbank-Arena« und in München entstand gleich die neue »Allianz-Arena«. Die Stadionbetreiber verpflichten sich, Marketing für den jeweiligen Namensgeber zu betreiben, Konkurrenz nicht zuzulassen. Wo bleibt da die viel beschworene Freiheit des Bürgers, auch seine Marktfreiheit?

Private Sicherheitsdienste rund um die Fußballarenen, die eigentlich öffentliches Territorium und keineswegs immer im Besitz des entsprechenden Fußballclubs sind, bestimmen die Szene. Der Bewegungsradius wird aus

Motiven der Sicherheit immer weiter eingeengt. Man denke nur an die Fußball-Weltmeisterschaft 2006: Da wurden ganze Territorien und sogenannte Fanmeilen kurzerhand zu privaten Zonen erklärt und in die Befugnis der Fifa-Herrschaft gestellt. Zurückdrängung des öffentlichen Raums auch durch den zunehmenden Verkauf von Einrichtungen und Namensrechten an Großkonzerne. Es dürfte also nur eine Frage der Zeit sein, wann die Fußballfans an den U-Bahn-Stationen »Commerzbank-Arena« oder »Allianz-Arena« aussteigen.

Abgehängt in der Provinz – Private Anbieter im öffentlichen Nahverkehr

Noch fährt der Bus – bis ins letzte Dorf, weit abgelegen von der Stadt. Der öffentliche Nahverkehr kommt seiner Verpflichtung nach, für die Mobilität seiner Bürger zu sorgen, auch außerhalb der Ballungsräume – zumindest durch einen mehr oder weniger regelmäßigen, vor allem aber verlässlichen Verkehr, der es ermöglicht, dass Menschen auch ohne Auto die Orte ihrer Wünsche erreichen können. Das Rathaus, das Theater, den Arzt, die Schule.

Selbstverständlich ist das schon lange nicht mehr, seit viele Buslinien oder Schienenstränge immer defizitärer wurden. Viele Kommunen suchen daher ihr Heil in der Privatisierung. Was aber, wenn dann die Fahrkarten allzu teuer werden, wenn die Provinz nur noch sporadisch oder gar nicht mehr angefahren wird, wenn Schüler nicht mehr zur Schule kommen? Dann muss die Kommune notgedrungen wieder einspringen, den privaten Investor womöglich subventionieren oder den Fahrbetrieb selbst mehr schlecht als recht aufrecht erhalten. Denn der private Investor ist nach der Logik des Marktes ja nur an lukrativen Strecken interessiert, also an den Teilen des öffentlichen Nahverkehrs, mit denen sich gutes Geld verdienen lässt. Für alles andere muss die öffentliche Hand gerade stehen, was die Frage erlaubt: Warum denn dann privatisieren?

Immer mehr Leistungen im öffentlichen Personennahverkehr, eigentlich ein traditioneller Bereich der kommunalen Wirtschaft, werden innerhalb privatrechtlicher Beteiligungsgesellschaften oder ganz von privater Hand erledigt. Denn bundesweit sind Verkehrsgesellschaften vielfach äußerst kostspielige Zuschussbetriebe, die nur durch Quersubventionen, zum Beispiel aus den Gewinnen der städtischen Elektrizitätswerke, am Laufen gehalten werden konnten. Doch die kommunalen Energieversorger sind vielfach auch schon längst verkauft, die einmaligen Einnahmen ausgegeben worden.

Trotzdem befindet sich der überwiegende Teil des öffentlichen Nahverkehrs immer noch unter dem Dach der Kommunalverwaltung, im Eigenbetrieb oder im Besitz von Zweckverbänden. 25 Prozent der öffentlichen Unternehmen sind in eine GmbH ausgegliedert oder in andere Rechtsformen, mit dem Ziel höherer organisatorischer Autonomie. Knapp 20 Prozent des öffentlichen Nahverkehrs fährt in einer gemischtwirtschaftlichen Struktur, rund zehn Prozent sind mehrheitlich in der Regie privater Unternehmen oder freier Träger. Insgesamt lässt sich sagen: Die Mehrzahl der Unternehmen im öffentlichen Personennahverkehr gehören, auch wenn sie in privatwirtschaftlicher Struktur fahren, immer noch der öffentlichen Hand.

Beispielsweise Berlin: Hier sind die Berliner Verkehrsbetriebe (BVG) verantwortlich für das Bus-, Straßenbahn- und Bahnnetz der Hauptstadt. Sie betreiben Bus, Tram und U-Bahn als Anstalt des öffentlichen Rechts. Die S-Bahn Berlin GmbH, Betreiber der Berliner Stadtbahn, ist eine 100-prozentige Tochter der Deutschen Bahn AG, die, obwohl noch im Besitz des Bundes, privatwirtschaftlich betrieben wird und demnächst an die Börse soll. Der Deutschen Bahn gehören auch die zum öffentlichen Nahverkehr zählenden Regionalzüge, die ebenfalls Anbieter im Verkehrsverbund Berlin-Brandenburg sind. Unterhalb der kommunalen BVG operieren allerdings zahlreiche privatwirtschaftlich geführte Tochterunternehmen. Zum Beispiel die BT Berlin Transport GmbH, zuständig für die Fahrdienstleistungen im Bereich von Bus, Straßen- und U-Bahn, und die GFG Wohnen GmbH, der über 5.000 Wohnungen gehören. Die ausgegliederten privatwirtschaftlich geführten Subunternehmen sind nicht an den Tarifvertrag im öffentlichen Dienst gebunden. Der Berliner Senat plant jetzt verstärkt die Öffnung seiner Verkehrsbetriebe für private Anleger.

Die Städte brauchen diese Infrastruktur: Ein intakter und reibungsloser öffentlicher Personennahverkehr, mit einem gut erreichbaren Streckennetz und komfortablen Bahnen und Bussen, ist heute das Markenzeichen einer prosperierenden Stadt, einer dynamischen Gemeinde oder einer vernetzten Region und ein nicht zu unterschätzender »Standortfaktor für die Wirtschaft«.

Ursprünglich waren die großen Verkehrsbetriebe in Deutschland Gründungen privater Geldgeber. Die Kommunen trauten der neuen Technik nicht und scheuten die hohen Investitionen in eine unbestimmte Zukunft.

Noch 1902 gründeten das Unternehmen Siemens und die Deutsche Bank die Gesellschaft für die Elektrische Hoch- und Untergrundbahn in Berlin.

Erst ab der Jahrhundertwende und verstärkt nach dem Ersten Weltkrieg wurden die Verkehrsbetriebe kommunalisiert. Nicht zuletzt wegen des immer stärker werdenden Fahrgastaufkommens und eines ständig steigenden Investitionsbedarfs, auch für Strecken, die in privater Hand als eher unrentabel galten, wurde der öffentliche Personennahverkehr zur gesamtgesellschaftlichen Aufgabe erhoben, der nicht ausschließlich privaten, auf Rendite ausgerichteten Geschäftsleuten überlassen werden durfte. In einem Papier der »AG Privatisierung« des Aktionsbündnisses attac liest sich das so: »Ein privater ÖPNV oder ein staatlicher ÖPNV, der privatwirtschaftlich organisiert ist und ›wettbewerbsfähig‹ sein will, kann aber, will er auf dem freien Markt bestehen, eigentlich keine solidarischen Lösungen mehr anbieten, denn das wäre nach kapitalistischer Logik potentiell wettbewerbsschädigend und ineffizient.«[65]

Jahrzehntelang standen weitgehende Privatisierungen im öffentlichen Nahverkehr nicht zur Debatte. Erst seit etwa 1990 begann der »Trend zur Privatisierung«, der sich nicht zuletzt auf die sich immer stärker durchsetzende neoliberale Argumentation stützte, die behauptete, Private könnten den Verkehr erfolgreicher betreiben, da sie beweglicher seien und sich schneller am Markt orientieren können. Dieser Trend kam den klammen Kassen der Städte und Gemeinden gerade recht. Denn »private Anbieter sind nicht zuletzt deshalb im Vorteil, weil ihre Angestellten meist weniger verdienen als ihre Kollegen im öffentlichen Dienst«[66]. Denn: »Im privaten Busgewerbe liegen die Tarifentgelte um rund 20 Prozent unter denen im öffentlichen Dienst. Großanbieter können zudem Material wie Busse und Straßenbahnen günstig einkaufen.«[67]

Die DB Stadtverkehr GmbH mit Sitz in Frankfurt am Main, eine 100-prozentige Tochter der Deutschen Bahn AG, führt die Geschäfte der Bahn im Stadtverkehr, teilweise »eigenwirtschaftlich« oder im Auftrag von Städten und Landkreisen. Der Straßenpersonenverkehr ist nach Marktanalyse der Deutschen Bahn mit einem Volumen von rund 14 Milliarden Euro etwa doppelt so groß wie der des Schienenpersonennahverkehrs. Der DB Stadtverkehr, die etwa einen jährlichen Umsatz von knapp 2 Milliarden Euro erwirtschaftet, gehören bundesweit über 20 große Busgesellschaften, in Berlin und Hamburg auch die S-Bahnen. S-Bahnen in anderen deutschen Ballungsgebieten werden auch betrieben von der DB Regio AG.

Zu den bedeutendsten Tochterunternehmen der DB Stadtverkehr, die »richtig« privat erst mit dem Börsengang der Deutschen Bahn AG werden soll, gehören unter anderen der Busverkehr Rhein-Neckar, der Busverkehr Ostwestfalen, Regionalbus Ostbayern, Omibusverkehr Franken und Regionalverkehr Oberbayern. Die DB Stadtverkehr ist die Antwort der Bahn auf die europaweite Liberalisierung und die damit einhergehende sich immer stärker »abzeichnende Öffnung im innerstädtischen Verkehrsmarkt«, in der die Bahn durch »Allianzen mit kommunalen Verkehrsunternehmen und die Verbindung von Schienenfahrzeugleistungen mit Stadtbussystemen, Stadtbahn oder U-Bahnen ein großes Wachstumspotenzial« sieht. 440 kreisfreie Städte und Landkreise wollen bedient werden.

Das freilich sehen andere private Anbieter ebenso. Vor allem, wo es für regional schwächere Routen, die mit zum Portfolio gehören, immer noch Zuschüsse aus öffentlichen Kassen auch für die privaten Anbieter gibt, »etwa um Sonderkonditionen im Berufs- und Schülerverkehr oder Verluste aus nicht rentabel zu betreibenden Strecken auszugleichen«.

Neben der Deutsche Bahn AG ist der führende private Anbieter in Deutschland die französische Veolia-Gruppe. Die Veolia Verkehr GmbH gehört zur international tätigen Veolia Transport Group, die überwiegend in Europa, Nordamerika und Australien tätig ist und 2005 in die für Mitteleuropa zuständige Veolia Transport Central Europe GmbH mit Sitz in Berlin integriert wurde. In Europa ist Veolia besonders in Frankreich und Schweden aktiv, in Stockholm kontrolliert sie den gesamten Stadtverkehr. Weltweit befördern 55.000 Veolia-Beschäftigte mit über 24.000 Fahrzeugen jährlich 1,5 Milliarden Fahrgäste. Veolia Transport ist die weltweite Marke für den privaten Nahverkehr der Veolia-Environnement-Gruppe, zu der unter anderem auch die Geschäftsfelder Wasserversorgung- und -entsorgung gehören sowie Unternehmen in den Bereichen Energie und Umweltservice. In Deutschland ist der Veolia-Konzern, der einen jährlichen Umsatz von 25 Milliarden Euro generiert, an 80 Standorten aktiv.

Hierzulande arbeitet Veolia mit rund 20 kommunalen Verkehrsbetrieben zusammen und bringt 1.250 Busse sowie 26 Straßenbahntriebwagen auf die Straßen. Im Schienenpersonennahverkehr ist die Veolia mit 190 Dieseltriebwagen und 15 Wagenzügen mit Diesel- und Elektroloks auf rund 40 Linien unterwegs. Sie betreibt in Deutschland mehrere Bahnstrecken und mit zahlreichen Stadtwerken gemeinsam den öffentlichen Personennahverkehr und ist darüber hinaus stark im regionalen Busgeschäft engagiert. Zu den rund

40 Veolia-Gesellschaften gehören unter anderen die Verkehrsgesellschaft Görlitz, der Personenverkehr Müritz, die Schöneicher-Rüdersdorfer Straßenbahn, die Heidenheimer Verkehrsgesellschaft und der Stadtbus Schwäbisch Hall.

Den kompletten Nahverkehr privatisierte Mitte 2006 als erste deutsche Großstadt gegen den zum Teil erheblichen Widerstand der Bevölkerung das badische Pforzheim. Veolia Verkehr übernahm nach einer europaweiten Ausschreibung 51 Prozent der kommunalen Verkehrsbetriebe SVP Stadtverkehr Pforzheim GmbH & Co. KG, für die Stadt bis dato ein immer währendes Minusgeschäft. Veolia will jetzt die rund 80 Busse durch drastisches Kostenmanagement in die schwarzen Zahlen fahren. Vertraglich festgelegt bestimmt nun der französische Konzern den Busbetrieb Pforzheims bis 2016. Allerdings bleibt die Infrastruktur rund um den Busbetrieb, zum Beispiel die Haltestellen, in städtischem Eigentum.

Als Alternative zum Kommunalen und als einer der »führenden nationalen Dienstleister des öffentlichen Personennahverkehrs in Deutschland« preist sich die Rhenus-Keolis-Gruppe an, ein Gemeinschaftsunternehmen des französischen Nahverkehrsunternehmens Keolis und der zur deutschen Rethmann-Gruppe gehörenden Rhenus. »Wir wachsen stärker als der für private Unternehmen geöffnete Markt«, heißt es da. Im Portfolio von Rhenus Keolis: die Verkehrsgesellschaft Zweibrücken mit dem gesamten Nahverkehr der pfälzischen Kommune, der Stadtverkehr Idar-Oberstein oder der öffentliche Nahverkehr im Stadtgebiet von Bad Kreuznach.

Auch Arriva Deutschland ist hierzulande auf dem Vormarsch. Das Tochterunternehmen der britischen Arriva plc, mit über 6.000 Bussen einer der großen privaten Anbieter im öffentlichen Nahverkehr Großbritanniens und zwischenzeitlich mit 30.000 Beschäftigten europaweit aktiv, begann seine Deutschlandaktivitäten 2004. Zu Arriva Deutschland gehören unter anderem die Prignitzer Eisenbahn Gruppe (PE Arriva AG) und die Verkehrsbetriebe Bils. Arriva betreibt Bus- und Bahnlinien in Nordrhein-Westfalen, Niedersachen, Brandenburg und Mecklenburg-Vorpommern. Anfang 2007 verkaufte der Kreistag des Landkreises Spree-Neiße 80 Prozent der Neißeverkehr GmbH in Guben an die 100-prozentige Arriva-Tochter Autobus Sippel GmbH.

»Sommerschlussverkauf der Landesregierung bei ÖPNV-Unternehmen – Möllring plant weitere Privatisierungen«[68] titelten Bündnis 90/Die Grünen im Juni 2006 und warfen dem niedersächsischen Finanzminister vor, bei den

ÖPNV-Unternehmen einen »Kahlschlag« zu betreiben. So wie andere Länderminister auch, sucht Möllring sein Heil in der Privatisierung öffentlichen Eigentums, um auf diese Weise finanzielle Löcher zu stopfen und die Verantwortung für als unrentabel definierte Betriebe loszuwerden. Auf der Agenda der Niedersachsen unter anderen: die dem Land und Kommunen gehörenden Osthannoversche Eisenbahnen AG (OHE) und Eisenbahnen und Verkehrsbetriebe Elbe-Weser GmbH (EVB).

2007 war es dann so weit: Die Osthannoversche Eisenbahnen AG mit ihren zahlreichen Tochtergesellschaften und einem mehrere Hundert Kilometer umfassenden Eisenbahnnetz in Niedersachen ging aus dem Besitz des Landes und aus kommunalem Eigentum zu knapp 83 Prozent an Arriva.

Ob die Privatisierung dieser Eisenbahngesellschaften für die Kunden mittelfristig Vorteile haben wird, bleibt abzuwarten. Allein die Tatsache, dass aus einem öffentlichen Monopol ein privates wird, bedeutet noch lange nicht ein Mehr an Qualität und Service, an Pünktlichkeit und Preisstabilität. Es schließt das aber auch nicht aus. Vor allem aber bedeutet die Privatisierung des öffentlichen Nahverkehrs eins: Die neuen Besitzer wollen Gewinne einfahren – und die lassen sich nur durch Rationalisierung, Einsparungen und eine geringere Personalquote generieren. Und das wirkt sich nur in den seltensten Fällen positiv auf den Verbraucher aus.

Schule und Bildung

Gefährliches Spiel mit der Zukunft: Die Privatisierung der Bildung

Nicht nur die Schulgebäude, auch das bundesdeutsche Bildungswesen selbst wird seit den 1990er-Jahren schrittweise »liberalisiert« und damit privatisiert. Was besonders in Großbritannien weit fortgeschritten ist, soll auch in Deutschland sukzessive umgesetzt werden – auf allen Ebenen der Bildung, vor allem in den Schulen und Universitäten. Wettbewerbselemente und Managementstrukturen werden eingeführt, und die private Finanzierung von Bildungseinrichtungen und auch Bildungsinhalten gehört vielfach schon zum Alltag. Die Kultusbürokratie schafft zunehmend gesetzliche Rahmenbedingungen, um privaten Investoren den Bildungsmarkt schmackhaft zu machen.

Konsens über alle gesellschaftlichen Gruppen hinweg besteht dahingehend, dass Bildung eine Sonderrolle innerhalb der Daseinsvorsorge einnimmt, der Staat die Hoheit über die Bildung hat und auch behalten muss. Eigentlich handelt es sich bei dieser Feststellung um einen Gemeinplatz, denn der Staat ist grundgesetzlich dazu verpflichtet. Aber gerade vor dem Hintergrund des PISA-Desasters, als deutschen Schülern (und Lehrern) hochoffiziell und vor aller Welt schlechte Noten ausgestellt wurden und sich die Politik und Wirtschaft derart erschreckt zeigten, dass sie den »Standort Deutschland« ernstlich in Gefahr wähnten, gerade vor diesem Hintergrund hat der Liberalisierungs- und Privatisierungsdruck im Bildungswesen weiter zugenommen.

Bildung wird plötzlich – obwohl das eigentlich eine immer währende Erkenntnis ist – als Basis aller Innovation und allen gesellschaftlichen Fortschritts, als »Motor für wirtschaftliches Wachstum und Wettbewerbsfähigkeit«[69] gesehen. Nicht nur in Deutschland, in ganz Europa. So definiert die EU-Kommission Bildung als Basisfundament der »neuen« Wissensgesellschaft, setzt also auch im Bildungswesen Parameter wie »Effizienz« und »Wachstum«. Das Bildungssystem und die Bildungsinhalte sollen sich an den »Herausforderungen der Globalisierung« orientieren, an den »Bedürfnissen des Arbeitsmarktes«, an den Maßstäben und Gesetzen der privaten Wirtschaft.[70]

Das bedeutet: Der Staat zieht sich aus dem öffentlichen Bildungswesen immer weiter zurück, zumindest soweit es seinen gesetzlichen Auftrag nicht gefährlich aushöhlt. Und in gleichem Maße, wie der Staat Terrain preisgibt, stoßen private Unternehmen in diese Lücken nach – große Konzerne, Stiftungen, Sponsoren. Und dabei kommen den neoliberalen Strategen und Befürwortern einer möglichst an der Privatwirtschaft orientierten Bildungspolitik die leeren öffentlichen Kassen und die finanzielle Not der Schulen und Hochschulen, so zynisch das klingen mag, gerade recht. Auch das erhöht den Druck, ruft nach einschneidenden Reformen im Bildungswesen, die in dieser Lesart immer neoliberal sein müssen.

Die letzten OECD-Studien, nach denen Deutschland im internationalen Bildungsvergleich wiederum schlechter abgeschnitten hat als seine Nachbarn, haben die Diskussion um »Autonomie und Eigenverantwortung, Wettbewerb und New Public Management, Qualitätssicherung, Evaluation und Ergebnisorientierung«[71] erneut kräftig angefacht. Vor allem wird immer wieder hervorgehoben, dass es im Bildungswesen erhebliche Effizienzreserven zu heben gelte. Man müsse Schulen und Hochschulen nur mit den richtigen »Bewirtschaftungskonzepten« führen. Anstelle politischer Steuerung würden Konzepte des »New Public Management«, wie es so schön heißt, wahre Wunder wirken.[72] Die privatwirtschaftlich organisierte Steuerung der Bildung wird allenthalben propagiert. Für die Gewerkschaft Erziehung und Wissenschaft steht fest: »In Zeiten klammer öffentlicher Kassen und entsprechend geänderter Schulgesetze geraten Bildungseinrichtungen zunehmen in den Sog privatwirtschaftlicher Abhängigkeiten.«[73]

Da gibt es die unterschiedlichsten Ebenen des Einstiegs in die Privatisierung des Bildungswesens. Immer dann, wenn Schulen ihr Know-how, ihre Ansprüche und damit ihre Angebote einigermaßen aufrechterhalten wollen, fühlen sie sich zunehmend gezwungen, Gelder »auf eigene Faust« zu organisieren. Dazu werden sie von der Politik und der Wirtschaft auch kräftig animiert. Vielfach läuft das über ein Sponsoring mit verdeckter Werbung auf lokaler Ebene ab. Da streicht der örtliche Malermeister unentgeltlich Klassenräume, kauft ein Einzelhändler einem Jahrgang mal die Schulbücher, rüstet die Handelskette eine Schulklasse mit Computern aus. Aber auch das private Engagement der Eltern, finanziell oder auch in Arbeitskraft, wird zur Aufrechterhaltung des eigentlich staatlichen Auftrags der Bildung stillschweigend vorausgesetzt.

Immer selbstverständlicher lässt sich die Politik vor den Karren der Wirtschaft spannen. Ihre Vordenker in Gestalt gemeinnütziger Stiftungen beeinflussen deutsche Kultuspolitik maßgebend. Ganz vorne steht die Bertelsmann Stiftung, hinter der sich mit der Bertelsmann AG einer der weltgrößten Medienkonzerne verbirgt. Der Einfluss der Gütersloher »Bildungs-Schmiede« auf das deutsche Schulwesen hat inzwischen Ausmaße angenommen, die Kritiker von einer »Nebenregierung im Kulturbereich« reden lassen. Was das Schul- und Hochschulwesen angeht, gilt die Bertelsmann Stiftung vielen Politikern als »Think Tank«, aus dem sie ihre Ideen ziehen. Auf wissenschaftlich hohem Niveau, finanziell üppig ausgestattet und privat organisiert, wird der Kultusministerkonferenz zentral vorgedacht, wozu die föderal organisierte deutsche Kultur- und Schulpolitik, noch einmal verschärft durch die jüngste Föderalismusreform, nicht mehr in der Lage scheint. Aus Gütersloh stammt die »entfesselte Schule«, die Schule also, die sich stärker dem Wettbewerb stellen soll. Hier wurden die Studiengebühren geboren, von hier stammen die »Exzellenzinitiativen« der Bundesregierung zur Benennung von Eliteuniversitäten, hier wurde das neue nordrhein-westfälische Hochschulrecht »privat« inspiriert.

Der Kommunikationswissenschaftler Clemens Knobloch kommt in seinem Artikel »Vom Menschenrecht zur Markenware – Privatisierung der Bildung«[74] zu folgendem Schluss: »Die neoliberale Vermarktung der öffentlichen Bildungseinrichtungen hat in den letzten Jahren erheblich an Fahrt gewonnen. Je prekärer die beruflichen und ökonomischen Perspektiven breiter Schichten werden, desto besser lassen sich ›Bildungsreformen‹ verkaufen, scheint doch die ›gute Ausbildung‹ die beste und einzige Rückversicherung gegen die Wechselfälle eines harten globalen Arbeitsmarktes zu sein.« Und er fährt fort: »Es ist freilich ironisch und paradox, dass ausgerechnet der traditionelle Bildungsaufstieg, der Berufschancen an öffentliche Bildungsdiplome bindet, als Motiv für Privatisierung und Entkopplung von Bildung und öffentlicher Hand herhalten muss. Denn am Ende dieser ›Reformen‹ wird Bildung kein öffentliches Gut mehr sein, über dessen politisch verantwortliche Verteilung ein Stück Chancengleichheit hergestellt wird – sondern eine Markenware.«

Die staatliche Bildung wird zunehmend reduziert auf die Bereitstellung einer »staatlichen Grundbildung«, während alle anderen Bereiche teilprivatisiert und in Private Public Partnerships umgewandelt werden. Für die Arbeitsgruppe Alternative Wirtschaftspolitik bedeutet das in Zukunft die Umgestaltung von Bildungseinrichtungen zu »marktfähigen Bildungsanbietern bzw. Bildungsproduzenten«.

Barbara Dickhaus und Kristina Dietz nennen fünf »Elemente zur Einführung von Markt- und Wettbewerbsmechanismen, zur Kommerzialisierung, Deregulierung und Privatisierung im Bildungswesen«[75]. Dazu gehören erstens die Einführung nationaler Bildungsstandards, Evaluierungskriterien und einheitlicher Curricula bei gleichzeitiger »Einführung größerer politischer und finanzieller Entscheidungsfreiheit der Bildungseinrichtungen« (Autonomie, Selbstverwaltung, Deregulierung und Budgetierung). Zweitens die freie elterliche Schulwahl, also ein »Quasi-Markt« mit den entsprechenden Wettbewerbsmechanismen. Drittens Public Private Partnership und privates Sponsoring, also die Hinzuziehung privater Unternehmen zur Finanzierung von Bildungseinrichtungen und -dienstleistungen sowie deren Ausstattung. Viertens die Umwandlung öffentlich-rechtlicher Einrichtungen in privatrechtliche Institutionen, wie beispielsweise Stiftungs-Universitäten und fünftens die sogenannte Output-Orientierung, d.h., die Bewertung von Schulen und Lehrpersonal nach Leistungen, Erfolgen und Noten der Schüler. Alle Kategorien sind verbunden durch Ratings und Rankings.

Seit Jahren verlagern sich Schritt für Schritt die Kosten der Bildung von der öffentlichen Hand hin zur privaten Seite, was zwangsläufig mit einer Kommerzialisierung der Schulen einhergeht und auch vor den Inhalten nicht haltmacht. Wer Geld gibt, möchte Einfluss nehmen. Einige Konzerne wie Bertelsmann, Bosch oder Volkswagen agieren über Stiftungen, fördern innovative Projekte, sind sozial engagiert. Andere Konzerne wie die Deutsche Telekom, Apple oder Microsoft statten Schulen mit Computern und Lehrmaterialien aus, die die öffentliche Hand nicht mehr finanzieren kann oder sich von Privaten im Zuge von »Partnerschaften« bezahlen lässt

Das hat Folgen: Durch die zunehmende Privatisierung des Bildungswesens ist der gleiche und freie Zugang zur Bildung nicht mehr gewährleistet. Die Kommerzialisierung und Umgestaltung von Bildung zur »Handelsware«, ihre Privatisierung und Ökonomisierung, die politische Selbstverwaltung der Schulen und Hochschulen werden systematisch zugunsten Privater zurückgedrängt. Die Chancengleichheit wird durch die Einführung von Marktmechanismen im Bildungsbereich ins Gegenteil verkehrt. Privates Sponsoring bedeutet nämlich mittelfristig auch, dass die Sponsoren versuchen, Einfluss auf den Bildungsauftrag oder die pädagogischen Ziele zu nehmen.

Kritiker des Systems, wie die Bertelsmann Stiftung beispielsweise, fordern innerhalb eines wettbewerbsorientierten Bildungswesens auch die Abschaffung des Beamtenstatus für Lehrer und Hochschullehrer und damit einen flexibleren Kündigungsschutz. Das klingt populär und hat eine innere Logik. Denn wer ärgert sich nicht über den selbstgefälligen Lehrer. Man muss sich bei aller Kritik aber über eines im Klaren sein: Ein solcher Schritt würde den zunehmenden Rückzug des Staates aus der öffentlichen Bildung bedeuten und damit die Möglichkeiten einer vielleicht sinnvollen oder notwendigen Einflussnahme und Einwirkung erheblich reduzieren.

»Unternehmen Schule« und die »Ware Bildung«

Kein Wunder, dass Schulen für Unternehmen immer attraktiver werden, wo dieser Markt doch deutschlandweit rund 48.000 Schulen mit über zwölf Millionen Schülerinnen und Schülern umfasst, die über ein berechnetes Taschengeld von etwa neun Milliarden Euro verfügen. Und dabei seien, so die GEW, Gymnasiasten »als Bildungselite« für manche Produkte interessanter als Hauptschüler. In Anbetracht immer zahlreicherer »Partnerschaften« zwischen Schulen und privaten Unternehmen, der privaten Überlassung von Lehrmaterialien, ja sogar der personellen Präsenz privater »Vermittler« im Schulbereich, fragt die Lehrergewerkschaft nicht zu Unrecht: »Kommt demnächst das ›Allianz-Gymnasium‹ oder die ›Thomy-Realschule‹?«[76] Zumindest ist es eine reine Frage der Zeit, dass Firmenlogos auf den Schulbüchern stehen werden, obwohl offiziell an deutschen Schulen nicht geworben werden darf.

Der »Privatisierungsreport« der Gewerkschaft Erziehung und Wissenschaft führt dazu verschiedene Beispiele an. Der Sparkassen-Verband stiftet kostenlose Heimatkundebücher verbunden mit der Frage: »Warum bringst du dein Geld zur Sparkasse?« Die Allianz-Versicherungsgruppe organisiert einen kostenlosen Berufschancentest unter dem Motto »Allianz in Schulen« und die Firma Bahlsen wirbt mit »Spielerisch Lernen mit ABC Russisch Brot«. An anderer Stelle führt die GEW auf, dass der Siemens-Konzern jeder seiner bundesweit 54 Partnerschulen bis zu 1.000 Euro zahlt, »wenn sich Schüler an einem Projekttag mit Themen wie Energie, Automatisierung, Licht oder Verkehr beschäftigen«. Telekom, AOL, IBM, Siemens, Intel stiften Geräte, Internetzugänge, Software und Kurse.[77]

Werbung, die nicht schulischen Zwecken dient, ist eigentlich unzulässig. Dieses Werbeverbot wird aber durch die Legalisierung des Sponsorings zunehmend geschickter umschifft. Denn in nahezu allen Bundesländern ist es den Schulen erlaubt, ihre Sponsoren »angemessen« herauszuheben und zu würdigen. Aber die Grenzen fallen auch gegenüber kommerzieller Werbung. So hat Berlin damit so gut wie keine Probleme mehr, Mecklenburg-Vorpommern und Thüringen haben ihre Richtlinien dahingehend gelockert, andere Bundesländern verstärken diesen Trend, »soweit sie den allgemeinen Bildungs- und Erziehungszielen nicht entgegenstehen«.[78] Der Vorsitzende des Deutschen Philologenverbandes, Heinz-Peter Meidinger, bezog in einem Gespräch mit der »Welt« zu den Werbestrategien der Großunternehmen klar Position: »Die Werbung und der Sponsoringdschungel hat an deutschen Schulen Ausmaße erreicht, die nicht mehr tolerieret werden können.«[79] Und die neoliberale Politik tut alles, um Schule und Wirtschaft immer enger zusammenzuführen. Die Schulen sollen mit Hilfe der Wirtschaft selbst Gelder organisieren oder »einwerben«, wie es so schön genannt wird. Die Nähe von Politik und Wirtschaft ist gewollt, allein schon der stärkeren Praxisorientierung der Schulen wegen. Da nimmt man den Einfluss der Wirtschaft billigend in Kauf.

Wie zum Beispiel im größten deutschen Bundesland Nordrhein-Westfalen. Die Stiftung »Partner für Schule NRW«, eine Kooperation der Wirtschaft und der Landesregierung Nordrhein-Westfalen, hat das Ziel einer »dauerhaften und systematischen Zusammenarbeit von Schule und Wirtschaft«. Die Stiftung agiert dabei – so ihre Philosophie – »als Partner für Schule und Wirtschaft im Bereich Bildungssponsoring«. Und dann heißt es da: Die Stiftung »fördert die Zusammenarbeit von Unternehmen und Schulen zur Stärkung der Schul- und Unterrichtsentwicklung in NRW. Die beteiligten Unternehmen, vom Mittelständler bis zum weltweit agierenden Konzern, engagieren sich finanziell, aber auch ideell und personell durch die Vermittlung von Wissen und Werten für die Schulen des Landes.«[80]

Sponsoring beruht anerkanntermaßen auf dem Prinzip von Leistung und Gegenleistung. Auch im Bildungswesen. Das Sponsoring besteht aus finanziellen Mitteln, Sachzuwendungen oder Dienstleistungen. Im Gegenzug wird das Firmenengagement publikumswirksam öffentlich gemacht, und: Der Aufwand ist für das Unternehmen als Betriebsausgabe abzugsfähig. Ist die Imagewerbung für ein Unternehmen erlaubt, so ist offiziell die Produktwerbung an Schulen untersagt. Mit im NRW-Stiftungsboot sitzen Konzerne wie Apple Computer, Hewlett-Packard, IBM Deutschland, Microsoft Deutschland, Siemens, ThyssenKrupp, Telekom und Vodafone, aber auch der Großbäcker Kamps oder der Schulbuchverlag Schroedel – natürlich stets mit all ihren Produkten. Schirmherr der Stiftung ist NRW-Ministerpräsident Jürgen Rüttgers.

Um die Schulen mit Unternehmen zusammenzubringen, legt sich die schwarz-gelbe Landesregierung Nordrhein-Westfalens richtig ins Zeug. Wirtschaftsministerin Christa Thoben und Schulministerin Barbara Sommer verkünden nahezu Woche für Woche neue Partnerschaften. »Mehr als die Hälfte aller allgemeinbildenden weiterführenden Schulen in NRW haben einen Partner aus der Wirtschaft«, verkündeten beide Politikerinnen im April 2007 stolz, als sie Bielefelder Schulen und Unternehmen zusammenführten, wie schon in Dutzenden Städten zuvor. Mit von der Partie in Ostwestfalen: 60 Unternehmen und 300 Schulen im Raum Bielefeld. Das lässt den Leiter für Berufsbildung des Trainingscenters Bielefeld der Deutschen

Telekom ebenso wie den eigens eingestellten »Koordinator Partnerschaften« der Industrie- und Handelskammer Ostwestfalen in wahre Verzückung verfallen. Der Anteil der Schulen mit Partnerschaften liegt in NRW bereits über 50 Prozent.[81] Die Partner aus der Wirtschaft halten auch insgesamt Einzug auf den Internetseiten der Schulen.

Stolz verweisen die nordrhein-westfälischen Ministerinnen für Wirtschaft und Schule auf das Gelsenwasser-Schulprojekt, das »größte Schulsponsoringprojekt in Deutschland«. Allein 2007 bewarben sich über 250 nordrhein-westfälische Schulen um Förderbeträge. Mitmachen können Lehrer, Schüler, Eltern und Fördervereine mit Konzeptentwürfen zur Schul- und Unterrichtsentwicklung an Schulen aus dem Versorgungsgebiet der Gelsenwasser AG.[82]

Der eigens von der Stiftung »Partner für Schule NRW« entwickelte Leitfaden »Schulsponsoring heute« beinhaltet für beide Seiten lukrative Varianten der Zusammenarbeit zwischen Schule und Wirtschaft, das reichhaltige Angebot an Sponsoring, verbunden mit Ausführungen zum Schul- und Steuerrecht, aber auch »die Perspektive eines verantwortlichen Schulsponsorings im Hinblick auf Konsumkompetenz und Verbraucherbildung«. Welche Computer sollen die Kids denn wohl benutzen, welche Brötchen essen und mit welchem Handy telefonieren? Der Leitfaden gibt hochoffiziell Antworten auf die Fragen, wie ein »Spender« zum »Sponsor« wird, ein »Geldgeber« zum »Partner«.

Auch wenn Sponsoring in vieler Hinsicht sinnvoll und nützlich scheint, sollte immer bedacht werden, dass Unternehmen und Agenturen Sponsoring vielfach als versteckte Produktwerbung begreifen. Selbst wenn sie an der Qualitätsverbesserung von Schule interessiert sind, so haben sie doch immer die Markenbindung ihrer zukünftigen Käuferinnen und Käufer im Sinn. Denn Kinder und Jugendliche sind nach Auskunft der Verbraucherzentrale Bundesverband anfällig für eine »hohe Markenbindung und setzen diese Markenbindung bei ihren Freundinnen und Freunden, Eltern und im Bekanntenkreis durch.«[83]

Problematisch ist zu sehen, dass die eine Schule für Sponsoren möglicherweise attraktiver ist als die andere. Das liegt einmal an der Lage der Schule, ob sie in einem interessanten Teil einer Stadt liegt oder in einer »Problemzone«, möglicherweise in einem sozialen Brennpunkt. Ob die Elternschaft finanziell potent ist oder nicht. Ob es sich um eine Hauptschule oder ein Gymnasium handelt. Der Sponsor hat in jedem Fall immer sein Renommee im Sinn. So dürften sich sogenannte Problemschulen schwertun, einen Sponsor zu finden. Und das bedeutet, dass attraktives Schulsponsoring natürlich die Kluft zwischen »armen« und »reichen« Schulen, zwischen privilegierten und weniger interessanten Schulen weiter vergrößert.

Auch die Metro Group, das größte deutsche Handelsunternehmen, mischt im Schulbereich kräftig mit. »metro-macht-schule.de« heißt die Internet-Plattform, auf der sich Lehrer bedienen können. Der Mutterkonzern von Metro, Real, Saturn und Media-Markt bietet Medienkoffer für Lehrerinnen und Lehrer für den Unterricht an – immer mit Blick auf die »Karriere Handel«. Im Rahmen von sogenannten Lernpartnerschaften werden Materialien und Dokumentationen für den Unterricht angepriesen: »Globalisierung konkret – Die Produktkette Fisch – Vom Fischfang bis zum Metro-Markt« lautet beispielsweise ein Thema oder: »Der Weg der Ware – Das Warenwirtschaftssystem der Metro.« Und die Metro bietet wie in jedem Jahr wieder die »große Lehrerfortbildung zum Übergangsmanagement Schule & Wirtschaft der Metro Group« für Pädagogen und Vertretern der Arbeitsämter und der Industrie- und Handelskammern an.

Auch das deutsche Hochschulwesen wird im neoliberalen Sinne Schritt für Schritt in Richtung Markt geführt, »marktfähig gemacht«. Die »Arbeitsgruppe Alternative Wirtschaftspolitik« skizziert in ihrem »Memorandum 2006« die Umgestaltung des deutschen Bildungssystems, seine Herauslösung aus der Verantwortung des Staates bei gleichzeitiger Einführung von betriebswirtschaftlichen, sich am Markt orientierenden Strukturen. Dabei, so das Memorandum, werde die doppelte Tendenz verfolgt, Bildung einerseits zu ökonomisieren und »auf unmittelbare und direkte berufliche Verwertung auszurichten« und andererseits Bildung zu deregulieren und zu privatisieren, ohne die Bildungsausgaben zu steigern. Auch Bildung wird so zur Ware – zielgerichtet und preisorientiert.

Bildung ist damit vordergründig eine Investition für einen zukünftigen wirtschaftlichen Profit, den »Bildungsertrag«. Als Beispiel wird die Umstrukturierung nahezu aller Studiengänge in das »strikte Bachelor-Master-Korsett« angeführt, das die »große Mehrheit der Studierenden in Kurzstudiengängen zu bloßen Funktionsträgerinnen und -trägern für Wirtschaft und Verwaltung« ausbildet, während der Zugang zu eigenständiger wissenschaftlicher Arbeit einer »kleinen Schicht von Spitzenstudenten« vorbehalten bleibt, die dann in »Exzellenzzentren und Eliteuniversitäten« weiter gefördert würden.

So werden die Hochschulen von staatlicher Seite zunehmend in die betriebswirtschaftliche »Autonomie« entlassen. Die Universitäten können in mehreren Bundesländern jetzt autonom Studiengebühren erheben und sich ihre Studierenden selbst aussuchen. Basis in Nordrhein-Westfalen ist das sogenannte »Hochschulfreiheitsgesetz«, das Universitäten leistungsfähiger und wettbewerbsfähiger machen soll.

Das »Unternehmen Schule« verlangt nun die Konkurrenz der Schulen um »gute« Schüler, und die Auflösung der Schulbezirke, in denen die Eltern die Grundschule ihrer Kinder frei wählen können. Dadurch macht sich unter den Schulen ein ungeheurer Wettbewerbsdruck breit, der auch die finanzielle Ausstattung weiter auseinanderfallen lässt. Das beginnt an den Grundschulen. Die Folge, wie schon beschrieben: Schulen bemühen sich um Sponsoring, Marketingstrukturen halten an Schulen Einlass. Die eigentlich zur Neutralität verpflichteten Schulen werden immer stärker kommerzialisiert. »Die Schule ist zu Recht der Sektor, der am meisten dem Staat und dem Grundgesetz verpflichtet ist. Das grundgesetzliche Gebot der Neutralität und Chancengleichheit verträgt sich nicht mit Gebühren, Marktinteressen oder Kommerz. ›Privatisierung‹ hat hier einen engen Spielraum und wird deshalb eher unterschätzt«[84], warnt die Gewerkschaft Erziehung und Wissenschaft. Unter der Überschrift »Geschäftsmodell Klassenzimmer« kündete die »Süddeutsche Zeitung« am 24. Februar 2007 von der »ersten Schule in Deutschland, die von einer Aktiengesellschaft geführt wird« – in Berlin. Bedeutet das mittelfristig analog zum Krankenhauswesen: Schulen an die Börse? Ein Tabubruch, der aber möglicherweise Schule machen dürfte.

Wie weit Schule inzwischen kommerzialisiert und Bildung zur Ware herunterdekliniert ist, aber auch welchen Stellenwert Bildung, allemal Schulbildung in den unteren Klassen in Deutschland genießt, wird auch im Umgang mit den Lehrkräften deutlich. »Auf dem Weg zum Billiglehrer« klagt die Gewerkschaft und macht darauf aufmerksam, dass immer mehr »Ein-Euro-Jobber« rund um die Schule und in der Schule pädagogische Aufgaben übernehmen. Machten die Billigjobs anfänglich noch Gartenarbeiten und Toilettendienste aus, so sind es inzwischen vollausgebildete Lehrkräfte, die quasi zum Nulltarif zum Einsatz kommen, sei es bei pädagogischen, technischen oder Verwaltungsaufgaben. In Berlin arbeiten bereits über 3.000 Pädagogen und Nicht-Pädagogen als Ein-Euro-Kräfte. Sie beaufsichtigen Schulklassen, betreuen die Hausaufgaben, übernehmen auch schon mal den Unterricht. Die Gewerkschafter sehen den Einstieg hin zum Billig-Lehrer als politisch gewollt, die Einführung eines »Niedriglohnsektors in Bildungseinrichtungen«. Private Bildungsanbieter schließen außertarifliche Verträge mit Lehrern ab, vielfach schlechte Arbeitsverträge mit schlechter Bezahlung. All das lässt zudem tief blicken, welchen Stellenwert Bildung hierzulande genießt.

Schulen, Unis, Internate: privatisiert für neue Eliten

Ein neues Elitedenken macht sich breit – auch als Reaktion auf Studien und Untersuchungen wie »PISA« und »IGLU«, in denen das deutsche Bildungssystem teilweise desaströse Noten erhielt. Während an einer Verbesserung des Schulsystems nur oberflächlich herumlaboriert wird, sollen plötzlich alle Kräfte in der Elitenförderung gebündelt werden. Mithalten mit der wissenschaftlichen Konkurrenz des Auslands, am besten gleich mit Harvard und Stanford. Denn – so die plötzliche Erkenntnis aus Politik und Wirtschaft – wir brauchen hochqualifizierte Studenten möglichst aus Eliteuniversitäten, um im globalisierten Wettbewerb zu bestehen.

Neidisch schaut man auf die durch privates Sponsoring und Engagement finanziell hoch ausgerüsteten Spitzenuniversitäten der USA, übersieht aber dabei, dass beispielsweise die Elitehochschulen des Nachbarn Frankreichs ihre hohen Standards ausschließlich aus öffentlichen Mitteln finanzieren. Nun soll es plötzlich die »private« Uni sein, die Deutschland den Anschluss an die internationalen Bildungseliten bringen soll. Oder die staatlich geförderten Universitäten, die nach betriebswirtschaftlichen Kriterien, einem modernen Unternehmen gleich, geführt werden, die die meisten Drittmittel einwerben, »ihre« Studenten rekrutieren können und nicht mehr jeden »Dummen« nehmen müssen. Die Wissenschaft stärker an den Prinzipien der Wirtschaft orientieren – das soll auf Dauer die Lösung bringen. Hochschulinterne Aufnahmeprüfungen, Studiengebühren und die leistungsorientiert eingesetzten staatlichen Mittel sollen Abhilfe schaffen. Das Ziel sind Eliteuniversitäten, »die sich den Problemen der unterfinanzierten Massenhochschulen durch eine Auswahl und eine deutliche Reduzierung der Studierenden entziehen können.«[85] Die Folge: Studenten erster und zweiter Klasse.

Bildung wird zukünftig einiges kosten – und sie wird immer teurer. Dabei sollen staatlicherseits ohnehin leistungsstarke Universitäten noch zusätzlich unterstützt werden. Privilegierte, stark auf die Forschung ausgerichtete

Universitäten können zukünftig natürlich höhere Studiengebühren verlangen als die normalen »Massenuniversitäten«, die »nur« auf den Beruf vorbereiten. Nordrhein-Westfalen stellt es heute schon ins Belieben der Universitäten, die Höhe der Studiengebühren festzusetzen, die allerdings derzeit noch die Obergrenze von 500 Euro pro Semester nicht überschreiten dürfen.

Demnächst sollen für bestimmte Masterstudiengänge, Promotionen und Zweitstudien Gebühren bis zu 1.500 Euro anfallen. Staatliche Gelder sollen nach Leistungskriterien vergeben werden. Im Zuge des bundesweiten Exzellenzwettbewerbs gehören rund 20 Universitäten zur Spitzengruppe, die den größten Teil der Fördermittel auf sich ziehen werden. Die Schere bezüglich der Qualität der Universitäten dürfte allen Beteuerungen zum Trotz in Zukunft eher noch weiter auseinandergehen. Für den Soziologen Michael Hartmann steht fest, dass »die große Masse der deutschen Universitäten, vor allem in NRW, Nord- und Ostdeutschland«, abgehängt werden.«[86] Und damit auch die große Masse der Studierenden.

Elitenförderung der Hochschulen, vor allem der privat finanzierten, heißt in Zukunft immer: das Buhlen um die »besten Köpfe«. Die breite Masse der Studierenden können getrost die öffentlichen Institute »durchziehen«. Damit aber, so warnen Wissenschaftler, verteuert sich für die Mehrzahl der Studenten das Studieren, aber die Inhalte zur berufsqualifizierenden Ausbildung werden deshalb keineswegs besser. Denn, so Clemens Knobloch, die »Massenbildung wird chronisch unterfinanziert bleiben, ... weil sich die gewinnträchtigen Komplexe aus kleiner, aber feiner, Markenuniversität, betuchtem Publikum und reichen Forschungsgeldern an wenigen Stellen konzentrieren werden. An allen anderen Stellen wird der Mangel mehr oder weniger effektiv verwaltet werden.« Fazit: »Ein kommerzielles Bildungssystem ist immer ein undemokratisches Bildungssystem.«[87]

Diese neuen Hochschulen sollen sich einreihen in den Reigen privater Hochschulen, die sich seit den 1980er-Jahren größtenteils auf Initiative einiger Konzerne hin oder von der Wirtschaft gefördert und gestützt haben – »kleine, elitäre Einrichtungen mit einem einzigen unternehmensnahen Studiengang« und hohen Studiengebühren. Zu diesen zählt Werner Rügemer etwa die Bucerius Law School der Zeit-Stiftung in Hamburg, die Wissenschaftliche Hochschule für Unternehmensführung oder auch: Otto Beisheim School of Management in Vallendar bei Koblenz, die Metro-Gründer Beisheim schon in den 1980er-Jahren ins Leben gerufen hat, und die von einem Dutzend großer Deutschen Konzerne gegründete Berliner European

School of Management and Technology, die ein »deutsches Harvard« werden soll. Das gilt im Übrigen auch für die International University Bremen, die »Jacobs Universität«, in die der Kaffeeerbe erst jüngst wieder 100 Millionen Euro investiert hat. Hinzu kommen zahlreiche private Medienhochschulen. All diese Hochschulen verlangen erhebliche Studiengebühren, fordern aber auch reichlich »Staatssubventionen« ein.

Besonders unterstützt vonseiten der Wirtschaft und der öffentlichen Hand wird die private Universität Witten-Herdecke, die in ihrer Rechtsform, einer gemeinnützigen GmbH, zahlreiche Studiengänge anbietet. Sie gilt als erste »freie Hochschule«, Symbol einer »Freiheit«, die überall durchgesetzt werden müsste, wie Werner Rügemer den Gründungsrektor Konrad Schily zitiert. Witten-Herdecke wurde mit den beiden Studienbereichen Medizin und Management zum »Aushängeschild der Wissenschaftsförderung der deutschen Managementelite«[88]. Trotz hoher Studiengebühren und Zuschüssen seitens der Wirtschaft – rund 30 Prozent kommen von Sponsoren und Stiftern – wurde immer auch die öffentliche Hand für dieses »Vorzeigemodell« kräftig zur Kasse gebeten.

Inzwischen ist Witten-Herdecke massiv in die Kritik geraten: Eine Evaluierung hatte ergeben, dass von einer Spitzenfakultät in Medizin schon lange keine Rede mehr sein kann, der Unterricht in weiten Teilen mangelhaft sei, die Abbrecherquote der Studenten höher als an öffentlichen Unis läge und ein Spitzenplatz im nationalen Ranking in weiter Ferne liege. Die finanzielle Ausstattung hatte nicht mehr gereicht, die Kontrollmechanismen nur noch unzureichend gegriffen. Lange wurde darüber diskutiert, ob das privatwirtschaftliche Heidelberger Unternehmen SRH, die Stiftung Rehabilitation Heidelberg, in die Universität Witten-Herdecke einsteigt. Schließlich wurde Witten-Herdecke in eine eigene Stiftung eingebracht, mit zahlreichen neuen Geldgebern, die sich mit dieser »Adresse« schmücken.

Als Ergänzung zur Stiftung Rehabilitation Heidelberg: Zum SHR-Konzern mit 7.500 Beschäftigten gehören über 30 Unternehmen in den Bereichen Bildung und Gesundheit. SHR betreibt fünf eigene private, staatlich anerkannte Hochschulen, in Heidelberg, Riedlingen, Gera, Hamm und Calw, sowie zahlreiche Berufsfachschulen und Gymnasien. Unter dem Dach der SHR Kliniken GmbH werden ein gutes Dutzend privater Krankenhäuser betrieben.

Besonders das Bundesland Bayern forciert die Nähe der Wirtschaft zu Universitäten aufgrund politischer Vermittlung und Förderung in hohem

Maße. Durch den »Pakt für Forschung und Innovation« und die »Exzellenzinitiative«, beide 2004 ins Leben gerufen durch die Föderalismuskommission von Bund und Ländern, werden systematisch Eliteuniversitäten aufgebaut, für immerhin nahezu zwei Milliarden Euro. Allerdings kommen nur wenige Hochschulen in den Genuss der zusätzlichen Fördergelder. Eine anders geartete Institution mit dem hochtrabenden Titel »Bayerische Eliteakademie«, beworben und gefördert vom Freistaat Bayern, wird aus Mitteln der bayerischen Wirtschaft finanziert und als »exzellente« Ergänzung zum Universitätsstudium gesehen. Die Bayerische Eliteakademie arbeitet eng mit den Universitäten zusammen. Ihr Ziel ist die Vermittlung von Führungsfähigkeiten und Managementqualitäten. Ein wesentliches Merkmal der Förderung: die Beziehung zu einem persönlichen Mentor aus der bayerischen Wirtschaft.

Auch das Feld gesponserter Lehrstühle und sogenannter Stiftungsprofessuren wächst, im Wesentlichen durch privates Engagement. Aktiv sind unter anderen die Telekom, SAP und die Deutsche Unilever. Aber auch Unternehmen, die man auf den ersten Blick nicht mit Universitätsengagement in Verbindung bringt, sind mit von der Partie: So finanziert seit Anfang 2007 die Bremerhavener Entsorgungsgesellschaft mbH der Hochschule Bremerhaven die Einrichtung einer Professur »Public Private Partnership« mit dazugehörigem Institut.

Die immer stärkere Ausrichtung der Hochschule nach betriebswirtschaftlichen Kriterien, so wie sie vom Gütersloher Centrum für Hochschulentwicklung vorgegeben werden und wie sie beispielsweise das neue nordrhein-westfälische »Hochschulfreiheitsgesetz« umgesetzt sehen will, soll neue Freiräume schaffen. Dabei, so Andreas Keller, wird unter »Befreiung« der Hochschulen deren Umwandlung verstanden »in Dienstleistungsunternehmen, die auf einem Wissenschaftsmarkt ihre Produkte – Forschungsdienstleistungen sowie die Aus- und Weiterbildung von Studierenden – an kaufkräftige Nachfrager absetzen müssen.«[89] Was als ideologisch einseitig interpretiert werden kann, hat aber eine innere Logik.

Die Hochschulen sollen in einen Wettbewerb untereinander treten, ihre Kundschaft, die Studierenden, selbst aussuchen und bestimmen, Studiengebühren erheben und einer stärker leistungsorientierten Mittelvergabe ausgesetzt werden. Damit sollen die »betriebswirtschaftlich definierten Erfolge und Misserfolge der Hochschulen in finanzielle Anreize und Sanktionen buchstäblich umgemünzt« werden. »Das Ergebnis von auf diese Weise erzeugten Quasi-Märkten ist nicht eine Autonomie der Hochschule, sondern ihre Heteronomie: ihre externe Steuerung durch marktförmigen Wettbewerb«[90], meint Andreas Keller, Mitglied des Bundesvorstandes des Bundes demokratischer Wissenschaftlerinnen und Wissenschaftler. Und: Der akademischen Selbstverwaltung werden die Leitungsorgane Präsidium und Dekan entgegengesetzt, die Vorständen und Aufsichtsräten eines Wirtschaftsbetriebes ähneln. Die Umwandlung von Hochschulen in private Trägerschaften scheint nur noch eine Frage der Zeit.

Das nordrhein-westfälische »Hochschulfreiheitsgesetz« koppelt die Universitäten vollständig von staatlicher Steuerung ab. Der Staat verliert die Fachaufsicht und ist nicht mehr weisungsberechtigt. Ihm obliegt lediglich die Rechtsaufsicht und die Hochschulfinanzierung. Die Leitungen der Hochschulen sind in ihrem Handeln völlig autonom, d. h., sie können nach Belieben Drittmittel einsetzen, Sponsoring und Werbung an den Universitäten zulassen. Und die Hemmschwelle gegenüber der privaten Wirtschaft sinkt rasant. Der Kölner Politikwissenschaftler Christoph Butterwegge befürchtet, dass die »Hochschulen zu Profitcentern verkommen«.[91] In erster Linie profitieren die Wirtschaftsunternehmen von dem neuen Gesetz. »Die Freiheit, von der da die Rede ist, bedeutet in Wirklichkeit Marktabhängigkeit. Statt ihrer gesellschaftlichen Verantwortung gerecht zu werden, müssen sich die Hochschulen demnächst um die wirtschaftliche Verwertbarkeit ihres Wissens kümmern.«[92]

Immer ungenierter betreiben die Universitäten auf ihren Websites inzwischen auch schlichte Produktwerbung. Für Telefonanbieter und Versicherungen beispielsweise. Auf dem Campus einer nordrhein-westfälischen Universität ist heute eigentlich an Werbung alles erlaubt, was der Hochschulleitung gefällt und die nötigen finanziellen Mittel generiert. Von staatlicher Seite jedenfalls gibt es, so gewollt, keinerlei Einspruchsmöglichkeit mehr. Der Staat kommt erst wieder ins Spiel, wenn eine Hochschule in die Insolvenz schliddert. Obwohl sie das Risiko nach dem Willen der Politiker selbst tragen soll, wird dann der Steuerzahler einspringen müssen.

Für viele Eltern und Jugendliche erfüllen bereits die öffentlichen Schulen häufig nicht mehr die Ansprüche an eine gute Bildung und Ausbildung, die über das kulturelle, soziale und wirtschaftliche Niveau einer Gesellschaft und letztlich jedes Einzelnen entscheiden. Diejenigen, die es sich leisten können, schicken ihre Kinder weitgehend auf Privatschulen und in angeschlossene Internate. Private Schulen gelten als effizienter, leistungsorientierter und elitärer. Selbst immer mehr Grundschuleltern streben in Anbetracht der überwiegend schlechten Ausstattung der Grundschulen und der geringen Motivation des Lehrpersonals, wenn sie es sich leisten können, an private Institute. Die Montessori- und Waldorfschulen, um einige Beispiele zu nennen, können sich derzeit vor Bewerbungen nicht mehr retten. Eltern erwarten sich von privaten Schulen mehr Engagement und individualisierte Lernformen statt einheitlicher Curricula und Unterrichtsmethoden.

In »Freiheit entlassene« Schulen können eigene pädagogische Konzepte entwickeln, die sich im Wettbewerb mit anderen Schulen messen sollen. Hinzu kommen kleinere Klassen, strukturiertere Tagesabläufe, Hausaufgabenbetreuung, Fördermaßnahmen und kulturelle und sportliche Freizeitangebote. So kosten die Internate, die nach eigenen, staatlich anerkannten, Bildungskriterien agieren – Schloss Salem, Hermann-Lietz-Schule, Landesgymnasium Sankt Afra, die Internate Bad Sachsa oder Birklehof – monatlich ab 1.000 Euro aufwärts. Wohl dem, der sich eine private Schule leisten kann. Die Mehrheit freilich muss sich in den öffentlichen Schulen »abstrampeln« und auf eine Verbesserung dieser Strukturen in irgendeiner fernen Zukunft hoffen.

Krippen, Kitas, Kindergärten: Gute Geschäfte mit den Kleinsten

Das Thema »Kinderbetreuung« wird seit neuestem in einer Intensität diskutiert wie nie zuvor in der Geschichte der Bundesrepublik. Nicht zuletzt auch aufgrund der empirischen Bildungsbefunde von »PISA«, »IGLU« und dem ersten nationalen »Bildungsbericht Kinder« wird plötzlich analog zur Schulpflicht sogar über eine Kindergartenpflicht gesprochen.

Deutschland hatte – so Thomas Rauschenbach in der aktuellen Kinderbetreuungsstudie des Deutschen Jugendinstituts – »lange, zu lange, darauf vertraut, dass die Kinderbetreuung sich als Privatsache im Grunde genommen von alleine regelt.«[93] Jetzt gilt das Postulat: »Wer frühzeitig in die Bildung der Kinder investiert, tätigt langfristige Zukunftsinvestitionen, die sich für die Gesellschaft auszahlen.« Dabei werden die ersten Lebensjahre der Kinder als »entscheidende Bildungsjahre« definiert, die sich in öffentlichen Angeboten frühkindlicher Bildung, Betreuung und Erziehung niederschlagen müssen. Bildung muss bei den »individuellen Kompetenzen der Kinder ansetzen und individuelle Förderbedarfe in geeigneter Form aufgreifen.«[94] Entsprechend sollte die Qualifikation und die Personalausstattung des Personals aussehen. Doch das kostet Geld.

Und wo Geld ausgegeben werden soll, wird immer auch verdient. Kein Wunder, dass sich urplötzlich ein privater Betreuungsmarkt etabliert, wie es ihn bislang nicht gegeben hat. Ähnliches erleben ja auch die den Grundschulen angeschlossenen Offenen Ganztagsschulen, die die Betreuung vielfach in die Hände privater Trägerschaften legen.

Ein großer Markt tut sich auch im Hinblick auf die Kinderbetreuung auf, es muss teilweise tief in die Tasche gegriffen werden. In Deutschland wird die institutionelle Kinderbetreuung ab drei Jahren zwar in erster Linie als öffentliches Angebot bereitgestellt – vorrangig von freien Wohlfahrtsverbänden, Kirchen, und Kommunen –, die frühkindliche Betreuung hingegen ist bis heute überwiegend privat organisiert. Entweder durch die Eltern selbst oder durch private Anbieter der unterschiedlichsten Couleur: »Kunterbunt« und »Nachtigall« und wie sie alle heißen. In allen Bereichen der Kinderbetreuung sind gewerbliche Anbieter auf dem Vormarsch.

Private gewerbliche Anbieter müssen einen Kanon an Bedingungen erfüllen, wenn sie in den gleichen Genuss öffentlicher Gelder gelangen wollen wie kommunale Einrichtungen. Die vorgegebenen Qualitätsstandards und Personalschlüssel sind relativ hoch. Einrichtungen ohne staatliche Zuschüsse bewegen sich in Preissegmenten, die sich nur betuchte Eltern leisten können. Aber viele Eltern zahlen gern einen hohen Preis dafür, dass sie die Kinder gut betreut und passend ernährt wissen, und vor allem, dass die Öffnungszeiten der Kitas flexibel gehandhabt werden. Wie häufig schließen die öffentlich subventionierten Einrichtungen ihre Pforten, wenn die Eltern nicht pünktlich zum Abholen vor dem Kindergartentor stehen.

»Wer bereit ist, einen höheren Preis für die Kinderbetreuung zu zahlen, dürfte in der Regel qualitativ hochwertige Betreuung bekommen, die den Anforderungen und Wünschen des Haushalts auch in zeitlicher Hinsicht entspricht«, so Cornelia Lang in der DJI-Studie »Wer betreut Deutschlands Kinder?«.[95] Vielfach lässt sich konstatieren, dass auch die Qualität der Kinderbetreuung maßgeblich vom Einkommen der Eltern bestimmt wird.

Doch den meisten Eltern sind die Kosten für private Kindergärten zu hoch, sie können sie schlicht nicht bezahlen. Zumindest institutionelle Kinderbetreuung in Deutschland sollte als öffentlich gefördertes Betreuungssystem für alle »zugänglich und erschwinglich« sein. Auch das scheint nur bedingt der Fall zu sein, denn die Studie kommt zu dem Schluss, dass niedrigere Einkommensgruppen auch bei einer Kostenstaffelung für Kindergärten anteilig stärker belastet werden als mittlere Einkommensgruppen.

Und wieder werden von Experten sogenannte Betreuungsgutscheine als »marktorientiertes Steuerungsmodell« ins Gespräch gebracht.[96] Danach würden die Eltern die Förderung der Einrichtungen – in welcher Trägerschaft auch immer – über geldwerte Gutscheine leisten, die die Kindergärten und Betreuungsstätten dann beim Jugendamt abrechnen könnten. Auf diese Weise soll unter den lokalen Anbietern von Betreuungsplätzen Wettbewerb gefördert werden. Erfolgreiche Betreuungsstätten müssten sich dann marktgerecht verhalten, also den Ansprüchen der Kinder und ihrer Eltern entsprechen. Auch was die Öffnungszeiten betrifft.

Das auf den ersten Blick »wettbewerbsmäßige« Modell hat allerdings einen entscheidenden Haken. Es wird Betreuungsplätze erster und zweiter Klasse geben – mit einem ähnlichen Gefälle, wie es sich bei der »freien« Elternwahl der Grundschule abzeichnet. Wer will sein Kind denn schon in die sozialen Brennpunkte der Stadt schicken, wer in Kindergärten mit überwiegendem Migrationshintergrund?

Im internationalen Vergleich zeigt sich: Das deutsche Bildungssystem schafft es am wenigsten, die Unterschiede von familiärer und sozialer Herkunft auszugleichen. Schlimmer noch: Die Chancenungleichheit mit Beginn des Lebens dürfte künftig eher noch krasser werden.

Für den, der es sich leisten kann – Der Boom privater Nachhilfeschulen

Eine andere Form der Privatisierung des Schulischen besteht darin, dass Eltern in immer stärkerem Maße Aufgaben übernehmen müssen, die eigentlich die Schule zu leisten hat. »Liegt Ihnen Ihr Kind nicht am Herzen?«, heißt es dann. Oder: »Ein bisschen investieren in die Zukunft des Kindes sollten Sie schon.« Eltern wird ein schlechtes Gewissen suggeriert, wenn die schulischen Leistungen ihrer Kinder schwanken oder zu wünschen übrig lassen. An der Schule, an den Lehrern, an der Vermittlung des Stoffs liegt es in der Regel nie – immer an den Kindern. Wie selbstverständlich erwartet die Schule dann, dass Eltern nachmittags die Hausaufgaben der Schüler betreuen, mit ihnen die Klassenhefte durcharbeiten, den Stoff »nebenbei« vertiefen, den die Lehrer vormittags nicht vermitteln konnten oder wollten – aus Zeitgründen, aus Überforderung, aus Stress.

Dann sind die Eltern gefragt, die neben ihrer beruflichen Tätigkeit in ihrer Freizeit »Lehrer« spielen müssen, notgedrungen. Und das lässt sich vielfach nicht einfach so nebenbei erledigen und aus dem Ärmel schütteln. Vielfach sind die Aufgaben auch schon in den unteren Schulklassen so komplex und schwierig, dass sich Eltern richtig einarbeiten und einfühlen müssen in das Lernfeld ihrer Kinder. Und nicht alle Eltern können das auch wirklich leisten.

So ist es kein Wunder, dass in allen großen Städten private Nachhilfeinstitutionen wie Pilze aus dem Boden schießen. Ein großer neuer privater Markt hat sich da aufgetan neben den Schulen. In vielen Städten erhält inzwischen jeder vierte Schüler bezahlten Nachhilfeunterricht. Über 3.000 kommerziell betriebene Nachhilfeschulen gibt es in Deutschland. Sie haben sich »so selbstverständlich etabliert, dass dies offensichtlich von ›niemandem‹ mehr als etwas Besonderes empfunden wird.«[97] Allein die Branchenführer »Schülerhilfe« und »Studienkreis« sind deutschlandweit im Franchise-System mit rund 1.000 Filialen hoch professionell vertreten. »Sie sind Ersatzschulen, mit Klassenräumen, Lehrerpersonal und Büro.« Nachhilfe nicht erst für pubertierende Jugendliche auf Realschule und Gymnasium. Auch für Grundschüler gibt es Nachhilfeunterricht.

Der wird natürlich nur von Eltern in Anspruch genommen, die es sich finanziell leisten können, ihre Kinder auf die Prüfungen und die weiterführenden Schulen hin trimmen zu lassen. Denn privater Nachhilfeunterricht ist teuer. Und das ist das Fatale: Es wird dort eigentlich nichts anderes gemacht als das, was die Schule und ihre Lehrer den Schülern beibringen müssten. Aber mangelhafte Curricula, immer weniger Planstellen für Lehrer, überfüllte Klassen und zunehmend soziale Spannungsfelder bringen auch immer mehr Schüler in prekäre Situationen, deren Defizite betuchte Eltern auffangen können, während der »Normalfall« auf der Hauptschule landet – mit einer vorgezeichneten Zukunft. Der Schulerfolg hängt so vielfach vom »Geldbeutel der Eltern« ab.

Privatisiert sind damit wesentliche Teile eines Schulalltags, der eigentlich nur einen halben Tag in Anspruch nehmen und eigentlich große Teile des Nachmittags der »freien« Verfügung überlassen sollte. Aber da wird in wesentlichen Bereichen privat das geleistet, was Schule nicht oder nur unzureichend anbietet. Neben dem kargen schulischen Pflichtangebot in Sachen Sport etwa werden von denen, die es sich leisten können, Kinder nachmittags zusätzlich in betreute Sportvereine geschickt. Sie gehen zum Fußball, zum Hockey, in den Leichtathletikclub, zum Schwimmunterricht. Immer in privater Initiative. Privat organisiert, privat bezahlt.

Alle Welt propagiert auch die musikalische Früherziehung als wesentliches Element einer umfassenden Entwicklung. Private Musikschulen leisten das, was auch öffentlicher Unterricht zumindest anbieten müsste. Wer aber seinem Kind eine musikalische Erziehung zukommen, es vielleicht sogar ein Instrument lernen lassen will, muss ebenfalls tief in die Tasche greifen.

Eltern engagieren sich wie selbstverständlich in Fördervereinen, zahlen Büchergelder, Essensbeiträge, den Anstreicher für die Renovierung der Klassenräume. Sie schaffen privat organisiert Computer und Lernhilfen für ihre Kinder und damit für die Schulen an – immer in Bereichen, die eigentlich öffentliche sind, die aber ohne privates Zutun kollabieren würden. Eltern werden immer stärker zur Finanzierung öffentlicher Aufgaben herangezogen – durch Geldbeträge oder Arbeitsleistung. Teilweise treten sie sogar als Bauträger für schulische Sanierungsbauten auf oder sie übernehmen die Organisation und Teilfinanzierung der »Offenen Ganztagsschule«. Das kann »die Kultur und das Profil« einer Schule durchaus bereichern, wird aber immer dann problematisch, »wenn der Einsatz privater Mittel … zum regelmäßigen Ersatz öffentlicher Mittel gerät, wenn er die Grundversorgung finanzieren helfen muss und wenn er nur bestimmten Schulen dient, andere aber leer ausgehen.«[98] Und so kommt es, dass immer mehr Bildungsausgaben privatisiert werden, und damit Kosten, die einst von der öffentlichen Hand getragen wurden, auf Private, Eltern und Unternehmen abgewälzt werden.

Die neuen »Paten« – Von Sponsoren und Stiftern

Der »gute Ruf« einer Schule, so beginnt ein Artikel der Wissenschaftlerin Ingrid Lohmann, »hängt längst von ihrer Teilnahme an Projekten der Bertelsmann Stiftung ab.«[99] Mit dieser Bemerkung weist die Dozentin für historische Bildungsforschung an der Universität Hamburg darauf hin, das die Bertelsmann Stiftung Schulen und Hochschulen auf Marktkriterien hin umbauen will, und dass die Schulen, die auf sich halten, sich längst dem Diktat aus Gütersloh unterworfen haben. Denn, so steht es im Jahresbericht 2005 der Stiftung, »die Schule muss besser werden; das liegt in unser aller Interesse.«[100] Dieser Feststellung wird natürlich niemand ernsthaft widersprechen.

Einen besonderen Einfluss übt die Bertelsmann Stiftung auf die Schullandschaft Nordrhein-Westfalens aus. Mit dem Projekt »Selbständige bzw. eigenverantwortliche Schule« sollen die Schulen aus dem Dickicht staatlicher Vorschriften herausgelöst und in die Selbstverantwortung geführt werden. Schulen können sich danach weitgehend selbst organisieren, eigene Leistungsbewertungen kreieren, »Lehrerstellen in Geldmittel« umwandeln und damit ein eigenes Budget aufbauen und verwalten und sich selbst evaluieren. Die Schulen sollen ihre Qualität nun selbst messen, beurteilen und sich danach ausrichten. Das Modell soll, so die Gewerkschaft Erziehung und Wissenschaft, 2007 landesweit auf alle Schulen übertragen werden. In Niedersachsen wurde 2005 das Bertelsmann-Projekt »Eigenverantwortliche Schule und Qualitätsvergleiche in Bildungsregionen« mit Hilfe der Landesregierung auf den Weg gebracht. Andere Bundesländer ziehen nach. Die von der Bertelsmann-Stiftung entwickelten Messinstrumentarien zur Selbstevaluierung werden inzwischen in Schulen aller 16 Bundesländer umgesetzt.

Die Bertelsmann Stiftung orientiert sich stark am englischen Schulwesen, das seit der Ära Thatcher in großen Teilen privatisiert wurde bzw. in privater Trägerschaft geleitet und nach betriebswirtschaftlichen Prinzipien geführt wird. Schulen in England agieren in Konkurrenz zu anderen und vergleichsweise autonom, sie unterliegen einer strengen Evaluierung, werden von einer Schulleitung geführt, die einem Vorstand gleicht und bei Mängeln und Versagen abrufbar ist. Diese Schulen, sogenannte Academies, können Gehälter und Arbeitszeiten für die Lehrer weitgehend selbst festlegen und die Schülerschaft nach Gutdünken auswählen. Schulinspektionen testen die Schulergebnisse, die teilweise in Tageszeitungen veröffentlicht werden. Für die Bertelsmann Stiftung zeitigt das reformierte, wettbewerbsorientierte englische Schulwesen eindeutig »bessere Ergebnisse als in Deutschland«. Am liebsten würden es die Bertelsmänner sehen, wenn sich der Staat aus der Trägerschaft des Schulbetriebs ganz zurückziehen würde.

Aber man muss es deutlich sagen: Die Bertelsmann Stiftung übt einen immer stärkeren Einfluss auf Politiker und Regierungen aus. »Wo Schulen, Hochschulen oder öffentliche Verwaltungen neoliberal umgebaut werden, braucht man nach der Bertelsmann-Stiftung nicht lange zu suchen«[101], meint auch Clemens Knobloch. Private Stiftungen agieren als Motor der Bildungsreform – Privatpersonen oder Unternehmen übernehmen immer häufiger wichtige Aufgaben und damit »gesellschaftliche Verantwortung«. Und das funktioniert stets nach dem gleichen Prinzip: Bildungseinrichtungen werden »betriebswirtschaftlichen Controlling-Prozeduren« auf allen Ebenen unterworfen. Termini wie Kostenpflichtigkeit, Gebühren, Bildungsgutscheine und Leistungskennziffern werden zum Alltag, vor allem auch im Hochschulbereich. Marktprinzipien stehen auf der Agenda: die Konkurrenz zwischen den Lehrenden, Studiengebühren, Hochschuleingangsprüfungen, Hochschulräte mit einer Funktion wie Aufsichtsräte in der Wirtschaft. In der Hochschulpolitik der Zukunft werden Hochschulen um Studierende konkurrieren. Der Markt entscheidet zukünftig, welche Studenten und Studiengänge wirtschaftlich »profitabel« sind und sich lohnen und welche nicht.

Eine einschneidende Idee aus der Gütersloher Stiftungs-Schmiede: das 1994 als private gemeinnützige GmbH von der Bertelsmann Stiftung und der Hochschulrektorenkonferenz gegründete Centrum für Hochschulentwicklung CHE. »Diese Denkfabrik betreibt seither den Umbau der Hochschulen nach betriebswirtschaftlichen Kriterien«, meint Ingrid Lohmann, »ist weitgehend für die Einführung des Bachelor-Master-Studiensystems verantwortlich und moderiert die Einführung der Studiengebühren«. Das stiftungseigene CHE, zu 100 Prozent durch die Bertelsmann Stiftung finanziert, soll die Hochschulreform begleiten, die chronisch unterfinanzierten Universitäten auf eine neue Basis stellen, einen Bildungsmarkt entstehen lassen, in dem auf der einen Seite »Studierende zu Nachfragern« werden und andererseits »Hochschuleinrichtungen zu Anbietern«. Umschrieben werden all diese Prozesse seitens der Bertelsmann Stiftung mit dem Ziel der »entfesselten Hochschule«[102]. Deutsche Universitäten, zumindest die dafür auserkorenen, sollen autonom, profiliert, wettbewerbsfähig, wirtschaftlich und international werden.

Mit einem Wort: Die Universitäten sollen immer »ökonomiefähiger« werden, wobei der Dekan zunehmend zum Manager wird. Während sich die Hochschulen also vermehrt privatwirtschaftliche Strukturen verpassen, der Ort des Wissens also immer unternehmensähnlicher wird, nehmen hochmoderne Hightech-Unternehmen universitäre Aufgaben wahr. Beispielsweise der Software-Konzern SAP. Der forscht, entwickelt, bildet aus wie der hochqualifizierte Fachbereich einer Universität. Ein Unternehmen mit einer Akademikerdichte von über 90 Prozent. »Der ökonomische Zeitgeist hat die gesamte Bildungspolitik überrollt«, meint der Philosoph Peter Sloterdijk. Heute sei derjenige der erfolgreichste Wissenschaftler oder Professor, der es verstehe, die meisten Drittmittel einzuwerben. »Am besten wäre es, kluges Geld trifft intelligente Bildungsbürokratie.«[103]

Was ist gemeint? Da anspruchsvolle Forschung, so heißt es, an deutschen Hochschulen mit der derzeitigen finanziellen Ausstattung so gut wie nicht möglich ist, müssen Wissenschaftler finanzielle Ressourcen außerhalb der Universitäten erschließen, über sogenannte »Drittmittel«. Drittmittel sind die Gelder für Forschungszwecke, die nicht direkt aus den Etats der zuständigen Ministerien der Länder oder vom Bund kommen, sondern aus der Industrie und von Institutionen wie beispielsweise der Deutschen Forschungsgemeinschaft. Drittmittel unterliegen dabei nicht nur den für die Haushaltsmittel der Hochschule einschlägigen rechtlichen Rahmenbedingungen. Hier sind Privatinitiativen gefragt.

Die Stiftungen und Konzerne spielen im deutschen Bildungswesen eine immer größere Rolle. Sie sind inzwischen nicht mehr wegzudenken. Sie kommen in zahlreichen Facetten und Varianten daher. Oft sieht man erst auf den zweiten Blick, wer sich dahinter verbirgt. Zum Beispiel beim »Buddy-Projekt«. Es zielt auf Schulen und Schüler, die im Zuge solcher Projekte soziale Handlungskompetenz lernen sollen. Basis ist die sogenannte Peergroup-Education, mit dem Ziel, dass Kinder und Jugendliche als Buddys Verantwortung für sich und andere übernehmen sollen. Dieser Prozess wirkt sich schließlich positiv auf die Rolle der Lehrer und die ganze Schule aus, verkünden die Buddy-Macher. Grundvoraussetzung ist, dass das gesamte Lehrerkollegium hinter der Einführung des Buddy-Projekts in der Schule steht und »soziales Lernen« fest in den Stundenplan integriert ist. Begleitet und unterstützt wird »Buddy« durch sogenannte Prozessmoderatoren. Präsidentin der buddY E.V. ist Rita Süssmuth. Landes- oder Bezirksregierungen können mit dem buddY E.V. Kooperationsverträge zur Einführung des Buddy-Projekts abschließen. Derartige Landes- und Regionalprogramme gab es 2007 bereits in Niedersachsen, Berlin, Hessen und Ostwestfalen-Lippe. Hauptförderer des Buddy-Projekts: die Vodafone Stiftung Deutschland, also der Vodafone-Konzern. Handys und Schüler – wehe dem, der Schlechtes dabei denkt.

Oder »Papilio«, ein Programm für Kindergärten zur »Primärprävention gegen die Entwicklung von Sucht und Gewaltverhalten« und zur Förderung sozial-emotionaler Kompetenz. Das klingt gut, ist auch gut, und wird von verschiedenen Universitäten wissenschaftlich begleitet. Dahinter verbirgt sich das beta-institut für angewandtes Gesundheitsmanagement, eine Einrichtung der betapharm Arzneimittel GmbH in Augsburg.

Auf der Bildungsmesse »didacta« 2007 in Köln war Bildungssponsoring ein zentrales Thema vieler Kolloquien und Diskussionsrunden. Zahlreiche Fragen wurden diskutiert: Ersetzen Unternehmen und Stiftungen den finanzschwachen Staat? Braucht Bildung Wirtschaft? Wird Bildung durch finanzielle Bindung manipulierbar? Ist es moralisch, sozial oder ethisch verwerflich, mit Bildung Geld zu verdienen? Da versuchte beispielsweise in Anlehnung an das »Philosophische Quartett« des ZDF ein sogenanntes »Didaktisches Quartett« Antworten zu finden. Eingeladen hatte die Wolfsburger Autostadt GmbH, ein Tochterunternehmen der Volkswagen AG. Ein Ergebnis der Runde: Die saubere Trennung von universitärer Forschung und interessengebundenen Aktivitäten kann leicht gefährdet werden. Oder um es deutlicher zu sagen: Sie ist heute bereits Alltag.

Gefängnisse und Sicherheit

Willkommen im Knast! – Gefängnisse und Sicherheitsdienste ganz privat

Niemand will dorthin, aber theoretisch kann es jedem im Laufe eines langen Lebens einmal blühen: Man landet im Gefängnis. Hunderte Menschen werden auch hierzulande täglich von Richtern zu Haftstrafen verurteilt, hinter Gitter geschickt. Es liegt in der Natur des Menschen, also auch eines Gefangenen, dass er so schnell wie möglich wieder in Freiheit gelangen will. Dazu helfen neben Hafterlassung, Freigang und Resozialisierungsprogrammen auch soziale und psychologische Betreuung. Das erklärte Ziel eines fürsorgenden Staates sollte es sein, dass ein Freigelassener in der Welt da draußen möglichst schnell wieder festen Boden unter den Füßen spürt, soziale Kontakte aufnimmt, einer möglichst geregelten Arbeit nachkommt und nicht wieder rückfällig wird.

Jetzt werden immer größere Teile der Justiz privatisiert. Hessen hat mit der Justizvollzugsanstalt Hünfeld ein ganzes Gefängnis an ein privates Management übergeben. Ein Modell, das nach dem Willen vieler Landesregierungen Schule machen soll. Aber haben private Investoren wirklich ein Interesse daran, Häftlinge möglichst schnell wieder in die Freiheit zu entlassen? Sind hohe Belegungszahlen nicht der Garant für eine gute Rendite? Zumindest braucht eine privat betriebene Haftanstalt immer neuen »Nachschub«, damit sich das Unternehmen lohnt. Schon von daher ist der Blickwinkel beim Betrieb eines Gefängnisses durch private Investoren ein gänzlich anderer als der einer dem Gemeinwohl verpflichteten Kommune, die sich nicht über Gewinne und Marktanteile definiert.

Begonnen hatte der Einsatz privater Sicherheitskräfte zu Beginn der 1990er-Jahre in zahlreichen deutschen Abschiebehaftanstalten, so auch in der größten Einrichtung dieser Art im westfälischen Büren. Aber erst seit wenigen Jahren gilt in Kreisen der Sicherheitsunternehmen die Devise: Die Gefängnisbranche boomt. Hier ist richtig Geld zu machen. Privatisierte Gefängnisse sollen in Deutschland zum neuen Geschäftsfeld, der Strafvollzug soll ein neuer Dienstleistungssektor für private Anbieter werden. Nach Hessen wollen jetzt auch Baden-Württemberg, Nordrhein-Westfalen und Sachsen zügig Gefängnisse in privater Regie bauen und betreiben.

Vorbild in diesem Bereich für die Anbieter ist der Strafvollzug in den USA und Großbritannien, wo privat betriebene Gefängnisse an der Tagesordnung sind und das Geschäft mit Haftanstalten zu einem Milliarden-Business geworden ist. Das Gefängniswesen gehört in den USA zu den in den letzten Jahren am schnellsten gewachsenen Wirtschaftsbranchen. Hier gilt: Je mehr Häftlinge einsitzen, desto besser. Und der Staat, die Politik ist eine große Sorge los.

Am liebsten hätte das Land Hessen sein erstes Gefängnis vollständig privatisiert. Aber wegen zahlreicher rechtlicher Bedenken beließ man es erst einmal bei einer Teilprivatisierung. Eine Vollprivatisierung von Gefängnissen ist in Deutschland derzeit nicht möglich, da die Privatisierung von staatlichen Sicherheitsaufgaben klaren verfassungsmäßigen Reglementierungen (Artikel 33 IV des Grundgesetzes) unterliegt. Grundrechtsintensive Polizeiaufgaben und das staatliche Gewaltmonopol dürfen durch Privatisierungen nicht eingeschränkt werden. »Das Demokratieprinzip stellt insoweit eine Privatisierungsgrenze dar, als es verletzt wäre, wenn maßgebliche Aufgaben zur selbstständigen Erledigung an Private überantwortet würden, ohne dass diese ihrerseits einer inhaltlichen Kontrolle ihrer Tätigkeit durch demokratisch legitimierte Instanzen unterworfen wären.«[104] Ausschließlich privat betriebene Gefängnisse sind in Deutschland verboten, da der Strafvollzug zum Kernbereich der staatlichen Aufgabenwahrnehmung gehört.

Eine Arbeitsgruppe »Modellprojekte zur Privatisierung im Strafvollzug« im Auftrag der Hessischen Landesregierung kam bereits 1999 zu dem Ergebnis, dass der »Planung und Errichtung von Haftanstalten durch Private keine verfassungs- oder verwaltungsrechtlichen Grundsätze«[105] entgegenstehen würden. Danach kann das Land ein privat errichtetes Gefängnis mieten oder pachten, sofern gewährleistet wird, »dass die Räumlichkeiten für den Strafvollzug geeignet« sind, vor allem den gesetzlichen Sicherheitsanforderungen entsprechen. Allerdings, auch das wurde klargestellt, sei eine »Privatisierung des Strafvollzuges als Ganzes in Deutschland unzulässig«.

Die Arbeitsgruppe kam aber zu dem Schluss, dass jeweils große Teile des Hausmanagements (Instandhaltung, Reinigung der Anstalt, Verwaltungshilfsdienste), des Versorgungsmanagements (Küche, Reinigung, Gefangeneneinkauf, Bekleidungsausstattung, ärztliche Versorgung), des Betreuungsmanagements (Arbeit, Ausbildung, Freizeitangebote, soziale Beratung) und Bewachungs- und Kontrollmanagements (objektbezogene allgemeine Sicherungsmaßnahmen, Alarmanlagen, Schließanlagen, Beaufsichtigungsmaßnahmen, Begleitung von Gefangenen innerhalb des Gefängnisses) »einer Privatisierung zugänglich« sind. Sogenannte »Maßnahmen mit Eingriffscharakter« gegenüber Gefangenen bleiben dem staatlichen Personal vorbehalten. Fazit: Nahezu alle »Aufgaben mit dienstleistendem Charakter« können im Betrieb einer Justizvollzugsanstalt privat organisiert werden.

Und dann gab das Gutachten den Politikern noch ein Argument an die Hand, dass sie werbewirksam ihren Bürgern verkaufen konnten. »Die privatwirtschaftliche Organisation von Planung, Bau und Teilbetrieb einer neuen Haftanstalt entspricht dem haushaltsrechtlichen Grundsatz der Wirtschaftlichkeit und Sparsamkeit.« Verwiesen wird ausdrücklich darauf, dass die Abwicklung durch Private kostengünstiger sei und auch bei den Betriebskosten erhebliche Einsparungspotenziale erschlossen werden können. Die Betriebskosten sollen durch die Teilprivatisierung gegenüber staatlichen Gefängnissen um 15 Prozent gesenkt werden.

Auf dieser Grundlage wurde Ende 2005 dann, wie schon erwähnt, im osthessischen Hünfeld das erste teilprivatisierte Gefängnis Deutschlands eröffnet und wenig später in Betrieb genommen. Die hessische Landesregierung feierte die private JVA schon nach wenigen Monaten euphorisch und pries sie den anderen Bundesländern als unbedingt nachahmenswert an. Der Bau wurde ausschließlich von privaten Gesellschaften geplant und errichtet. Die »reinen Baukosten pro Haftplatz« konnten gegenüber früheren Gefängnisbauten um mehr als die Hälfte reduziert, die Bauzeit deutlich vermindert werden.

Knapp die Hälfte aller Leistungen innerhalb der JVA Hünfeld wurde dem Dienstleistungskonzern Serco übertragen. Dazu gehören der Transport der Gefangenen, die Instandhaltung des Gefängnisses, die Pforten- und Besuchsüberwachung und alle Schlüsseldienste, der medizinische Dienst, die psychologische Betreuung, die Verpflegung, der Betrieb von Werkstätten, die Reinigung des Gefängnisses und Teile der Verwaltung. In Hünfeld arbeiten 116 staatliche und 95 Beschäftigte des privaten Betreibers. Die Verantwortung für die Sicherheit bleibt aufgrund des staatlichen Gewaltmonopols in öffentlicher Hand.

Die deutsche Serco GmbH ist ein Tochterunternehmen des britischen Dienstleistungskonzerns Serco Group plc, eines der expandierendsten privaten Unternehmen dieser Art. Serco ist mit 46.000 Beschäftigten in 36 Ländern aktiv und mit jährlichen Zuwachsraten von durchschnittlich über 20 Prozent auf Kundenfang. In Deutschland ist Serco inzwischen an 35 Standorten präsent. Serco empfiehlt sich als »Spezialist für Public Private Partnership«[106], der in enger Anlehnung an politische Entscheidungsträger Projekte für Kommunen und den öffentlichen Dienst realisiert.

Zum Kundenkreis der deutschen Serco gehören Behörden und Institutionen aus den Bereichen Justiz und Sicherheit, Schulen und Hochschulen, die Bereiche Gesundheit, Verkehr, Verteidigung sowie Luft- und Raumfahrt. So unterhält das Unternehmen beispielsweise mit einem weiteren Partner die Schulen und Sporthallen im nordrhein-westfälischen Monheim. In der Letzlinger Heide in Sachsen-Anhalt betreibt es ein Gefechtsübungszentrum der Bundeswehr.

Die Sicherheitsbranche boomt nicht nur durch die weiter forcierte Teilprivatisierung von Justizvollzugsanstalten, sondern auch durch schärfere Sicherheitsgesetze an Flughäfen, in Hafenanlagen und zahlreichen Orten des öffentlichen Lebens. Hinzu kommen Großveranstaltungen und Events, die die Veranstalter zunehmend vor erhöhte Sicherheitsprobleme stellen. Allein bei der Fußballweltmeisterschaft 2006 in Deutschland waren neben Polizei, Rettungsdiensten und Ordnungskräften etwa 12.000 private Sicherheitskräfte im Einsatz – für die privaten Sicherheitsdienste ein willkommenes Konjunkturprogramm.

In Deutschland bieten derzeit Dutzende mittlerer bis großer privater Sicherheitsdienste ihre Leistungen an: den Kommunen und der öffentlichen Hand, in öffentlichen Gebäuden und beim Personennahverkehr beispielsweise, in Universitäten, Hochschulen und Museen sowie zum Schutz von Kraftwerken und vieles mehr. Aber private Sicherheitsdienste trifft man heute auch in Parks, in Kaufhäusern, auf dem Bahnhof, in U-Bahnen und bei zahlreichen großen Veranstaltungen.

Drei Jahrzehnte ist es nunmehr her, dass die Stadt München ihre Bevölkerung mit den »Schwarzen Sheriffs«[107] schockte: breitschultrige, ganz in Schwarz gekleidete Männer, Sheriffstern, Gummiknüppel, Handschellen und Pistole im Halfter, martialisch im Auftreten, nicht selten mit einem Schäferhund an der kurzen Leine. Die finsteren Gestalten des zivilen Sicherheitsdienstes Carl Wiedmeier seien zum Schutz der Menschen und für ein Gefühl der Geborgenheit in den Tiefen der U-Bahnen da, hieß es. Alles zum Wohle der Bürger. Und das Beispiel machte Schule, denn plötzlich schossen weitere private Sicherheitsdienste wie Pilze aus dem Boden.

Ein riesiger Markt ward aufgetan, ein Business, das den Kommunen gleichzeitig die »schmutzige« Arbeit abnahm. Andere Städte und Gemeinden zogen nach. Um Geld zu sparen, beauftragt auch der Staat immer häufiger private Sicherheitsdienste mit polizeilichen Aufgaben.

Inzwischen sind in diesem Gewerbe rund 2.500 Unternehmen mit etwa 170.000 Beschäftigten tätig. Marktführer der expandierenden Branche ist die Firma Securitas, »Deutschlands größter Anbieter von spezialisierten Sicherheitslösungen im privaten Sicherheitsgewerbe«[108]. Securitas hat 14.000 Beschäftigte an 70 Standorten und ist als »Stelle zur Gefahrenabwehr« für die Bundesländer Hamburg, Bremen, Niedersachsen, Schleswig-Holstein und Nordrhein-Westfalen »anerkannt und zugelassen«. Zum »Schutz vor terroristischen Anschlägen« kontrolliert das Unternehmen Hafenanlagen und Schiffe. Ähnliches gilt für Flughäfen, für Fluggast- und Gepäckkontrollen und alle sicherheitsrelevanten Aufgaben bis hin zur »Überwachung zentraler Abläufe«. Dazu gehören alle Flughäfen der Hauptstadt Berlin.

Securitas ist nach eigener Darstellung seit Jahren Vertragspartner der Hamburger U- und S-Bahnen, der Münchner Verkehrsbetriebe und des Stadtverkehrs Tübingen. Securitas' Leistungen für den öffentlichen Nahverkehr (laut Internetauftritt): Schutz von Fahrgästen und Betriebsangehörigen, von Anlagen und Einrichtungen, die Sicherstellung des Betriebsablaufes, Zugbegleitung, Ordnungsdienst, Fahrkartenkontrolldienst, Strafsachenbearbeitung, Auswahl und Ausbildung der Mitarbeiter, Spürhundestaffel und vieles mehr.

Der Polizeigewerkschaft sind diese Dienste vielfach ein Dorn im Auge: Sie prangern immer wieder die miserable Ausbildung der Privaten an, die derzeit kräftig an einem positiveren Image feilen. Denn nicht selten kam es in der Vergangenheit zu spektakulären Übergriffen durch private Sicherheitshüter, die bevorzugt Kleinkriminelle und Obdachlose ins Visier nahmen.

Kritik aus anderen gesellschaftlichen Gruppen wird auch am Einsatz der Sicherheitsdienste in den Gefängnissen geübt: Private Sicherheitsdienste seien anfälliger für Einflussnahmen und Korruption innerhalb und außerhalb der Gefängnisse, zumindest erheblich stärker, als das bei Vollzugsbeamten der Fall sei. Sie gelten vielen *selbst* als Sicherheitsrisiko, da sie schlecht bezahlt oder gleich auf dem Markt der Billigkräfte rekrutiert werden. In den privaten Sicherheitsdiensten kämen vielfach auch selbst am Leben gescheiterte Existenzen mit zweifelhafter Sozialprognose zum Zuge und würden »auf die Menschen losgelassen«. Vielfach schlecht ausgebildet, verfügten sie über wenig fachliche Qualitäten und profilierten sich durch die Uniform.

Der Bewachungsbereich der Sicherheitsbranche gehört zum Niedriglohnsektor. Personal, das für die Resozialisierung ausgebildet ist, kostet weit mehr. Befinden sich Gefängnisse und Sicherheitsdienste in privaten Händen, so kann von einem Qualitätsverlust für die Gefangenen aufgrund straffer Kosten-Nutzen-Rechnungen ausgegangen werden. Ein ernsthaftes Interesse an der gesellschaftlichen Wiedereingliederung Strafgefangener wird wohl dann aus Kostengründen nicht verfolgt werden. Das dürfte Folgen haben: Denn die reine Verwahrung von Straftätern muss doch zwangsläufig zu hohen Rückfallquoten führen. Die Gesellschaft wird schließlich die anfallenden Kosten tragen müssen.

Dies ist nur die eine Seite der Medaille. Gerade im Sicherheitsbereich stellt sich nämlich immer wieder die Frage: Wie wollen diese privaten Kräfte zwischen »privaten und hoheitlichen Rechten« sauber trennen?

Hoheitsrechte als Big Business – Sicherheit, Gefängnisse und das Militär

Militärische Aufgaben in privater Hand – das ist in Deutschland nach wie vor tabu, auch wenn zahlreiche Sicherheitsaufgaben in der Öffentlichkeit heute nicht mehr von der Polizei wahrgenommen werden, sondern privaten Diensten übertragen sind. Der öffentliche Nahverkehr wird von privaten Security-Firmen bewacht, der Werks- und Objektschutz ist weitgehend privatisiert. Die Liste ließe sich beliebig fortsetzen. Was nicht ausdrücklich in hoheitliches Gebiet fällt und damit grundgesetzlich verankert zum staatlichen Gewaltmonopol zählt, wird zur Disposition gestellt. In den Ländern der engsten Verbündeten und bei den befreundeten Nachbarn Deutschlands sieht das vielfach anders aus. Da betreiben teilweise börsennotierte Unternehmen Söldnerarmeen und hoch bewaffnete Sicherheitsdienste, die je nach Kriegs- und Konjunkturlage engagiert und eingesetzt werden. Denn seit den 1990er-Jahren wurde der Sicherheitssektor immer stärker privatisiert, übernahmen private Dienstleister mehr und mehr Aufgaben der Polizei und des Militärs. Das großflächige Outsourcing von Militärhilfe wurde von den USA erstmals in Kroatien praktiziert. Die Ausbildung der kroatischen Armee durch das private Militärunternehmen MPRI, in dessen Aufsichtsrat pensionierte Vier-Sterne-Generäle und ehemalige Staatssekretäre aus Pentagon und State Department saßen, bedeutete den Beginn einer neuen auswärtigen Militärhilfepolitik.

Aber so richtig zu boomen begann die Branche erst seit den Anschlägen des 11. September 2001. Seither lässt der Krieg gegen den Terrorismus die Branche jubeln. Hochkonjunktur bei MPRI (Military Profesional Ressources), DynCorp, Sandline International, Gurkha Security, Defence Systems und all den anderen einschlägigen Adressen. Besonders in den USA sind private Sicherheitskonzerne mit eigenen Polizeitruppen und Armeen zum lukrativen Business geworden und dadurch aus dem Wirtschaftsspektrum nicht mehr wegzudenken.

Zum Kundenkreis dieser meist von früheren Militärs gegründeten Unternehmen gehören eigentlich alle Gruppierungen, die bezahlten Schutz brauchen oder die vergleichsweise anonym militärisch operieren wollen: Diktatoren und Rebellengruppen, Drogenbarone und Warlords, souveräne Staaten und große multinationale Wirtschaftsunternehmen, mitunter auch internationale Menschenrechtsorganisationen, wenn es darum geht, humanitäre Hilfsaktionen in Krisenregionen militärisch schützen zu lassen.

Die bedeutendsten Auftraggeber von MPRI Inc., DynCorp Corp. und Co. sind aber Staaten der westlichen Welt und große weltweit operierende Konzerne. Zur Produktpalette der einschlägigen amerikanischen Militär- und Sicherheitsfirmen gehören der Schutz privaten Eigentums, die Sicherung von Pipelines, Förderanlagen und Kraftwerken global operierender Konzerne, die Bewachung von Hilfskonvois, militärische Funktionen wie die Ausbildung im Nahkampf, die logistische Vorbereitung kriegerischer Handlungen, die Strategieberatung bis zum Bereitstellen privater Kampftruppen, Kampfeinsätze und sogar Spionagetätigkeiten. Ihr Personal rekrutieren diese Unternehmen aus ehemaligen Soldaten der Streitkräfte, mitunter auch aus militärischem Personal ehemaliger Ostblockstaaten, die in

Militärfirmen neue Jobs finden. Immer mehr Uniformträger stehen im Sold privater Sicherheitsdienste.

Gezielt setzen die Amerikaner private Sicherheits- und Militärunternehmen für ihre militärischen Zwecke ein. So ist beispielsweise der Krieg gegen den Irak auch ein Milliardengeschäft für die private US-Militärwirtschaft. Neben der regulären US-Armee befinden sich rund 30.000 Privatsoldaten im Irak. Sie trainieren die neue Polizei im Irak, bilden irakische Soldaten aus, sichern Objekte – und sind immer wieder in Kampfhandlungen verwickelt. Damit stellen die Söldner nach der US-Armee ein größeres Truppenkontingent als alle alliierten Koalitionspartner zusammen.

Die »Contractors«, die Angestellten der Firmen, mit denen die US-Regierung Verträge abschließt, sind inzwischen Teil des Militärapparates, auch wenn sie in keiner offiziellen Statistik auftauchen. Sie haben sich aus der ursprünglichen Grauzone heraus im Namen des »Krieges gegen den Terror« zur »seriösen« Kampfkraft entwickelt. Eigentlich werden sie für kriegsnahe Dienste engagiert, zum Bau von Stützpunkten, Brücken und Gefängnissen, sie werden als Sicherheitskräfte eingesetzt, als Dolmetscher und als Trainer der fremden Truppen. Aber sie greifen nach Bedarf auch in Kampfhandlungen ein.

Die Privatsoldaten im Irak verdienen mitunter das Vielfache von amerikanischen GIs. Aus Sicht der amerikanischen Regierung ist es das Geld wert. Denn wenn der Soldat eines Privatunternehmens zu Tode kommt, »verschandelt« das keine Todesstatistik, gibt es keine militärischen Ehren bei der Rückkehr des Zinksarges in die Heimat, müssen keine Hinterbliebenen entschädigt werden. Die Toten und Verletzten sind eben nicht Angehörige der Streitkräfte. Die Männer waren auf eigene Rechnung und auf eigenes Risiko im Einsatz. Gehen Einsätze schief, kann die Regierung viel schwieriger haftbar gemacht werden. Und private Soldaten lassen sich auch besonders gut dort einsetzen, wo der reguläre Einsatz von GIs keine politische Legitimation erfahren würde.

Für die US-Regierung haben die privaten Söldner noch viel mehr Vorteile. Sie lassen sich flexibler und auch kostengünstiger einsetzen als Teile der regulären Armee, sind nach Bedarf abrufbar. Besonders das Outsourcen von Militärberatung und die logistische Vorbereitung von Stützpunkten in Kriegsgebieten entlasten den Militäretat und finden auch bei Haushaltspolitikern rege Zustimmung. Gerade weil in vielen Ländern die Militärbudgets sinken und Personal vor allem in den militärnahen Bereichen abgebaut oder ausgelagert wird, wachsen die Privatarmeen, die besonders von den »neuen Kriegen« profitieren. Zugunsten kosteneffektiverer Marktlösungen werden immer mehr traditionell militärische Funktionen privatisiert. Wenn in den USA die Kontrollen des Kongresses bei Rüstungsexporten, Militärhilfe und der Drogenbekämpfung der Regierung weniger offiziellen Handlungsspielraum erlauben, greift die Regierung zunehmend auf die privaten Militärfirmen zurück.

Ein Beispiel: Im ersten amerikanisch geführten Golfkrieg 1991 kam ein »Privater« auf rund 50 bis 100 Mann US-Personal. Im Irakkrieg 2003 hat sich das Verhältnis drastisch verschoben: Auf zehn US-Soldaten kommt nun schon ein privater Söldner. Rund 30 Milliarden US-Dollar zahlt das Pentagon im Irakkrieg jährlich an private Militärfirmen, die immer noch viel günstiger arbeiten als die reguläre US-Army.

Ein Grund für den rasanten Vormarsch privater Militärunternehmen liegt im Zerfall der politischen Blöcke nach dem Zusammenbruch der Sowjetunion, in der Umwälzung der Ökonomie hin zur kapitalistischen Wirtschaftsordnung im Zuge der »neoliberal geprägten Globalisierung«, die schließlich zu immer mehr »gewaltoffenen Räumen« geführt hat. Der Zerfall von Staatlichkeit, vor allem in Asien und Afrika, geht einher mit Bürgerkriegen, marodierenden Rebellengruppen, Söldnertruppen, unkontrollierten Warlords. Peter Lock beschreibt das in dem Band »Die Privatisierung der Weltpolitik« unter der Überschrift »Sicherheit à la carte« folgendermaßen: »Das Spektrum gewaltoffener Räume reicht von kleineren Armutsghettos in den Metropolen der Industrienationen bis hin zu ganzen Krisenregionen – zum Beispiel in Westafrika (Sierra Leone, Liberia), Lateinamerika (Kolumbien) und Südostasien (Burma), in denen das staatliche Gewaltmonopol weitgehend aufgehoben ist.«[109]

So operieren im Auftrag der US-Regierung private Söldner in Kolumbien, wo sie gegen die Drogenbarone eingesetzt werden und gegen die Guerilla Militärbasen unterhalten. Angestellte von DynCorp bewachen den afghanischen Präsidenten Hamid Karzai, stellen Teile der bosnischen Polizei, patrouillieren an der Grenze zwischen den USA und Mexiko. Söldner kämpfen in Südostasien und Südamerika gegen Rebellen, Drogenkartelle und Warlords sowie als Bewacher der Erdöl- und Diamantenfelder in Afrika. Andere verteidigen die Privilegien korrupter Eliten. Große Konzerne leisten sich private Sicherheitsdienste, vor allem die mächtigen Energie- und Mineralölkonzerne – auch in Europa. In Frankreich Elf Aquitaine, in Großbritannien British Petrol, in Russland Gazprom. »Der russische Erdölkonzern Gazprom beschäftigt eine Streitmacht von 20.000 Personen, die mittels besserer Bezahlung gezielt bei den russischen Streitkräften abgeworben wurden.«[110]

Auf dem Sicherheitssektor, der ein Herzstück staatlicher Hoheit ist, ist ein regelrechter »Weltmarkt« entstanden. Gurkha Security, Executive Outcustoms und MPRI beispielsweise erledigen neben militärischem Werkschutz auch zahlreiche Söldneraufgaben. Ihre Söldner können »auf einem regelrechten Weltmarkt für Sicherheit zur Rebellenbekämpfung angeheuert werden.«[111] Sie stehen nationalen Oligarchien zur Verfügung, wenn es darum geht, fremde Warlords in Schach zu halten, sie mischen für unterschiedliche Auftraggeber in diversen Bürgerkriegen mit.

Die Privatisierung der Sicherheit ist nicht nur für die Demokratie als Staatsform gefährlich, sondern sie torpediert eine der »Grundprinzipien der liberalen Weltordnung«[112], meint Peter Lock, nämlich das staatliche Gewaltmonopol nach innen und das Gewaltmonopol der UNO auf der Ebene der Weltpolitik. Von »Entstaatlichung der Weltpolitik« ist da die Rede.

Obwohl der Sicherheitsbereich auch in den meisten Ländern der westlichen Welt demokratischer Kontrolle unterliegt, werden Sicherheit und Sicherheitsdienste immer stärker kommerzialisiert und entziehen sich vielfach den Kontrollen. »Während die Regierungen gegenüber dem Parlament rechenschaftspflichtig sind, sind private Firmen dies nur gegenüber ihren Aktionären oder Besitzern und dem Auftraggeber«, meint Herbert Wulf.[113] Und: »Das neoliberale Konzept, auf Marktmechanismen auch im Sicherheitsbereich zu setzen, stellt die institutionelle Balance zwischen Kontrolle und professioneller Autonomie für das Militär in Frage.« Nach seiner Meinung führt die Privatisierung militärischer Funktionen »zu einem fundamental langfristigen Wandel im Verhältnis von Militär und Nationalstaat.« Da militärische Ressourcen auf dem globalen freien Markt jederzeit käuflich und Experten für fast jede militärische Tätigkeit zu haben sind, kann damit »wirtschaftliche Macht noch schneller in militärische Macht umgesetzt werden.«[114]

Auch bei uns werden Soldaten bzw. das Militär immer wieder für neue, erweiterte Aufgaben ins Spiel gebracht. Zur Terrorbekämpfung, zum Schutz von Großereignissen und Kernkraftwerken. Militärnahe Dienstleistungen werden schon heute privaten Firmen übertragen. Warum nicht gleich die Grundsatzfrage stellen: Lassen sich bei zunehmenden Auslandseinsätzen der Bundeswehr nicht auch »angemietete« Söldner einsetzen? Allemal dann, wenn deutsche Militäreinsätze im Ausland immer stärker in der innenpolitischen Kritik stehen und vom Wähler nicht goutiert werden? So ist durchaus vorstellbar, dass demnächst auch über die den Hoheitsbefugnissen des Staates unterstehenden Soldaten hinaus angemietete Kräfte zum Einsatz kommen können – nationale und internationale.

Teil III
Der Bund verkauft sein Hab und Gut

Alles muss raus! – Weg mit dem »Tafelsilber«

Die Privatisierung staatlicher Unternehmen ist »im internationalen Verständnis der bessere Weg, Wachstums- und Beschäftigungschancen im Wettbewerb zu nutzen«[1], versicherte Finanzminister Steinbrück und fügte an: »Die Bundesregierung wird diese Politik konsequent umsetzen und weiterverfolgen.«

Ziel der Privatisierung von Bundeseigentum und Beteiligungen, so das Bundesfinanzministerium, ist die »Schaffung eines effizienten und bürgerfreundlichen Staates«. Leitbild sei der »aktivierende Staat, der von Politik und Gesellschaft eine neue Abgrenzung zwischen öffentlicher Verwaltung, staatlicher und kommunaler Leistungen sowie öffentlichen und privaten Unternehmen fordert«. Danach gehört zur »umfassenden Staatsmodernisierung« vor allem, »dass sich die öffentliche Hand aus unternehmerischer Betätigung zurückzieht und sich nicht dort betätigt, wo private Initiative diese Aufgaben zumindest ebenso gut erfüllen kann.«[2] Die »effiziente Arbeitsteilung zwischen Staat und Wirtschaft« soll den Staat weiter »verschlanken«.

Die hauptverantwortliche Behörde für die Privatisierungspolitik des Bundes ist das Finanzministerium. Das hat auch seinen Grund. Denn die wesentliche Antriebsfeder der auf der ideologischen Basis von »Marktöffnung und Liberalisierung« aufbauenden Privatisierungspolitik des Bundes ist die Haushaltskonsolidierung, nicht zuletzt zur »Rückgewinnung finanzpolitischer Handlungsspielräume«. Was für die »Abwicklung« der ehemaligen Staatsbetriebe der früheren DDR durch die Treuhandanstalt galt, das soll auch seit jeher für die Privatisierung der Westunternehmen richtig sein.

Dabei steht nahezu das gesamte Bundesportfolio zur Disposition. Ende 2006 war der Bund noch unmittelbar an 112 Unternehmen beteiligt, die Zahl der großen unmittelbaren Beteiligungen mit einem Bundesanteil von mindestens 25 Prozent hatte sich gegenüber 1998 von 70 auf 33 reduziert. Hinzu kamen zahlreiche Ausgründungen von Staatsaufgaben in unternehmerische Organisationsformen. 1989 besaß der Bund mehr als 500 Unternehmen verschiedener Größenordnung, das Telefon- und Postwesen, die Bahn in öffentlich-rechtlicher Form und vieles mehr. Doch das ehemalige Post- und Fernmeldewesen wurde bereits privatisiert.

Bald dürfte die Republik ausverkauft sein, der Staat kein nennenswertes Unternehmen mehr im Portfolio führen. Dabei hat die öffentliche Wirtschaft in Deutschland traditionell immer eine große Rolle gespielt. Vor allem in den Ländern und Kommunen, nicht zuletzt bedingt durch die späte Nationalstaatlichkeit Deutschlands.

Im 19. Jahrhundert umfasste das Eigentum der Länder vielfach »ehemals feudalistisches Vermögen wie Eisen- und Stahlwerke, Minen und Banken«, wie es Florian Mayer skizziert.[3] Vor allem Berg- und Hüttenwerke, Banken, Domänen- und Forstbesitz. Zum Ende des 19. Jahrhunderts wurden aufgrund »struktur- und fiskalpolitischer Motive« die Eisenbahnen verstaatlicht. Die Preußische Staatsbahn, zu dieser Zeit noch äußerst profitabel, machte zwischenzeitlich bis zu 50 Prozent der Einnahmen des preußischen Staatshaushaltes aus. Obwohl das Deutsche Reich durch zahlreiche Unternehmensgründungen sowie durch die Überführung des Post- Telegrafen- und Fernsprechwesens in Staatseigentum wirtschaftlich immer potenter wurde, dominierten bis zu Beginn des Ersten Weltkriegs Länder und Kommunen die öffentliche Wirtschaft.

Besonders die Gemeinden übernahmen, bedingt durch die zunehmende Industrialisierung und die wachsenden Einwohnerzahlen in den Städten, immer mehr Versorgungs- und Entsorgungsaufgaben sowie Teile des Bankenwesens. Zur Kommunalwirtschaft gehörten schon zu Beginn des 20. Jahrhunderts große Teile der Wasser-, Gas- und Elektrizitätswerke, Betriebe der

Müllabfuhr, Klärwerke, Krankenhäuser, Markt- und Messebetriebe, Schlachthöfe, die Omnibus- und Straßenbahnlinien und die Sparkassen. »Die Kommunalwirtschaft sollte Marktversagen beseitigen, Sicherheit und Hygiene fördern und hatte darüber hinaus im Falle der Gas- und Wasserwirtschaft fiskalpolitische Zielsetzungen. Ferner sollte sie der Stadtentwicklung und Siedlungspolitik dienen.«[4] Im Zuge des Ersten Weltkrieges wurde der Zentralstaat auch innerhalb der öffentlichen Wirtschaft immer stärker. Vor allem in rüstungsnahen Segmenten und auch im für die Kriegswirtschaft bedeutenden kreditgebenden Bankenwesen wurden zahlreiche staatlich beherrschte bzw. sogenannte gemischtwirtschaftliche Unternehmen gegründet. Nachdem die Eisenbahnen zur Deutschen Reichsbahn vereinigt waren und die Reichspost nunmehr die gesamte Posthoheit innehatte, kam es während der Weimarer Republik zu zahlreichen spektakulären Neugründungen seitens des Staates, die nach dem Zweiten Weltkrieg dann in den Besitz der Bundesrepublik Deutschland übergingen.

1923 brachte das Schatzministerium des Deutschen Reiches einen Großteil derjenigen Gesellschaften, die während des Ersten Weltkriegs zur Energie- und Grundstofferzeugung sowie zur Waffenproduktion gegründet worden waren, in die neue VIAG (Vereinigte Industrie-Unternehmungen Aktiengesellschaft) ein. Zu dieser Staatsholding gehörten unter anderen die VAW Aluminium AG, die Elektrowerke AG, die spätere SKW Trostberg AG. 1939 kam es zu einer maßgeblichen Beteiligung an der Bayernwerk AG.

1926 wurde schließlich die Deutsche Lufthansa als staatliche Fluggesellschaft gegründet. In diesen Jahren entstanden auch viele Wohnungsbaugesellschaften in öffentlicher Hand, die vor allem die kriegsbedingte Wohnungsnot lindern sollten. In politischer und wirtschaftlicher Konkurrenz zur Reichsregierung entstand 1929 seitens des mächtigen Freistaates Preußen mit der VEBA eines der größten industriellen Konglomerate der Weimarer Zeit. Die VEBA (Vereinigte Elektrizitäts- und Bergwerks-Aktiengesellschaft) wurde zur wirtschaftlichen Stabilisierung verschiedener in Schwierigkeiten geratener preußischer Staatsunternehmen als Finanzholding in Berlin gegründet. In den Konzern wurden unter anderen die Preußische Bergwerks- und Hütten AG (Preussag), in der der außerhalb des Ruhrgebietes liegende Bergwerks- und Hüttenbesitz des damaligen preußischen Staates zusammengefasst war, und die Preußische Elektrizitäts-AG (PreussenElektra) eingebracht. Nach dem Zweiten Weltkrieg gingen beide Unternehmen komplett in den Besitz der Bundesrepublik Deutschland über.

Während der Weltwirtschaftskrise 1929 gerieten zahlreiche deutsche Großunternehmen in Liquiditätsprobleme und wurden zu Sanierungsfällen. Es kam zu einer Serie ordnungspolitischer Eingriffe der Regierungen: zu Verstaatlichungen von Teilen der Kohle- und Stahlindustrie, zu Beteiligungen an großen Versorgungsunternehmen. Die Nationalsozialisten änderten »grundsätzlich nichts an der privaten Eigentumsordnung des Landes«, meint Florian Mayer, sie griffen aber plan- und kriegswirtschaftlich begründet in die Verfügungsgewalt der Unternehmer ein. »Zwar wurden einerseits die Beteiligungen an den Großbanken veräußert, das Regime weitete andererseits aber die unternehmerische Betätigung des Staates durch Enteignungen sowie durch Neugründungen und öffentliche Beteiligungen insbesondere in der kriegsrelevanten Verkehrs-, Montan- und Rüstungswirtschaft, aber auch im Wohnungswesen aus.«[5] Es entstanden die Reichswerke Hermann Göring (Salzgitter), die VW-Werke, die Junkers-Flugzeug- und Motorenwerke, die Werften der Howaldtswerke oder Rheinmetall-Borsig.

Nach dem Ende des Zweiten Weltkrieges kam es in der sowjetischen Besatzungszone zu umfangreichen Enteignungen und anschließend zur Verstaatlichung nahezu der gesamten Industrie. Auch in den Westzonen wurden als Folge von Faschismus und Krieg und der Rolle der Großindustrie zahlreiche Industriekonglomerate entflochten. Parteienübergreifend entfachte sich eine lebhafte Sozialisierungsdebatte. Das Ahlener Programm der CDU von 1947 forderte Verstaatlichungen von Schlüsselindustrien, die Sozialdemokraten ließen erst mit dem Godesberger Programm von 1959 von ihren Verstaatlichungsideen ab. Die Parteien bekannten sich schlussendlich zum Primat des Privateigentums, räumten aber den Gewerkschaften und der Mitbestimmung eine besondere Priorität ein.

Dennoch weitete sich der staatliche Bereich auch in der Bundesrepublik Deutschland aus. Als Rechtsnachfolgerin des »Dritten Reiches« gingen die öffentlichen Unternehmen des Deutschen Reiches und Preußens in den Besitz der neuen Bundesrepublik über. Zu den größten Unternehmen gehörten Preussag, VEBA, VIAG und VW. Die Verfügungsgewalt über Volkswagen wurde 1949 von der britischen Militärregierung auf die Bundesrepublik Deutschland übertragen, die ihre Rechte treuhänderisch auf das Land Niedersachsen übertrug. Eine weitere Gruppe von Unternehmensbeteiligungen des Bundes entstand durch »aufgabenorientierte Neugründungen«[6], wie etwa in den Sektoren Verkehrs-, und Wohnungswirtschaft sowie zur Gründung verschiedener Spezialbanken zur Aufbaufinanzierung.

Aber bereits Ende der 1950er-Jahre ging die Regierung daran, die »ererbten« staatlichen Unternehmen zu veräußern. 1959 wurde die Preussag AG als erstes Bundesunternehmen teilprivatisiert, auch wenn dem noch keine erkennbar einheitliche Privatisierungsstrategie zugrunde lag. Neben der Überführung des Unternehmens auf den Kapitalmarkt hatte die Bundesregierung die Absicht, durch sogenannte »Volksaktien« den Verkauf von Bundesvermögen breit zu streuen, um Kleinsparern ein neues Investment zu ermöglichen.

Ein Jahr später kam es zur Teilprivatisierung des im Zuge des Wirtschaftswunders neuerlich expandierten Volkswagen-Konzerns, der Anteil der Bundesrepublik und Niedersachsens reduzierte sich damit auf nur noch jeweils 20 Prozent des Grundkapitals. Verkaufserlös und Dividenden flossen vertragsgemäß der »Stiftung Volkswagenwerk« zu, die dem Ziel verpflichtet war, Wissenschaft und Technik in Forschung und Lehre zu fördern. Mitte der 1960er-Jahre erfolgten dann die ersten Teilprivatisierungen des VEBA-Konzerns, ebenfalls mit dem Ziel, die Bevölkerung zu Aktionären zu machen.

So etwas wie eine ernstzunehmende Privatisierungsstrategie und damit eine eigenständige Privatisierungspolitik lässt sich dezidiert erst nach der sogenannten »Bonner Wende« 1982 und der Bildung der schwarz-gelben Regierung aus CDU/CSU und FDP festmachen. Hatten die sozialliberalen Vorgängerregierungen unter den Bundeskanzlern Brandt und Schmidt noch die Bundesunternehmen und Beteiligungen »als Teil des wirtschaftlichen Instrumentariums« gesehen, mit dem gestalterisch Politik gemacht und der Strukturwandel »partiell gestützt und abgefedert« werden konnte, so lautete nun die neue unternehmerische Parole »Weg vom Staat!«[7] und hin zu einer wirtschaftsliberalen Politik. Denn in der Automobilindustrie, der Energieerzeugung und Stromversorgung, dem Steinkohlen- und Braunkohlebergbau und in zahlreichen anderen Bereichen »verfügte der Bund kraft seiner Eigenschaft als Eigentümer von Industriebeteiligungen über zumindest potentiell nicht unbeträchtliche Gestaltungsmacht« und bildete ein nicht unerhebliches »Gegengewicht zur privatwirtschaftlichen Machtkonzentration«[8].

Zum wesentlichen Industriebeteiligungsbesitz des Bundes gehörten sechs große Unternehmenskonglomerate: Die Salzgitter AG, die Vereinigte Industrie-Unternehmungen AG (VIAG), die Saarbergwerke AG, die Industrieverwaltungsgesellschaft mbH (IVG) mit Mehrheitsbeteiligungen sowie die VEBA AG und die Volkswagen AG. Immerhin arbeiteten 1982 in Bundesunternehmen über 520.000 Beschäftigte. Zusammen mit Bundespost,

Bundesbahn und Bundesdruckerei waren es sogar über 1,3 Millionen Menschen.

Erstmals von der Bundesregierung im Jahreswirtschaftsbericht 1983 erwähnt, wurde die Privatisierung vor allem des industriellen Bundeseigentums zum Programm, mit Zielen, die zunächst nicht finanzieller Natur waren. »Die Privatisierungspolitik der Regierungskoalition hatte überwiegend ordnungspolitische Zielsetzungen. Die Regierung strebte eine Veränderung in der Arbeitsteilung zwischen Staat und Markt an, wozu der Rückzug des Bundes aus seinen Unternehmen einen Beitrag leisten konnte.«[9] Damit passten die Unternehmensverkäufe nahtlos in die zunehmend angebotsorientierte Wirtschaftspolitik der Bundesregierung. Da zahlreiche Bundesunternehmen zu Beginn der 1980er-Jahre konjunkturbedingt rote Zahlen schrieben und auch der Bundeshaushalt große Finanzlücken aufwies, wurde Privatisierung zur willkommenen Einnahmequelle für schnelles Geld, und das Tempo entsprechend erhöht.

Mitte der 1980er-Jahre begann die erste große Privatisierungsphase. Die Bundesregierung beschloss 1985 den Ausstieg aus insgesamt 13 bedeutenden Unternehmen: Industrie, Kreditinstituten und bundeseigenen Verkehrsunternehmen.[10] Im Einzelnen wurden da aufgeführt: VEBA AG, Volkswagenwerk AG, Prakla-Seismos GmbH, die Deutsche Pfandbriefanstalt, die Deutsche Siedlungs- und Rentenbank, Deutsche Lufthansa AG, Industrieverwaltungsgesellschaft mbH sowie verschiedene Beteiligungen der Deutschen Bundesbahn (Schenker & Co. GmbH, Deutsche Verkehrs-Kreditbank AG, Deutsches Reisebüro GmbH, amtliches bayerisches Reisebüro) und die Gesellschaft für Nebenbetriebe der Bundesautobahnen sowie die Deutsche Industrieanlagen GmbH.

Das Industriekonglomerat VIAG wurde in verschiedenen Schritten privatisiert und an die Börse gebracht. 1987 wurde der VEBA-Konzern vollständig veräußert, breit gestreut und brachte rund 1,2 Milliarden Euro in die Staatskassen. Die verbliebenen Anteile an der Volkswagen AG wurden ebenfalls an der Börse platziert. Verkauft wurde die Salzgitter AG an die Preussag AG, die Deutsche Industrieanlagen GmbH DIAG an MAN. Die Beteiligung an der Lufthansa wurde sukzessive reduziert bis zur vollständigen Privatisierung 1997 und der Platzierung der Anteile der Bundesrepublik Deutschland von knapp 38 Prozent am deutschen Aktienmarkt. Auch das staatliche Bankenwesen wurde in die Privatisierungen einbezogen. Veräußert wurden u. a. die Deutsche Verkehrskreditbank, die Deutsche Siedlungs- und Landesrentenbank, die Deutsche Pfandbriefanstalt und die Deutsche Bau- und Bodenbank.

1989 erreichte die Entstaatlichungspolitik eine neue Dimension. Erstmals wurde mit der eingeleiteten Postreform ein Unternehmen, das zur öffentlichen Daseinsfürsorge zu zählen ist, zur Privatisierung freigegeben. Auf Basis des Poststrukturgesetzes wurde die Deutsche Bundespost in drei öffentliche Unternehmen mit eigenverantwortlichen Managementstrukturen umstrukturiert, die anschließend allesamt privatisiert wurden: den »Postdienst«, die »Telekom« und die »Postbank«.

Mit der Bahnreform 1994 wurden die Deutsche Bundesbahn und die Deutsche Reichsbahn der früheren DDR formell privatisiert und, von »Altschulden und Altlasten befreit«, in die Deutsche Bahn AG eingebracht. Die Deutsche Lufthansa AG stand ebenfalls zur Privatisierung an, der Bund wollte sich aus allen Flughafenbeteiligungen zurückziehen.

Darüber hinaus hatte »die Koalition im August 1994 mit dem Fernstraßenbauprivatisierungsgesetz den Weg für die Einbeziehung privaten Kapitals in die Finanzierung von Infrastrukturvorhaben geebnet.«[11] Der Grund: Der europäische Liberalisierungsdruck nahm zu, der Investitionsbedarf der öffentlichen Unternehmen stieg ständig, die knappen öffentlichen Kassen engten den politischen Handlungsspielraum immer mehr ein. Insgesamt betrug das Privatisierungsvolumen, so Florian Mayer, allein zwischen 1995 und 1998 rund 11,5 Milliarden Euro.

Die rot-grüne Bundesregierung forcierte ihrerseits die Privatisierungspolitik und brachte weitere Tranchen der Telekom auf den Kapitalmarkt, platzierte die Deutsche Post an der Börse, nachdem sie ihr zuvor noch die Postbank verkauft hatte. Dieses atemberaubende Privatisierungstempo soll auch unter der aktuellen Großen Koalition nicht verlangsamt werden. Doch was anscheinend niemand so recht wahrnehmen will: Irgendwann sind die »fetten Kühe« von der Weide. Und einmal verkauft bedeutet auch: für immer weg.

Jubel, Trubel, Telekom – Das Märchen von der Volksaktie

Das hatten sich die Politiker so schön gedacht: dem Volke eine Wohltat offerieren und gleichzeitig den angeschlagenen Haushalt sanieren. Im Zuge der Privatisierung der Deutschen Telekom sollte die Idee der guten alten »Volksaktie« wieder aufgenommen werden. Die Anteilsscheine wurden über den Kapitalmarkt unter Privatanlegern breit gestreut. Das große deutsche Telekommunikationsunternehmen gehöre schließlich dem Volk, hieß es so schön, und das solle von dem geplanten Börsengang natürlich besonders profitieren. Aktien in Arbeitnehmerhand als »moderne« Form der Kapitalbildung und privaten Altersvorsorge sozusagen. Aber dieses Ziel spiegelte natürlich nur eine, die recht medienwirksame Seite der Medaille. Die andere war unzweideutig, und nicht annähernd mit solcher Verve öffentlich gemacht: Auf keinem anderen Wege wäre mit einem Schlag mehr Geld in die marode Staatskasse zu bekommen. Die Politik triumphierte.

Mit einem zuvor nicht gekannten Werbeaufwand wurde die Platzierung der ersten Tranche den bis dato eher aktiengehemmten Deutschen schmackhaft gemacht. Die populären Schauspieler Manfred Krug und Charles Brauer waren monatelang in Fernsehen und Radio, in Zeitungen und Zeitschriften, über sämtliche Litfaßsäulen und Plakattafeln des Landes präsent. Es gab kein Entkommen. Alle Register der Sinne wurden bedient, denn auch das Telekom-Magenta und der Telekom-Akkord waren überall zu sehen und zu hören. Die T-Aktie war allgegenwärtig. Dieser Verkauf sollte alle bisherigen Privatisierungen in den Schatten stellen.

Und so wurde das »Going-Public« der bundeseigenen Deutschen Telekom AG 1996 zum bedeutendsten Börsengang der deutschen Wirtschaftsgeschichte und zu einer der größten milliardenschweren Aktientranchen, die es bisher weltweit gegeben hatte.

Bereits 1989 hatte die Umwandlung der Telekom von einer Ministerialbehörde zu einem global agierenden Unternehmen der Telekommunikation begonnen, nicht zuletzt auf Druck der Liberalisierungspolitik der Europäischen Kommission. Nachdem im Zuge der ersten Postreform die Telekom aus dem Betriebsbereich der Deutschen Bundespost ausgegliedert worden war, folgte die Liberalisierung des Endgerätemarktes. Mit der Vereinigung der beiden deutschen Staaten im Oktober 1990 fusionierten dann deren Telekommunikationsgesellschaften. Die Deutsche Bundespost Telekom war jetzt für ganz Deutschland zuständig. Die Telekom begann zu expandieren und schloss zahlreiche Kooperationen mit anderen Telekommunikationsgesellschaften ab. 1991 stieg das Unternehmen mit dem Startschuss für D1 in den digitalen Mobilfunk ein. Im Rahmen der zweiten Postreform 1994 fiel in parteiübergreifendem Konsens der Beschluss, die Telekom in eine Aktiengesellschaft umzuwandeln. Es folgte die Umfirmierung von Deutsche Bundespost Telekom in Deutsche Telekom AG.

Der Börsengang wurde von einem internationalen Bankenkonsortium unter Federführung der Deutschen Bank, der Dresdner Bank und von Goldman Sachs geleitet. Damit sollte die Deutsche Telekom einerseits als in Zukunft weltweit tätiges Unternehmen internationale Investoren anziehen, zum anderen aber im Inland auf möglichst breiter Basis mitgetragen werden. 40 Prozent der Aktien wurden deutschen, vier Prozent internationalen Privatanlegern zugeteilt. 53 Prozent der Tranche gingen an institutionelle Investoren und drei Prozent an Beschäftigte der Deutschen Telekom, damals rund 156.000 Belegschaftsaktionäre.

Anfänglich war der Börsengang ein voller Erfolg und ließ Politik und Anleger gleichermaßen jubeln. Mehr als 700 Millionen Aktien wurden platziert, über zwei Millionen Privatanleger kamen zum Zuge. Und der Aktienkurs entwickelte sich vortrefflich. Der Emissionserlös für den Bund betrug 10 Milliarden Euro, »mehr als die Privatisierungspolitik der Regierungskoalition seit 1982 insgesamt erzielt hatte.«[12] Die Deutsche Telekom hatte am Tag des Börsengangs, dem 18. November 1996, einen Unternehmenswert von knapp 40 Milliarden Euro und überschritt bereits bei einem Kurs von 18,70 Euro die niemals für möglich gehaltene Grenze von 50 Milliarden Euro. Die Deutsche Telekom war damit – allerdings nur für kurze Zeit – das wertvollste deutsche Unternehmen überhaupt.

Die zu dieser Zeit starke Stellung der Deutschen Telekom wurde durch den zweiten Börsengang im Juni 1999 eindrucksvoll unterstrichen. Neuerlich wurden 281 Millionen weitere Stückaktien, diesmal zum Ausgabekurs von 39,50 Euro, im Rahmen einer Kapitalerhöhung an die Börse gebracht, mit denen weitere 11 Milliarden Euro erlöst wurden. Die Aktien der dritten Tranche aus dem Besitz der bundeseigenen Kreditanstalt für Wiederaufbau wurden im Juni 2000 in den Handel an der Frankfurter Börse eingeführt. 200 Millionen Aktien zum sagenhaften Preis von 66,50 Euro. Wieder griffen die Menschen auf Geheiß der Werbespots mit Manfred Krug und aus einer vom damaligen Aktienrausch befeuerten Gier wie besessen zu. Schneller, so schien es, konnte man ohne Arbeit nicht zu Geld kommen. Und der Finanzminister der rot-grünen Bundesregierung jubelte: 13 Milliarden Euro kamen in die gegen das Haushaltsdefizit ankämpfenden Staatskassen.

Dann die Ernüchterung, der Schock: Die Aktie stürzte ab. Im August 2001 sackte der Kurs der T-Aktie auf unter 17 Euro, ein Jahr später fiel die T-Aktie auf ein Allzeittief von 8,42 Euro. Der Traum von der »Volksaktie« löste sich über Nacht in Luft auf, viel Geld war verloren, »verbrannt«, wie die Börsianer sagen. Dabei muss man das Privatisierungs-Procedere ganz nüchtern und realistisch sehen: Die Bevölkerung hatte ihr ohnehin »volkseigenes« Vermögen, also die deutsche Telefoninfrastruktur, über die Börse ein zweites Mal gekauft, und damit die Staatskasse gefüllt. Und jetzt waren diese Werte auch wieder hin.

Und so kam es schließlich dazu, dass sich Schauspieler Manfred Krug 2007 für seine damalige Werbekampagne zugunsten der T-Aktie öffentlich bei »seinem« Publikum entschuldigte. »Aus tiefstem Herzen«, wie er Anfang 2007 kundtat.[13] Doch es war zu spät, und peinlich war das obendrein. Denn diese Aktie scheint sich selbst dann nicht zu erholen, wenn seitens des Managements ein ums andere Mal drastisch rationalisiert, immer wieder Personal entlassen, reorganisiert und »outgesourct« wird. Die Telekom-Aktie dümpelt trotz neuer Höchststände des Dax im unteren Börsenbereich vor sich hin, das Unternehmensimage ist zerstört, die Beschäftigten sind häufiger auf den Barrikaden als am Arbeitsplatz oder im Servicecenter zu finden. Den geprellten Aktionären bleibt zumindest ein Trost: Durch die parallel entstandene neue Konkurrenzsituation am deutschen Telekommunikationsmarkt wurde wenigstens das Telefonieren billiger. Der Markt machte es möglich, dass die Menschen jetzt auch außerhalb des »Mondscheintarifs« des staatlichen Ex-Monopolisten zu vertretbaren Preisen telefonieren können. Die Hoheit haben die alten Telekommunikationsmonopolisten heute eigentlich nur noch auf der sogenannten »letzten Meile«, also im Anschluss direkt von der Straße in die Häuser. Und auch die hat die Regulierungsbehörde schon im Visier.

Von Anfang an war klar, dass die Deutsche Telekom ihr Personal drastisch reduzieren müsste, um wirtschaftlich zu bleiben. Das hätte der Bund bei einem Unternehmen in öffentlich-rechtlicher Struktur niemals bewerkstelligen können, das ließ sich nur unter privater Regie realisieren. Und so kam es, dass die Telekom ihr 1995 im Rahmen der Privatisierung gestecktes Ziel, den »Personalüberbestand« von 60.000 Arbeitskräften abzubauen, bereits im Jahr 2000 erreicht hatte.

Aber nicht genug: Bis 2004 wurde der Personalbestand in Übereinstimmung mit den Arbeitnehmervertretungen um weitere 20.000 Personen reduziert. Möglichst sozialverträglich, wie es hieß, über natürliche Fluktuation, Vorruhestandsregelungen und Abfindungen. Auf betriebsbedingte Kündigungen wurde verzichtet. Zehntausende Beschäftigte der Deutschen

Telekom wechselten zu Tochter- und Beteiligungsunternehmen. Bis 2008 sollen weitere 32.000 Beschäftigte in Deutschland entlassen werden, davon 7.000 ausgegliederte ehemalige Mitarbeiter, die zwischenzeitlich bei der Auffanggesellschaft Vivento untergekommen waren und in Call-Centern eingesetzt wurden. Seit 2001 gilt für alle Tarifbeschäftigten der Deutschen Telekom ein neues Bezahlungssystem mit einem an der individuellen Leistung orientierten Entgelt, wodurch das Entlohnungssystem des öffentlichen Dienstes endgültig verabschiedet worden ist.

2007 wurden nach heftigem Arbeitskampf neuerlich 50.000 Beschäftigte der Telekom ausgegliedert – diesmal in den Call-Centern und im Servicebereich. Angeblich weil das der internationale Wettbewerb verlange, vor allem aber zur Verbesserung der Serviceleistungen für eine latent unzufriedene Kundschaft. So jedenfalls versuchte es das Telekom-Management der Öffentlichkeit weiszumachen. Jetzt erhalten die outgesourcten Beschäftigten weniger Geld bei verlängerten Arbeitszeiten. Ob das motivierend auf die Arbeitsmoral und vor allem auf die Freundlichkeit gegenüber einer vielfach genervten Kundschaft wirkt?

Fazit der Telekom-Privatisierung: Der Verbraucher profitiert von einem reichhaltigeren Angebot, von günstigeren Preisen. In diesem Segment stärker als in vielen anderen privatisierten Bereichen. Aber der Verbraucher ist auf der anderen Seite als »Volksaktionär« gewaltig an der Nase herumgeführt worden. Da wurde ihm eingeredet, sein »Volkseigentum« neuerlich erwerben zu können, für viel Geld – und dann brachen die Aktien ein. Sein Trost: Er kann billiger telefonieren. Die wirklichen Profiteure der Telekom-Privatisierung aber sind diejenigen, die sich heute die Substanz des Unternehmens teilen, die großen Investoren.

Vom Posthorn zur DHL – Die Privatisierung der Post

Der magentafarbenen Telekom wollte die »gelbe Schwester« Post bei ihrem Börsengang natürlich nicht nachstehen. Als sicher galt zwar, dass die Menschen auf einen solchen Bluff wie bei der Telekom nicht noch einmal hereinfallen würden, dennoch spannten die Verantwortlichen in ihrer Werbekampagne für die »Aktie Gelb« Entertainer und Publikumsliebling Thomas Gottschalk nebst Bruder vor den Privatisierungskarren. Wieder mit einem millionenschweren Werbeaufwand versehen, wurde die Postaktie neuerlich als »echte Volksaktie« im November 2000 an der Börse platziert. Doch die Resonanz des Publikums war wie erwartet weitaus verhaltener als noch bei der letzten Tranche der T-Aktie. Der als eher langsam geltenden Post trauten die Menschen nicht allzu viel zu. Andererseits wurden mit der Privatisierung auch Hoffnungen verbunden: auf einen besseren Zustellservice, mehr Kundenfreundlichkeit und flexiblere Öffnungszeiten.

Dem Börsengang gingen zahlreiche Privatisierungsschritte voraus. Auf der Basis des Poststrukturgesetzes vom 8. Juni 1989 waren die Deutsche Bundespost »Postdienst« zusammen mit der »Telekom« und der »Postbank« entstanden. Neue Konzepte für die Bereiche Paket und Brief wurden entwickelt, mit Investitionen von jeweils einer Milliarde Euro. 1990 wurde schließlich die ehemalige DDR-Post in die Deutsche Bundespost integriert. Bald darauf, 1993, erfolgte die Einführung der neuen Postleitzahlen.

Nachdem die Post 1995 in die Aktiengesellschaft Deutsche Post AG umgewandelt worden war, wurde sie ein letztes Mal mit Steuergeldern in Milliardenhöhe grundsaniert und für den Börsengang vorbereitet. Während in Deutschland im Zuge der Sanierung Postfilialen geschlossen und ganze Bereiche ausgegliedert wurden, begann das Postmanagement weltweit in den Bereichen Paket, Express und Logistik zu expandieren. Gestartet wurde mit dem Aufbau eines eigenen europäischen Paketnetzes. Es folgten die Akquisitionen des schweizerischen Logistikkonzerns Danzas und der Air Express International. Und, das sollte einen Wendepunkt in der Strategie der Post markieren, man erwarb eine Minderheitsbeteiligung an der renommierten DHL International Ltd., die Ende 2002 schließlich zum hundertprozentigen Vollbesitz ausgebaut wurde. 2006 wurde für 5,5 Milliarden Euro der britische Logistikkonzern Exel akquiriert, die größte Akquisition in der Firmengeschichte der Deutschen Post.

Mit der Vorbereitung auf den Börsengang wurde der Konzernname in »Deutsche Post World Net« geändert und das Unternehmen in die Bereiche Mail, Express, Logistics und Finance strukturiert. Am 20. November 2000 war es dann so weit: Die »Aktie Gelb« wurde an der Börse platziert. Die Deutsche Post hatte sich durch die Reorganisationsmaßnahmen und Expansion aller vier Unternehmensbereiche für den Börsengang im November 2000 gerüstet und sah sich über die durch das E-Business geschaffenen neuen Logistikperspektiven auch für eine große Zukunft gewappnet. Doch die Post wurde von der Wirklichkeit eingeholt.

Im Juli 2003 einigten sich die Deutsche Post und die Gewerkschaft ver.di auf einen Beschäftigungspakt für die rund 240.000 Beschäftigten der Unternehmensbereiche Brief und Express, der betriebsbedingte Kündigungen bis zum 31. März 2008 ausschließen sollte. Darüber hinaus versicherte die Post, weitgehend das weitere Outsourcen bzw. Übertragen der Brief- und Paketzustellung auf postfremde Unternehmen zu unterlassen. Als Gegenleistung verzichteten die Beschäftigten auf zwei arbeitsfreie Tage im Jahr.

Von der Regulierungsbehörde verordnete Portosenkungen wegen des anfänglich bis 2007 verlängerten Briefmonopols, der Streit um die Befreiung der Postunternehmen von der Mehrwertsteuer (im Gegensatz zu ihren Wettbewerbern) und die Bußgelder, die gegen die Deutsche Post seitens der EU wegen verschiedener Verstöße gegen das Wettbewerbsrecht verhängt wurden, brachten die Aktie auf Talfahrt. Die Post wurde 2002 von der EU-Kommission wegen unerlaubter Beihilfen seitens des Bundes zur Rückzahlung von über 900 Millionen Euro verpflichtet.

Das Post-Management, das sich nach eigenem Bekunden ganz dem in der Privatwirtschaft gängigen Shareholder Value verschrieben hat, reagiert auf negative Zahlen und sinkende Kurse mit Entlassungen, u. a. der Reduzierung von Postboten, der Schließung weiterer Filialen und dem Ausgliedern ganzer Dienstleistungsbereiche wie des Paketdienstes und des IT-Segments. Dafür ist die Deutsche Post ins privatisierte britische und niederländische Briefgeschäft eingestiegen und möchte auch die österreichische Post unter ihre Kontrolle bringen. Sinnvoller wäre es allerdings, die Hausaufgaben in Deutschland zur Zufriedenheit der Kunden zu erledigen, den Service zu verbessern, dem Kunden eine breite Palette an Dienstleistungen zu bieten – gut erreichbar und zu manierlichen Preisen.

Die rot-grüne Bundesregierung sah sich nach ihrem Amtsantritt 1998 zu raschen weiteren Privatisierungen gezwungen, da infolge unverminderter Transferleistungen an die neuen Bundesländer sowie des stetig wachsenden Konsolidierungsdrucks seitens der Europäischen Union zur Erfüllung der Stabilitätskriterien der Finanzierungsbedarf wuchs. Gegen alle ursprünglichen Absichten wurde 1999 die Postbank an die Deutsche Post AG abgegeben. Zur Ausnutzung unternehmerischer Synergiepotenziale, wie es hieß. Zur weiteren Optimierung veräußerte die Bundesregierung im Jahr 2000 die Deutsche Siedlungs- und Landesrentenbank an die Deutsche Postbank, die schließlich 2004 von der Deutschen Post ihrerseits an die Börse gebracht wurde.

Privatisiert will die Deutsche Post hoch hinaus, weltweit. Symbol für Größe und Effizienz sollte der neue 150 Meter hohe Bonner Post-Tower sein, in den die Führungsriege der Deutsche Post Word Net nun umgezogen ist. Von hier aus soll die Express- und Logistik-Welt aufgerollt werden. Die Deutsche Post will zum weltweit größten Logistikkonzern aufsteigen. Erstmals wurden 2002 über 50 Prozent des Umsatzes in den Unternehmensbereichen Express und Logistik getätigt. Aber die größten Gewinne erzielt die Deutsche Post immer noch mit der klassischen Briefsparte. Und dieses Geschäft basiert in erster Linie auf dem Briefmonopol (seit 2003 für Briefe bis 100 Gramm), das trotz massiver Proteste der Konkurrenz und der EU-Kommission mit wenigen Einschränkungen noch bis 2009 Bestand haben soll.

Für den Kunden bedeutet das: hohe Portokosten (auch wenn die Post ab 2003 auf Anordnung der Regulierungsbehörde das Porto um einige Cent senken musste) und die weitere Abhängigkeit von den Launen der Beschäftigten in den teilweise als Eigenbetrieb geführten Filialen. Die erzwungene Portosenkung von wenigen Cent und die damit prognostizierten Mindereinnahmen von rund 1,5 Milliarden Euro hat der Vorstand postwendend mit der Ankündigung eines weiteren Personalabbaus und neuerlicher Filialschließungen sowie von Preiserhöhungen für nicht regulierte Produkte beantwortet. Und mit dem Abhängen Tausender geringer frequentierter Briefkästen, was aber aufgrund massiver Proteste aus der Bevölkerung und seitens der Politik wieder rückgängig gemacht werden musste. Auch hier lässt sich resümieren: Fällt das Postmonopol, werden die Preise möglicherweise sinken. Dies aber würde in der Logik der Post aufgefangen durch einen weiteren Personalabbau, Filialschließungen und Preiserhöhungen in von ihr dominierten Segmenten.

Wie wenig die Post von ihrer Vergangenheit wissen will und wie sehr sie sich neu definiert, und nicht im Sinne und zum Nutzen Ihrer Kunden, sondern zur internationalen Ausrichtung und ganz im Sinne der Shareholder, wird exemplarisch deutlich in der geplanten neuen Symbolgebung. Das historische Posthorn soll dem Schriftzeichen »DHL« weichen.

Die Bahn »fährt« an die Börse – Und alle Bürger müssen mit

Noch lange nicht ausgestanden ist die »materielle« Privatisierung der Deutschen Bahn AG. Die formelle Privatisierung des ehemals vollständig staatlichen Betriebs wurde bereits vor Jahren vollzogen.

Nach der Wiedervereinigung standen besonders bei den beiden Unternehmensungetümen Deutsche Bahn (West) und Deutsche Reichsbahn (Ost) riesige Investitionsaufgaben an, die »angesichts der finanziellen Situation der Unternehmen und der angespannten haushaltspolitischen Entwicklung strukturelle Veränderungen erforderten.«[14] Nachdem 1990 die Eingliederung der Deutschen Reichsbahn der damaligen DDR in die Deutsche Bundesbahn erfolgt war und damit die Deutsche Reichsbahn als Sondervermögen der Bundesrepublik Deutschland geführt wurde, kam es 1993 zur Verabschiedung der Bahnreform. Vorausgegangen war wegen des »verfassungsrechtlich geschützten Status der Bahn« eine parteienübergreifende Änderung des Grundgesetzes (was einer Zweidrittel-Mehrheit erfordert).

Mit der Bahnreform 1994 und der Zusammenführung der Deutschen Bundesbahn und der Deutsche Reichsbahn in die Deutsche Bahn AG (DB AG) trat die formelle Privatisierung der Deutschen Bundesbahn in Kraft: Dies bedeutete die Trennung der staatlichen von unternehmerischen Aufgaben und die Überführung der Bahn in eine private Rechtsform. Ferner wurden per Gesetz festgelegt: die Befreiung der neuen DB AG von gemeinwirtschaftlichen Verpflichtungen wie der Regionalisierung des Nahverkehrs, die Freistellung von Altschulden und Altlasten in Höhe von 34 Milliarden Euro, die Trennung von Transport und Infrastruktur und die Regulierung durch das Eisenbahnbundesamt.

Die neue DB AG musste sich in mindestens vier auf dem Verkehrsmarkt eigenverantwortlich handelnde Bereiche umstrukturieren und die Öffnung des Schienennetzes für Dritte zulassen. So sah es die Reform vor. Hinzu kamen die Finanzierung des Netzausbaus durch den Bund, die Befreiung von den Mehrkosten für Beamte gegenüber Angestellten und der Ersatz der Kosten für die Sanierung der Deutschen Reichsbahn der früheren DDR. Insgesamt wurden bis 1998 in die umfangreiche Betriebssanierung 37 Milliarden Euro investiert. Der Bund meinte damals, mit der Überführung der Bahn in eine private Rechtsform noch vergleichsweise günstig gefahren zu sein.

Im Rahmen der zweiten Stufe der Bahnreform wurden 1999 unterhalb der Holding DB AG fünf eigene Aktiengesellschaften gegründet: die DB Reise&Touristik AG für den Fernverkehr, die DB Regio AG für den Nahverkehr, die DB Cargo AG für den Güterverkehr, die DB Netz AG für den Fahrweg und das Schienensystem sowie die DB Station&Service AG für die Personenbahnhöfe.

Aktuell stehen alle Zeichen auf einen möglichst schnellen Börsengang der Bahn, und damit hin zur materiellen Privatisierung. Das will die neoliberal ausgerichtete Politik so und vor allem das inzwischen von der Politik weitgehend emanzipierte Management der Deutschen Bahn.

Doch es gibt eine grundgesetzlich verankerte Einschränkung: Die Bundesrepublik Deutschland darf nicht mehr als 49,9 Prozent ihrer Anteile an der DB Netz AG veräußern, muss also Mehrheitsaktionär beim Schienennetz bleiben. Der Bund bleibt also letztendlich auch weiterhin verantwortlich für die Infrastruktur der Bahn – und damit der Steuerzahler.

Obwohl die Deutsche Bahn AG ja ein in erster Linie national operierendes Unternehmen ist, richtet das Management den »Noch-Staats-Betrieb« zu einem international aufgestellten Konzern aus. Das Management um den Vorstandsvorsitzenden Hartmut Mehdorn hat die Vision eines »allumfassenden Transport- und Logistikkonzerns«[15], eines Global Players. Wohl wissend natürlich, und damit heimlich kalkulierend, dass der Bund immer noch einziger Besitzer des Konzerns ist, mit dem Steuerzahler im Hintergrund, der notfalls in die Bresche springen muss, falls die eingeschlagene Unternehmensstrategie auf Sand läuft.

Mehdorns Crew geriert sich schon jetzt wie ein »Privater«. Für über 2,5 Milliarden Euro wurde die Stinnes AG akquiriert und mit ihr Deutschlands größter Spediteur Schenker. Wenig später kam für knapp eine Milliarde Euro der amerikanische Logistiker BAX Global Inc. hinzu, mit einem Umsatzvolumen von rund zwei Milliarden Euro und 12.000 Beschäftigten. Veräußert wurde hingegen die Gastronomietochter Mitropa AG an die britische Compass Group.

Auch das Immobiliengeschäft der Deutschen Bahn wurde neu ausgerichtet. Die betriebsnotwendigen Liegenschaften wurden auf die Führungsunternehmen der einzelnen Unternehmensbereiche übertragen. Die DB Netz AG erhielt alle Liegenschaften im Bereich des Fahrwegs, die Gleise sowie deren Grund und Boden und die Rangierbahnhöfe; die DB Station&Service AG übernahm alle Liegenschaften im bahnhofsnahen Umfeld, also Bahnhofsempfangsgebäude und Bahnhofsvorplätze. Alle sonstigen, nicht betriebsnotwendigen Liegenschaften fielen an die Holding. Der Holdingbesitz soll nun im Zuge der Konzentration auf die Kerngeschäfte veräußert werden.

Und dazu gehört so allerhand: DB Services Immobilien betreut mit rund 25.000 Objekten, 30.000 Mietverträgen sowie Grund und Boden mit einer Gesamtfläche von 240 Millionen Quadratmetern eines der größten Immobilienportfolios in Deutschland. Von den Immobilien befinden sich rund 40

Millionen Quadratmeter in zentralen und zentrumsnahen Lagen. Der gesamte Immobilienbestand der Deutsche Bahn AG und deren Gesellschaften – betriebsnotwendig und nicht betriebsnotwendig – umfasst deutschlandweit Grund und Boden mit einer Gesamtfläche von über 1,3 Milliarden Quadratmetern.

Da ist viel Besitz zusammengekommen in den über 100 Jahren Bahngeschichte. Es handelt sich um Werte für weit über 100 Milliarden Euro, so schätzen Experten, die jetzt teilweise zu Schleuderpreisen losgeschlagen werden. Werte, die eigentlich der Bevölkerung und nicht dem Management der Bahn gehören: Ein umfangreiches Immobilienportfolio der Deutschen Bahn wurde bereits an die Aurelis Real Estate GmbH & Co. KG verkauft: 1.850 Liegenschaften mit einer Gesamtfläche von etwa 30 Millionen Quadratmetern. An der Aurelis Real Estate ist die WestLB-Tochter Westdeutsche Immobilienbank mit 51 Prozent und die Deutsche Bahn AG mit 49 Prozent beteiligt. Verkauft wurden bereits ebenfalls über 1.000 Bahnhofsempfangsgebäude aus dem Portfolio der DB Station&Service AG an die First Rail Property GmbH.

Dem erklärten Ziel des Vorstandsvorsitzenden Hartmut Mehdorn, die Deutsche Bahn AG rasch an die Börse bringen zu wollen, werden alle Entscheidungen untergeordnet. In der Ausrichtung auf den Kapitalmarkt wurden in den zurückliegenden Jahren bereits 5.000 Kilometer Schienenstrecken stillgelegt, 400 Bahnhöfe geschlossen und der InterRegio liquidiert.

2005 wurde die rechtlich selbstständige DB JobService GmbH eingerichtet, im Rahmen eines Beschäftigungssicherungs-Tarifvertrags zur Personalsteuerung des DB Konzerns. Sie soll den internen Arbeitsmarkt der Deutschen Bahn regeln, und besonders denen, die ihren Arbeitsplatz in Zusammenhang mit Rationalisierungs- und Umstrukturierungsmaßnahmen verlieren, neue berufliche Perspektiven aufzeigen. Die DB Zeitarbeit GmbH geht noch einen Schritt weiter: Sie vermittelt Beschäftigte der Bahn an externe Kunden mit dem Ziel einer Übernahme.

Im DB-Konzern arbeiten immerhin noch rund 42.000 Beamte, die aber »mittelfristig« möglichst in die normale Personalpolitik der Deutschen Bahn integriert werden sollen. Durch Öffnungsklauseln im Arbeits- und Besoldungsrecht sollen die Beamten in flexible Arbeitszeitmodelle und Prämiensysteme einbezogen werden. Diese Vorbereitung auf die anstehende Vollprivatisierung hat jedenfalls schon Zehntausende Beschäftigte den Job gekostet.

Und jetzt die Diskussion um die Infrastruktur der Bahn, um ihre Schienen, Bahnhöfe und Stromnetze. Bahnchef Mehdorn will all das, vor allem das Streckennetz der Bahn, um jeden Preis mit in den Börsengang einbringen. Sein Argument: die größere Attraktivität der Bahn am Kapitalmarkt. Und vor allem: Auf diese Weise könne eine »Zerschlagung« der Bahn verhindert werden. Nicht zuletzt um für diese Argumente in der politischen Landschaft für die richtige Stimmung zu sorgen, wurde der frühere bayerische Wirtschaftsminister Otto Wiesheu als entsprechender Lobbyist in den Vorstand der Deutschen Bahn berufen.

Geplant ist seitens der Großen Koalition in Berlin, das Netz und die Infrastruktur der Bahn rechtlich zwar im Besitz des Bundes zu belassen, es aber wirtschaftlich der Bahn zu transferieren. Sie kann es dann vermarkten, Mitbewerbern offerieren und in der eigenen Bilanz aufführen. So würde man auf der einen Seite formal der Verfassung Genüge tun, in der Artikel 87 GG vorschreibt, dass der Bau, die Unterhaltung und das Betreiben von Schienenwegen »im Eigentum des Bundes« stehen müssen. Auf der anderen Seite hätte die Bahn mit dem Netz aber das Schienenmonopol in der Hand und könnte damit kräftig Reibach machen. Und: vor allem die Konkurrenz in Schach halten. Des Weiteren will der Bund jährlich 3,5 Milliarden Euro in die Infrastruktur der Bahn fließen lassen. Und noch eines: Die Hälfte der Gelder eines ersten Börsengangs – für eine erste Tranche von 25 Prozent der Aktien werden Einnahmen von rund 5 Milliarden Euro avisiert – sollen der Bahn AG zugute kommen. Im Klartext heißt das: Die neuen Investoren würden kräftig mitkassieren.

Kritiker und Sachverständige aus Politik und Wirtschaft schlagen Alarm, sind für eine unbedingte eigentumsrechtliche Trennung von Bahn und Schiene vor allem aus wettbewerbspolitischen Gründen. Wenn Börsengang, Markt und Wettbewerb das Ziel seien, dann müsse der Zugang zum Schienennetz für jeden Mitbewerber frei zugänglich gemacht werden und dürfe nicht in den Händen des Altmonopolisten liegen, heißt es. Besser noch: Die Infrastruktur solle ganz in Staatshand belassen werden, aus verkehrs-, sicherheits- und wettbewerbsrelevanten Gründen.

Sie befürchten, dass nach einer vollständigen Privatisierung das Schienennetz und die übrige Infrastruktur nur noch unter rein wirtschaftlichen Gesichtspunkten betrieben wird. Nicht auszuschließen ist, dass dann recht schnell, wie ja heute schon festzustellen, dünn besiedelte Regionen ganz vom Bahnnetz abgehängt werden. Dazu bemerkt die privatisierungskritische Internetseite »deinebahn.de«: »Ein in 170 Jahren akkumuliertes gesellschaftliches Vermögen, das 150 oder auch 200 Milliarden Euro repräsentiert, wird für einen kleinen, einstelligen Milliarden-Euro-Betrag preisgegeben.«

Doch der Vorstand der Bahn gibt sich wie in all den Jahren zuvor auch diesmal wieder siegessicher. »Das Unternehmen ist reif für die Privatisierung«, ließ Hartmut Mehdorn anläßlich der Präsentation der Bilanz 2006 neuerlich vernehmen.[16] Im Jahr 2008 werde man ein profitables und kundenfreundliches Unternehmen sein und spätestens 2009 an die Börse gehen. Doch wie das ohne die weitere Alimentierung des Bundes gehen soll, bleibt sein Geheimnis. Solange das Unternehmen mit jährlichen Milliardenbeträgen am Nabel des Bundes hängt und nahezu selbstverschuldet ein Image vor sich herschiebt, das verheerender nicht sein kann, werden private und institutionelle Anleger tunlichst die Finger von einer solchen Aktie lassen.

Um börsenfähig zu werden, braucht die Deutsche Bahn AG pünktliche Züge, freundliches Personal, ein durchschaubares Tarifsystem, eine Preisgestaltung, die sie gegenüber anderen Verkehrsmitteln attraktiver macht, Sauberkeit und einen guten Service. Unter diesen Voraussetzungen wäre das System Bahn so gut wie konkurrenzlos. Aber die Wirklichkeit sieht anders aus: Reduzierung der Telefon-Auskunft, Einsparungen beim Ticket-Verkauf, immer weniger Personal, weitere Abstriche beim Service und vor allem: die Benachteiligungen von Mitbewerbern. Dem allen zum Trotz: Mitte 2007 wurde der Vertrag des obersten Bahnmanagers um weitere vier Jahre bis 2011 verlängert.

Einmal verkauft, für immer weg – Tank & Rast und all die anderen

Wenige Monate nach der Regierungsübernahme durch die rot-grüne Koalition 1998 wurde das bundeseigene Unternehmen Autobahn Tank & Rast für 600 Millionen Euro an einen Finanzinvestor veräußert. Das Geld wurde dringend zur weiteren Entlastung des Haushalts benötigt, da der Druck aus Brüssel, den europäischen Stabilitätspakt bei unvermindert hoher Staatsverschuldung einzuhalten, schwer auf der gerade ins Amt gewählten Regierung lastete.

So stieg die rot-grüne Regierungskoalition behände auf den Privatisierungskurs der Regierung Kohl auf. Im Zuge dessen wurde die Postbank an die Deutsche Post veräußert, eine weitere Tranche der Deutschen Telekom über die Kreditanstalt für Wiederaufbau dem Kapitalmarkt offeriert und schließlich im Jahr 2000 die Deutsche Post AG an die Börse gebracht. Privatisiert wurden zahlreiche Flughafenbeteiligungen des Bundes, so die Flughafen Hamburg GmbH und in Teilen die Frankfurter Fraport AG. Die rot-grüne Bundesregierung bewertete in ihren »Perspektiven der Privatisierungspolitik des Bundes« Ende des Jahres 2000 entsprechend »die Verkäufe von Wohnungsgesellschaften im Bundeseigentum als grundsätzlich positiv.«[17]

Auch die Große Koalition heute will möglichst alles privatisieren, was Geld in die Kassen bringt und nicht als verfassungsrechtlich bedenklich gilt. Dazu gehören im Verkehrsbereich die Beteiligungen an den Flughafengesellschaften Köln/Bonn und München, die Berlin Brandenburg Flughafen Holding, die Duisburg-Ruhrorter Häfen AG, die noch im Besitz des Bundes befindlichen Siedlungsgesellschaften und Eisenbahnwohnungsgesellschaften sowie das Gästehaus der Bundesregierung auf dem Petersberg bei Bonn.

Im Zuge der Neuorientierung des Deutschen Steinkohlebergbaus und der Gründung der Deutsche Steinkohle AG unter dem Dach der RAG AG wurde 1998 der Bundesanteil der Saarbergwerke AG an die Ruhrkohle AG veräußert. Vollprivatisiert wurde auch der Stahl- und Technologiekonzern Salzgitter AG, der zu 100 Prozent im Besitz des Bundes war. Die Privatisierungserlöse in Höhe von 1,2 Milliarden Euro dienten der Gründung der Bundesstiftung Umwelt.

Bereits 1997 wurden im Zuge der europäischen Liberalisierung des Flugverkehrs die bei der Kreditanstalt für Wiederaufbau geparkten Bundesanteile an der Deutschen Lufthansa AG breit gestreut an der Börse verkauft. Nach dem Börsengang der Deutschen Telekom war das binnen zweier Jahre die zweite große Privatisierung eines traditionellen Staatsunternehmens und brachte rund 2,3 Milliarden Euro in die Staatskasse. Ebenfalls an der Börse platziert wurden die DSL Bank AG und die Industrieverwaltungsgesellschaft AG.

Privatisiert wurden in den 1990er-Jahren auch das Energie-Explorationsunternehmen Prakla-Seismos AG, die Aachener Bergmannssiedlungsgesellschaft mbH, die Rhein-Main-Donau AG, die Deutsche Außenhandelsbank AG, die Gemeinnützige Deutsche Wohnungsbaugesellschaft mbH, die Deutsche Stadtentwicklungsgesellschaft mbH, die Lübecker Hafengesellschaft, die Heimstätte Rheinland-Pfalz GmbH, die GBB Genossenschaftsholding Berlin, die Bundesdruckerei GmbH und die Bundesanzeiger Verlagsgesellschaft GmbH. Insgesamt waren Ende 1990 in den Unternehmen, an denen der Bund mehrheitlich beteiligt war, lediglich rund 150.000 Mitarbeiter beschäftigt; 1982 waren es noch über 500.000 gewesen.

Die Bundesregierungen favorisieren zur »Entlastung des Bundeshaushalts« neben den Voll- und Teilprivatisierungen ihres »Tafelsilbers« auch alternative Finanzierungs- und Managementkonzepte, vor allem sogenannte Betreibermodelle. Dabei, so die Lesart, vergibt der Staat das Recht zum Betreiben bzw. zur Erstellung »einer öffentlichen Einrichtung an einen privaten Investor in dessen eigener Verantwortung«. Dabei erhält der Betreiber das Recht zur »Entgelterhebung«, d. h., er kann Eintrittsgelder, Passagen oder Mautgebühren etwa kassieren.

Mit der Einbindung in die vielfältigen Formen der sogenannten Public Private Partnership sollen vor allem die Verwaltungskosten reduziert werden. Besonders neue Bundesautobahnen sollen nach dem »Fernstraßenbauprivatisierungsgesetz« in Form von »Ratenkaufmodellen« und »Betreibermodellen« umgesetzt werden. Das gilt auch für den Bau von Brücken und Tunnels, für Gebirgspässe und autobahnähnliche zweibahnige Bundesstraßen.

So werden heute etwa zwei Dutzend Bundesfernstraßenmaßnahmen nach dem Ratenkaufmodell mit Baukosten von rund 5 Milliarden Euro vorfinanziert. »Private übernehmen dabei den Bau, den Betrieb, die Erhaltung und die Finanzierung des jeweiligen Projektes und erhalten im Gegenzug das Recht zur Erhebung der Mautgebühren.«[18]

Der Staat ist also dabei, alles, was nicht grundgesetzlich und ausdrücklich einem Veto unterliegt, zu veräußern. Er hat sein »Tafelsilber« weitgehend abgestoßen, die großen Infrastrukturkonzerne so weit wie möglich privaten Betreibern übereignet. Damit schwindet natürlich sein Zugriff auch auf die Segmente grundlegender Dienstleistung wie Bahn, Post und Energieversorgung. Wenn jetzt immer größere Teile der mobilen Infrastruktur und anderer öffentlicher Bereiche im Zuge von Public Private Partnerships ausgelagert und in privates Management übergeben werden, entfernt er sich weg vom Gestaltungsstaat hin zum reinen Verwaltungsstaat – und damit immer weiter weg von seinen Bürgern.

Politik auf schmalem Grat: Die Privatisierung der Sozialsysteme

Der Staat ist gerade dabei, sich selbst aus den Angeln zu heben – durch seine zunehmend neoliberale Ausrichtung und die damit verbundene Unterwerfung unter das Primat der Wirtschaft. Er ist auf dem Wege, sich aus immer mehr Ebenen des gesellschaftlichen Lebens und damit auch aus seiner Verantwortung zurückzuziehen. Die »Solidargemeinschaft« wird zugunsten einer »Eigenversorgung« aufgehoben.

Die Diskussion um die Rentenreform, die Bürgerversicherung, die Beschneidung der Leistungen der gesetzlichen Krankenkassen und die Kürzungen und Verschärfungen in der Arbeitslosenversicherung bewegen die Menschen. Und nicht ohne Grund: Denn jetzt ist der Staat dabei, auch die Sozialsysteme umzubauen, indem er deren wesentliche Bestandteile privatisiert. Die Altersversorgung, die Krankenversicherung – bislang zwei sichere Bastionen staatlicher Fürsorge. Der Staat bürdet dem Einzelnen, allemal dem sozial Schwachen, immer mehr Lasten auf, verlangt von ihm, sich zu »ökonomisieren«.

Außerdem stellt der Staat seine ureigenen Hoheitsrechte zur Disposition. Der öffentliche Dienst steht in der Diskussion, staatliche Schutzfunktionen sollen auf das Notwendigste reduziert werden.

Es kann sinnvoll sein, öffentliche Dienstleistungen auf den Prüfstand zu stellen, sie auf Effizienz und Kundenfreundlichkeit zu trimmen. Der öffentliche Dienst aber ist per Definition dem Allgemeinwohl verpflichtet. Er bewegt sich natürlich in seinen Handlungsspielräumen immer in einem Spannungsverhältnis zwischen öffentlichen und privatwirtschaftlichen Interessen. Er muss vielfach abwägen, Entscheidungen treffen. Ihn aber gänzlich zu privatisieren würde bedeuten, das Allgemeinwohl zu ökonomisieren und damit das Staatsinteresse zu privatisieren. Denn durch eine immer stärkere betriebswirtschaftliche Ausrichtung würde der öffentliche Dienst zunehmend parteilich im Sinne der Wirtschaft. Schnell würde er Wirtschaftlichkeit vor Bürgernähe stellen und damit seine ureigenen Aufgaben aufs Spiel setzen. Es wäre dann kein öffentlicher Dienst mehr, bestenfalls ein eingeschränkter.

Der öffentliche Dienst wird, so Edwin Czerwick, trotz seiner schon weit fortgeschrittenen Ökonomisierung und seiner »Orientierung an der marktwirtschaftlichen Ordnung« von der neoliberalen Kritik immer noch als

»Fremdkörper« wahrgenommen.[19] Selbst in den Bereichen, in denen der Staat bei der Privatisierung öffentlicher Aufgaben seine »Gewährleistungskompetenz« und damit die Bringschuld gegenüber Staat und Gesellschaft ausführt, dringen privatwirtschaftliche Interessen immer weiter in den staatlichen Bereich hinein.

»Von daher ist in vielen Fällen der Rückzug des Staates aus der Gesellschaft eng mit einem Zugriff privatwirtschaftlicher Interessen auf den Staat verbunden«, so Edwin Cherwick weiter. Die Privatwirtschaft erhalte damit die Gelegenheit, »Staat und Gesellschaft mit ihrer Logik, ihren Werten und Kalkülen zu durchdringen.«[20] Das aber bedeute die »Abkehr von einem umfassend verstandenen politischen Gestaltungsanspruch des Staates gegenüber der Gesellschaft und seiner Wirtschaft.« Cherwick kommt in seiner umfangreichen Analyse über den öffentlichen Dienst zu dem Schluss, dass die »Dienstrechtsreformen« der zurückliegenden Jahre den öffentlichen Dienst »einerseits ›betriebswirtschaftlicher‹, ›marktwirtschaftlicher‹ und ›ökonomischer‹, andererseits damit zugleich aber auch weniger gemeinwohlorientiert und gemeinwohlverträglich gemacht haben.«[21]

Natürlich müssen staatliche Aufgaben nicht prinzipiell dem Wettbewerb verschlossen bleiben. Das gilt auch für die Auslagerung von Dienstleistungen oder dienstleistungsnahen Bereichen in private unternehmerische Formen – sei es in Form formeller Privatisierungen oder durch Public Private Partnerships. Doch je ähnlicher öffentliche Unternehmen beispielsweise den privaten Unternehmen werden, desto deutlicher muss man sich fragen, »worin die besondere Funktion öffentlicher Unternehmen liegt, die durch Privatfirmen nicht ersetzt werden kann.«[22] Denn im Gegensatz zu privaten Unternehmen müssen sich öffentliche Unternehmen stärker an einem »öffentlich-politischen Prozess« orientieren als an den »Kräften des Marktes«. Thomas Edeling sieht das so: »Ein öffentliches Unternehmen, das sich in seinen Zielen und Entscheidungen, seinem wirtschaftlichen Agieren nicht mehr von einem Unternehmen der Privatwirtschaft unterscheiden lässt, ist kaum noch lediglich auf Grundlage öffentlichen Eigentums als ›öffentliches‹ Unternehmen anzusprechen.«[23]

Privatisierungen sind mitunter angebracht, sie aber zur Doktrin zu erheben und ihr alle gesellschaftlichen Prozesse unterzuordnen, grenzt an einen staatlichen Selbstmordversuch. Und dafür fehlt der Politik jede Legitimation. Die Politik darf ihre Grundprinzipien nicht in Frage stellen und nicht ihre Hoheitsrechte. Denn sie hat einen grundgesetzlichen Auftrag.

Der Staat ist aber zunehmend dabei, seine Handlungshoheit zu verspielen, aus eigenem Antrieb, aber auch auf Druck von außen. Der »Freiheit« wegen, wie es immer heißt. Und dabei knickt er ein ums andere Mal vor irgendwelchen Lobbys ein. Politik und Gesellschaft bewegen sich bei der zunehmenden Veräußerung ihrer eigentlichen Aufgaben auf einem schmalen Grat.

Der Umbau des Sozialstaates – Die Privatisierung der Altersvorsorge

Seit den 1980er-Jahren wird der gewachsene Sozial- und Wohlfahrtsstaat umgebaut. Dabei bedeuten Umbau und »Modernisierung« zunehmend den Abbau sozialer Leistungen, Transfers und Standards. Soziale Leistungen sollen sich immer mehr auf einem »freien«, nicht regulierten Markt behaupten. »Frei« sollen sie werden von allen als bürokratisch gescholtenen staatlichen Systemen, die obendrein als nicht mehr bezahlbar gelten. Private seien den vorhandenen staatlichen Systemen an Effizienz und Dynamik überlegen, ein guter Grund für die Gesellschaft, sich von den »gesetzlichen Zwangssystemen« zu verabschieden. Zur Disposition stehen eigentlich alle sozialen Sicherungssysteme, vor allem: die Renten-, Kranken-, Pflege- und Arbeitslosenversicherung.

Wie auch schon die Gesundheit und die Bildung wird auch die Altersvorsorge damit immer mehr zur Ware. Wer sich eine private Altersvorsorge leisten kann, der mag profitieren, wer nicht, der hat Pech gehabt. Im Sozialversicherungsbereich soll es jedenfalls künftig immer weniger öffentliche, das heißt kostenlose oder kostengünstige Dienstleistungen geben. Irgendwann heißt es auch im Alter: Wer arm ist, ist selbst schuld. Dabei gehört doch gerade die Altersvorsorge, die materielle Absicherung im Alter, zu den wesentlichen Elementen der öffentlichen Daseinsvorsorge.

Die Privatisierung der Rentensysteme ist inzwischen Programm – parteienübergreifend. Das umlagefinanzierte System wird Schritt für Schritt in ein privates kapitalgedecktes Modell umgewandelt. Der sogenannte »Generationenvertrag«, Basis der gesetzlichen Rentenversicherung in Deutschland, in dem jeweils der arbeitende Teil der Bevölkerung für die Rentenzahlungen der nicht mehr arbeitenden aufkommt, gilt als nur noch begrenzt zeitgemäß. Er wird infolge der demographischen Entwicklung, also der Überalterung der Gesellschaft, für nicht mehr finanzierbar erklärt. Da stehen Horrorszenarien im Raum, nach denen zukünftig ein Beitragszahler einen Rentner mitfinanzieren muss.

Das Umlageverfahren bleibt zwar vorerst noch das entscheidende Element des öffentlichen Rentensystems – in Deutschland kommen noch immer rund 80 Prozent allen Rentenzahlungen aus dem staatlichen System –, aber die kapitalmarktgesteuerte Privatvorsorge ist unaufhaltsam auf dem Vormarsch. Sie wird als neues Allheilmittel verkauft, um die Renten zukünftiger Generationen zu sichern.

Da wird für die zusätzliche private Vorsorge durch die staatlich geförderte »Riesterrente« getrommelt, zu der der Staat Milliardensummen zuschießt, da wird für Rentenfonds geworben, für die Geldanlage in Aktien und Wertpapieren. Der Markt – so seine Protagonisten – könne für die soziale Sicherung letztendlich besser sorgen als der Staat. Der Markt, das sind große Versicherungen, Banken und Industriekonzerne. Das ewig gleiche Argument: Private Unternehmen könnten durch ihre straffere Verwaltung und marktwirtschaftliche Kompetenz die Ressourcen der Bürger effizienter und gewinnbringender einsetzen.

Doch Vorsicht ist geboten. Nicht, dass eine zusätzliche private Altersvorsorge grundsätzlich etwas Schlechtes wäre, aber die Euphorie, mit der die Privatisierung der Sozialsysteme von ihren neoliberalen Apologeten vorangetrieben und verkauft wird, ist mit äußerster Zurückhaltung zu genießen. Denn der Markt folgt immer seinen eigenen Gesetzen – unsentimental und rücksichtslos. So verhalten sich die privaten kapitalgedeckten Versicherungssysteme immer nach der Logik des Wettbewerbs.

Beim öffentlichen Rentensystem verdient niemand, beim privaten die Aktionäre. Arbeiten die öffentlichen Rentensysteme nicht profitorientiert und ist deren einziger wirklicher Kostenfaktor die Verwaltung des Systems, wobei alles andere Versicherungsleistungen sind, so unterliegen die privaten Versicherungsunternehmen immer der Gewinnmaximierung und im Falle von Aktiengesellschaften immer dem Shareholder Value. Egal ob Allianz, AXA, Credit Suisse, Deutsche oder Dresdner Bank. Und ihre Aktionäre erwarten Renditen von mindestens 10 bis 15 Prozent auf das eingesetzte Kapital. Das wird ihnen in Aussicht gestellt, und das fehlt dem Rentner und der Rentenkasse. Warum, so muss man sich fragen, soll das Geld des Bürgers privat »effizienter« eingesetzt werden und unterm Strich mehr übrig bleiben? Doch nicht der Rentner wegen, sondern um die Aktionäre zu bedienen. Mit

Rentenbeiträgen Kasse machen: Das heißt nichts anderes, als den Einstieg in eine noch viel weitergehende Privatisierung, die weitere Übertragung der Altersvorsorge auf den Aktienmarkt und damit in die Hände von Investment- und Fondsgesellschaften.

Die private Absicherung kann bestenfalls als Ergänzung zur gesetzlichen öffentlichen Versicherung gelten, niemals aber den Sozialstaat ersetzen. Denn die Bindung der Altersvorsorge an Aktien gleicht einer Lotterie, allemal einer Spekulation. »Wenn Staaten ihre Rentensysteme privatisieren und damit bewirken, dass ein immer geringerer Anteil der Bevölkerung eine armutsvermeidende Rente ansparen kann, steigt die Zahl der Sozialfälle – und damit die Belastung des Budgets.«[24]

Und noch etwas: Eine private Altersversicherung lässt sich nur dann abschließen, wenn man auch über das Geld für die Beiträge verfügt. Das setzt aber unbedingt ein geregeltes Einkommen, also einen festen Job voraus, der es erlaubt, monatlich eine erhebliche Summe für die Privatversicherung abzuzweigen.

Finanzmärkte bergen immer hohe Risiken. Unzählige US-Bürger, die ihre Altersvorsorge, ihre Rentendepots in Aktien großer Konzerne angelegt hatten, standen beispielsweise nach der Pleite des Energiekonzerns Enron vor dem Nichts. Millionen Menschen, die kurz vor der Auszahlung der Rente standen, wurden infolge des Börsen-Crash, der New Economy in den Strudel der Altersarmut gerissen. In den USA ist das staatliche Rentenniveau so niedrig, dass die Menschen auf zusätzliche betriebliche und private Altersversorgung angewiesen sind. Aber auch zusätzliche private Betriebszusatzrenten sind keine Garantie fürs Alter. Die Enron-Beschäftigten hatten rund 60 Prozent ihrer Firmenrente in Enron-Aktien angelegt. Ähnlich ging es den Privatversicherten in Großbritannien und in Japan, wo verschiedene große Lebensversicherer in die Pleite schlidderten. Und ist die Pleite erst einmal da, muss der Staat mit den Steuergeldern der gesamten Bevölkerung das abgestürzte System auffangen und retten.

Und hierzulande? Zahlreiche Menschen haben sich bis heute nicht vom Telekom-Desaster erholt, als die Politiker Kohl und Waigel mit Unterstützung des Schauspielers Manfred Krug ihnen die T-Aktie als »Pölsterchen« fürs Alter suggerierten.

Michel Reimon und Christian Felber führen in ihrem »Schwarzbuch Privatisierung«[25] recht deutlich auf, warum gesetzliche Rentenversicherungen und ihre privaten »Schwestern« nahezu unvereinbar sind. So sei das Umlageverfahren immer dann gesund, wenn die Beschäftigung möglichst hoch ist und die Arbeitslosigkeit niedrig, bei steigenden Löhnen und Gehältern. Alles Faktoren, die der Wirtschaft und der Bevölkerung gleichermaßen zugute kommen. Die Privatrenten hingegen sind – so die beiden Autoren – »auf hohe Zinsen, stark steigende Aktienkurse und Immobilienpreise angewiesen.«[26] Das aber schade mehrheitlich der Bevölkerung. Wieso? Liegen die Zinsen über der Wachstumsrate, so bremst das die Investitionsbereitschaft der Unternehmen. Aktienkurse steigen vielfach, weil rationalisiert wird und Kostensenkungsprogramme eingeführt werden, fast immer mit der Konsequenz der Entlassung von Beschäftigten und der Streichung von Sozialleistungen. Und wenn die Rentenfonds auf hohe Grundstückspreise und Eigentumswohnungen spekulieren, dann steigen die Mieten und die Preise.

Auch in Deutschland steigen die Sozialversicherungsbeiträge für die Versicherungspflichtigen ständig, weil die Zahl der Billigjobs und der Scheinselbstständigkeiten zunimmt, die Sozialsysteme mit versicherungsfremden Leistungen überfrachtet werden, die Arbeitslosigkeit hoch ist und, der bedeutendste Faktor, weil die Beteiligung der Unternehmen an den Kosten des Sozialstaats immer weiter nach unten geschraubt wird. Zur Senkung der »Lohnnebenkosten«, wie es heißt, die ja genau diese Sozialversicherungsbeiträge erheblich bestimmen. Mit der Einführung der Pflegeversicherung schafften es die Unternehmen erstmalig, die Kosten für ein Sozialsystem ganz abzuschütteln. Zum Ausgleich wurde in den meisten Bundesländern kurzerhand ein Feiertag gestrichen, oder anders gesagt: ein Tag mehr gearbeitet. Die Tendenz geht dahin, dass jeder Beschäftigte möglichst allein für seine Rente vorsorgen soll. Gleiches gilt ja auch für immer mehr medizinische Leistungen, die Zuzahlungen für das Notwendigste, die Selbstbeteiligung bei Medikamenten oder Krankenhausaufenthalten und die anfallenden Gebühren pro Quartal und Krankenschein.

Zum Umbau der sozialen Sicherungssysteme kommt der massive Abbau des Sozialstaates auch durch die »Agenda 2010« der rot-grünen Bundesregierung, die von der Großen Koalition mit einigen geringen Korrekturen vorbehaltlos übernommen wurde. Vor allem die Kürzungen der Ausgaben im Bereich der staatlichen Sozialversicherung schlagen da zu Buche. Aufgrund der Hartz-Gesetze, benannt nach dem Regierungsberater Peter Hartz, wurden Anfang 2005 die Arbeitslosen- und die Sozialhilfe zusammengefasst. »Erwerbsfähige Hilfsbedürftige« werden in Jobcentern betreut, die gemeinsam von den örtlichen Arbeitsagenturen und den Sozialämtern betrieben werden. Dabei gibt es strenge Kriterien bei der Zumutbarkeit eines Stellenangebotes für Arbeitssuchende. Die Agentur für Arbeit wurde von Beratungsfirmen wie McKinsey und Berger nach privatwirtschaftlichen Prinzipien umorganisiert. Die Arbeitslosenhilfe wurde durch das Arbeitslosengeld II ersetzt und auf das Niveau der Sozialhilfe abgesenkt, verbunden mit einem strengen Katalog an Durchsetzungsmaßnahmen. Ein staatlich geförderter Niedriglohnsektor wurde etabliert mit der Idee der sogenannten Ich-AGs mit vollwertiger Versicherung und Mini-Jobs bzw. Ein-Euro-Jobs.

Private Anbieter von Weiterbildungsmaßnahmen können jetzt beispielsweise Lehrer auf Ein-Euro-Basis einstellen und damit ihre Kosten drücken. »Den Arbeitslosen wird das Verhaltensmodell eines Privatunternehmens aufgezwängt«[27], meint Werner Rügemer. Und weiter: »Sie sollen als privatrechtliche Lebens- und Arbeitsunternehmer ihrer selbst ihren eigenen Arbeitsplatz erwirtschaften. Gleichzeitig werden sie ausgeforscht, genötigt und moralisch degradiert, also gerade dessen beraubt, was die ›Freiheit‹ des Unternehmers ausmacht.«[28]

Und immer dreht sich alles um Privatisierung, Markt und Wettbewerb. Nach neoliberaler Lesart soll der Staat nur noch für diejenigen aufkommen, die wirklich aussichtslos bedürftig und nicht in der Lage sind, ihren Lebensunterhalt aus eigener Kraft zu bestreiten.

Der »Arbeitskraftunternehmer« – oder: Die Ökonomisierung des Individuums

Selbst wenn es die »Ich-AG« als Maßnahme der Agentur für Arbeit nicht mehr gibt, steht dieser Begriff immer noch dafür, dass die eigene Arbeitswelt privatisiert wird. Auch in vielen anderen gesellschaftlichen Bereichen wird im Rahmen zunehmender Flexibilisierung von Beschäftigten verlangt, sich selbst zu ökonomisieren. So wird der erwerbstätige Arbeitnehmer immer stärker zum »Unternehmer seiner selbst«, muss in zahlreichen Arbeitsprozessen mit seiner Arbeitskraft immer »unternehmerischer« umgehen und entwickelt sich so vom Arbeitnehmer zum sogenannten »Arbeitskraftunternehmer«, wie die beiden Sozialwissenschaftler Günter Voß und Hans Pongratz diesen neuen »Typus von Arbeitskraft« definieren und umschreiben.[29] Damit hat die Privatisierung ganz konkret auch das Individuum erfasst und bestimmt immer stärker den betrieblichen und privaten Alltag der Menschen.

Denn die »Ware Arbeitskraft« unterliegt in ihrer sozialen Verfassung einem tiefgreifenden strukturellen Wandel. Der Ansatz der beiden Wissenschaftler ist aus der realen Arbeitswelt nicht mehr wegzudenken.

Innerhalb der Unternehmen hat sich ebenfalls einiges getan: Die Rahmenbedingungen in den meisten Unternehmen haben sich in den letzten Jahren vor dem Hindergrund von Globalisierung und Liberalisierung der Wirtschaftsabläufe erheblich verändert. Verschärfte Wettbewerbsbedingungen und stets steigende Renditeansprüche haben in nahezu allen Bereichen der Wirtschaft mehr oder weniger umfassende Reorganisationsprozesse in Gang gesetzt, verbunden mit immer neuen Restrukturierungs- und Effizienzprogrammen, mit Stellenabbau und Kostensenkungen. Der Druck auf Produktion und Leistung hat sich dabei ständig erhöht. In diesen neuen veränderten Unternehmensstrukturen wurden in zahlreichen Produktionszweigen Gruppen- und Teamarbeit eingeführt, Arbeitszeiten zunehmend flexibilisiert, Zielvereinbarungen implantiert, eigene zu verwaltende Zeitkonten eingerichtet, Heimarbeits- und Telearbeitsplätze eingerichtet, Produktions- oder Dienstleistungsprozesse »auf Scheinselbstständige« oder »Arbeitnehmerähnliche« ausgelagert bzw. outgesourct oder Tätigkeiten an Selbstständige und Freiberufler vergeben.

War es bislang in der Arbeitswelt die gängige Norm, dass Betriebe durch die Anstellung von Mitarbeitern eigentlich »nur das Recht erwerben, für eine definierte Zeit deren Potenzial von Arbeitsfähigkeiten zu nutzen«, um – wie es die Wissenschaftler sagen – mittels »Kontrolle das erworbene Arbeits-Potenzial in konkrete Arbeits-Leitung zu transformieren«[30], so hat sich in vielen Arbeitsprozessen inzwischen die Haltung durchgesetzt, dass der »Kontrollaufwand nicht nur beträchtliche Kosten verursacht, sondern auch die Innovationsfreudigkeit und Flexibilität der Arbeitenden verhindert.«[31]

Die Stechuhr ist out, aber auch das tradierte Muster, als Vollzeitbeschäftigter im erlernten Beruf ein Leben lang bis zur Rente in einem Betrieb zu arbeiten. Diese Art der »Normalbiografie« ist passé. Neues Denken hält Einzug. Vor allem bei den Jobs der Informationstechnologie- und Kommunikationsbranche, in Medien- und Kulturberufen, bei Beratungstätigkeiten, im gesamten Bereich der New Economy. Dort, aber längst schon nicht mehr nur in diesen Branchen, setzt sich ein Typus Arbeitnehmer durch, der zunehmend unternehmerisch mit seiner Arbeitskraft umgeht und umgehen muss, der »Eigenverantwortung und Selbstorganisation« ins Zentrum seiner Arbeit stellt. »Statt auf Anweisung reagierende Arbeit-Nehmer suchen Betriebe zunehmend selbstständig agierende Auftrag-Nehmer, die bereit sind, sich bei jeder Aufgabe neu zu beweisen.«[32] Und die die Umsetzung ihrer Fähigkeiten in konkrete Arbeit selbst steuern und überwachen. Vom »Arbeitskraftunternehmer« wird »eine aktive Selbststeuerung im Sinne allgemeiner Unternehmenserfordernisse«[33] verlangt.

Voß und Pongratz weisen diesem »neuen Typus von Arbeitskraft« die drei Merkmale »Selbst-Kontrolle«, »Selbst-Ökonomisierung« und »Selbst-Rationalisierung« zu.[34] Unter dem Motto »Hauptsache, das Ergebnis stimmt« kann der von ihnen so benannte »Arbeitskraftunternehmer« seine Arbeit selbstständig planen und einteilen, er kann die vorgegebenen Unternehmensziele aktiv steuern und kontrolliert sich quasi selbst. Da in immer mehr Arbeitsabläufen projektbezogen gearbeitet wird, verändert sich das Verhältnis zur Arbeit. Die eigene Arbeitskraft wird zur Ware – selbstgesteuert und nicht fremdbestimmt wie einst am Fließband. Der Arbeitnehmer wird zum »Vermarkter eigener Fähigkeiten«. Da sein zur Erwerbssicherung einziges nutzbares »Vermögen« – so Günter Voß[35] – das Vermögen zu arbeiten ist, muss dieses »hochgradig gezielt und kontinuierlich auf eine potentielle wirtschaftliche Nutzung hin entwickelt und aktiv verwertet werden.«[36] Nach dem Motto des Arbeitgebers »Sie bleiben nur so lange, wie sie nachweisen und sicherstellen, dass Sie gebraucht werden und Profit erwirtschaften«, muss der neue Arbeitnehmer-Typus ständig sein »Arbeitsvermögen effizienzorientiert entwickeln« und sich »kontinuierlich mit aufwändigem Selbst-Marketing anbieten und verkaufen.«[37] Fazit: »Aus passiven Arbeitnehmern werden damit auch im engeren ökonomischen Sinne ›Unternehmer ihrer selbst‹«. Diese tragen dann aber auch einen größeren Teil des Risikos, schnell wird bei nicht erreichter Zielvereinbarung die Bindung an den Betrieb gekappt.

Neben der aktiven »Produktion« und »Vermarktung« seiner Fähigkeiten und Leistungen muss der »Arbeitskraftunternehmer« schließlich seinen gesamten Lebenszusammenhang auf diese Ziele hin konditionieren. Er muss dem seine private Agenda unterordnen, seine Familie, sein Freizeitverhalten. »Was die Produzenten und Verkäufer von Arbeitskraft mit einer solchen Durchgestaltung ihres Lebens tun«, resümiert Günter Voß, »gleicht immer mehr dem, was diejenigen tun, die Waren anderer Art produzieren und verkaufen: Sie entwickeln und unterhalten nichts anderes eine Art ›Betrieb‹«. Dass der Betrieb des »Arbeitkraftunternehmers« dabei kein Betrieb im üblichen Sinne ist, versteht sich. »Hier geht es um die Herstellung und Vermarktung eines besonderen Produkts: nämlich von Arbeitskraft (und zunehmend sogar von Arbeit selbst) im Rahmen privater Lebensführung. Die »Verbetrieblichung des eigenen Lebens« wird zur »Voraussetzung des Erwerbserfolgs«. Und die Flexibilitätszumutungen an den Einzelnen nehmen ständig zu.

In einer ähnlichen Art arbeiten ja auch die selbstständigen Erwerbstätigen, im eigenen Kleinbetrieb, auf eigene Rechnung, vielfach hoch qualifiziert. Hier ist die Privatisierung institutionalisiert. Besonders immer da, wo »qualifizierte Arbeit mit flexibilisierter Auftragsarbeit« verbunden ist, besteht für sie meistens der Druck der Auftragsakquisition, der ständigen Kalkulation, der allgegenwärtigen Zeitflexibilität (ohne wirklichen Feierabend) und stets hoher existenzieller Risiken. Bedient werden die »Privaten« von ihren Auftraggebern nach Bedarf. »Selbstausbeutung« und »Scheitern« sind immer mitschwingende Größen. Hunderttausende solcher Verhältnisse gibt es.

Das gilt auch für das Ein-Personen-Unternehmen, das in »neuer Selbstständigkeit« seine Arbeitskraft nun auf eigene Rechnung einsetzt, vielfach »quer zum System der sozialen Sicherung«: der Fahrradkurier, der Fensterputzer, der Telearbeiter, der seine Arbeitskraft nun ins private Heim verlagert. Vielfach entstehen dabei aber auch neue Formen partieller und häufig auch prekärer Selbstständigkeit. Achim Vanselow zu den Ein-Personen-Unternehmen, »Selbstangestellten« und »Selbstständigen aus Not«: »Das alte Versprechen der Industriegesellschaft – wer dauerhaft einer sozialversicherungspflichtigen Vollzeitbeschäftigung nachgeht, wird mit einem verlässlichen Einkommen und der Absicherung gegen Krankheit, Arbeitslosigkeit und Altersarmut durch Lohnersatzeinkommen belohnt – wird brüchig. Das Risiko wird immer stärker auf den Einzelnen als Unternehmer/-in ihrer Arbeitskraft verlagert – in welcher arbeitsrechtlichen Form auch immer.«[38]

Die Privatisierung der Arbeit, die Ökonomisierung des Einzelnen führt zwar zu immer mehr Individualität, aber auch zu Konformismus, zu Anpassung und schwindender Solidarität. Im Zentrum des privatisierten Arbeitskosmos stehen die stete Effizienz und Vermarktung der persönlichen Ware Arbeit. Dem haben sich der gesamte Alltag und die Lebensführung anzupassen und unterzuordnen. Die persönliche Privatisierung geht vielfach einher mit einer zunehmenden Egozentrik und Isolation. Die immerwährende Präsenz der Ware Arbeit erlaubt dem »privatisierten« Arbeitnehmer oder Selbstständigen immer weniger die Teilnahme an gesellschaftlichen Prozessen, er gleitet zunehmend dem Staat und dem Gemeinwesen aus der Hand. Mit ihm ist kaum noch Staat zu machen. Und auch ein moderner demokratischer Staat verliert ohne die kritische Teilhabe seiner Bürger schnell an Substanz.

Darf der Staat eigentlich auch den Reichstag verkaufen?

Schulen und Rathäuser werden veräußert, das Berliner Stadtschloss soll im Zuge einer Public Private Partnership errichtet werden, immer mehr Gefängnisse stehen zur Privatisierung an, der Betrieb von Gefechtsfeldern der Bundeswehr wird fachfremden Sicherheitsdiensten überstellt. Warum sollen demnächst nicht auch die Berliner Ministerien privatisiert werden oder gar der Reichstag?

Um es gleich zu beantworten. Der Bund kann den Reichstag sehr wohl privatisieren oder hätte ihn in Form einer auf Jahrzehnte angelegten PPP-Initiative einem deutschen Baukonzern übertragen können. Oder vielleicht der Bertelsmann-Tochter Arvato, die gerade Teile der Würzburger Verwaltung übernimmt und einschlägige Erfahrungen dieser Art aus England mitbringt. Der Bund hätte den Reichstag auch einem ausländischen Konzern antragen können. Die Planung bzw. Neukonzeption, die Finanzierung, den Umbau, die Einrichtung der gesamten Infrastruktur sowie den Betrieb inklusive Schlüsseldienst und Rausschmeißer – alles hätte einer der großen Konzerne dankbar übernommen. Und dann hätte der Bund den Reichstag für seine Volksvertreter über eine Zeitstrecke von 25 oder 30 Jahren zurückmieten oder -leasen können – je nachdem, was ihn kostengünstiger käme. Die Parlamentarier wären somit quasi Untermieter eines großen Baukonzerns geworden.

Der Staat und seine gewählten Vertreter könnten eigentlich ausnahmslos alle Bereiche des Reichstags privaten Trägern übertragen. Nach der Logik vieler dort amtierender Politiker würde sich dann alles verbessern, der Arbeitsalltag effizienter, kostengünstiger und schneller werden. Die Reinigung, die Botengänge, die Computertechnik, der kulinarische Service, die Druckerei, das gesamte Verwaltungs-Know-how und alles Personal. Aber hier schreckt der ansonsten so privatisierungsfreudige Bund zurück. Aus Gründen der inneren Sicherheit in diesem sensiblen Zentrum der Machtausübung natürlich, aber auch aus schlichter Scham. Hier wird selbst ihm die allseits propagierte Privatisierung unheimlich. Dabei haben die Ministerien und der Reichstag als Einrichtungen nichts zu tun mit den Hoheitsrechten des Staates. Denn diese sind wenig disponibel.

Hoheitsrechte sind Befugnisse, die dem Staat kraft öffentlichen Rechts zur Ausübung seiner inneren und äußeren Souveränität zustehen – so das »Politiklexikon« Schubert/Klein. Zu den Hoheitsrechten gehören vor allem die Rechtsetzungsbefugnis, die Polizeigewalt, die Finanzhoheit und die Gerichtsbarkeit. Natürlich auch das Militär. Eben alles das, was man landläufig immer unter »Gewaltmonopol« subsumiert. Doch das Grundgesetz erlaubt dem Staat, durch Gesetze »Hoheitsrechte auf zwischenstaatliche Einrichtungen zu übertragen«, etwa auf die EU oder die Nato.[39]

Die Hoheitsrechte werden in aller Regel wahrgenommen durch die Staatsverwaltung der Bundes- und Landesbehörden, aber auch mittelbar durch die Verwaltung der Kommunen, durch Körperschaften, Anstalten und Stiftungen des öffentlichen Rechts, aber auch durch sogenannte »beliehene« Private wie Angestellte oder »Ehrenbeamte«. Die Ausübung hoheitsrechtlicher Befugnisse ist nach Artikel 33, Absatz 4 des Grundgesetzes normalerweise »als ständige Aufgabe Angehörigen des öffentlichen Dienstes zu übertragen, die in einem öffentlich-rechtlichen Dienst- und Treueverhältnis stehen«.[40] Natürlich wird hier in der Praxis auch anders verfahren, indem zahlreiche Aufgaben auf private Personen übergehen können, zum Beispiel bei Mitarbeitern des TÜV, bei Sicherheitsdiensten, Gerichtsvollziehern, Lebensmittelkontrolleuren und Geschwindigkeitsüberprüfern, im strengen Sinne eigentlich eine Aufgabe der Polizei.

Veräußern allerdings darf auch der Staat seine Hoheitsrechte und damit seine Handlungsfreiheit nicht, wenngleich an dieser Schraube im Zuge wirtschaftsliberaler Ausrichtung immer stärker gedreht wird. Ein gutes Beispiel ist da die in die Privatisierungsdiskussion geratene nationale Flugsicherung, eigentlich eine ureigene staatliche Aufgabe, sollte man meinen. Die Flugsicherung, ein äußerst sensibler Bereich, ein für den privaten Betrieb lukratives Geschäft, soll nach den Privatisierungsbefürwortern rein wirtschaftlichen Interessen überlassen werden, dem Kräftespiel des Marktes.

Dabei ist die Flugsicherung eine hoheitliche Aufgabe des Staates, die sich nicht ohne weiteres an private Investoren übertragen lässt. Die Deutsche Flugsicherung GmbH (DSF) ist ein bundeseigenes, privatrechtlich organisiertes Unternehmen mit 5.200 Beschäftigten, davon 1.800 Fluglotsen. Sie koordiniert täglich 9.000 Flugverbindungen im deutschen Luftraum und ist letztendlich als 100-prozentige Bundesbehörde der Verantwortung des Bundesverkehrsministeriums unterstellt.

Noch unter der rot-grünen Bundesregierung wurde die Kapitalprivatisierung der Deutschen Flugsicherung beschlossen. Aus Gründen der Harmonisierung des europäischen Luftraums und zur Sanierung des Staatshaushalts. Nur eine Sperrminorität von 25,1 Prozent sollte beim Bund verbleiben, was ihm freilich keine wirkliche Einflussnahme mehr ermöglicht hätte. Die Gewerkschaft der Flugsicherung lief Sturm. Allein schon aus Sicherheitsgründen dürfe man ein so sensibles Terrain wie die Flugsicherung nicht privaten Unternehmen überlassen, die vordergründig ein Interesse an Rendite hätten.[41] Denn bislang finanziert sich die äußerst effektiv arbeitende Deutsche Flugsicherung rein aus Gebühren – als Non-Profit-Center. Und so ganz nebenbei: Würde eine Privatisierung nicht nur dann Sinn machen, wenn das privatwirtschaftliche Unternehmen in Konkurrenz zu anderen treten könnte? Doch wie soll das bei der Flugsicherung europaweit vonstatten gehen?

Nachdem der Gesetzgeber 2006 seinen Plan, die Flugsicherung gänzlich zu privatisieren, gegen alle Kritik verwirklichen wollte – vor allem die Frankfurter Fraport AG und die Deutsche Lufthansa hätten sich dieses Kernstück der deutschen Luftfahrt allzu gerne einverleibt –, zog der Bundespräsident die Notbremse. Er weigerte sich, das »Gesetz zur Neuregelung der Flugsicherung« aus verfassungsrechtlichen Gründen zu unterschreiben. Für ihn kam die Privatisierung der hoheitsrechtlichen Aufgabe Flugsicherung, die auch einen »Sonderpolizeicharakter« hat, nicht in Frage. Seiner Meinung nach war das Gesetz mit dem Grundgesetz nicht vereinbar. Denn die Deutsche Flugsicherung ist nicht nur zuständig für die Flugverkehrskontrolle des Luftverkehrs in Deutschland, sondern auch für die überörtliche militärische Flugsicherung.

Doch der Bund will nicht locker lassen. Jetzt soll das Grundgesetz geändert, ein neuerlicher modifizierter Privatisierungsversuch gestartet werden. Druck macht da auch der Bundesverband der Deutschen Industrie. Wenn es nach ihm ginge, sollte die Deutsche Flugsicherung schnellstens vollständig privatisiert werden und nicht als staatliche Aufgabe mit der »Beleihung privater Unternehmen« erhalten bleiben.[42] Die Große Koalition in Berlin hat einen entsprechenden Arbeitskreis gegründet, bis 2008 soll das Privatisierungsvorhaben DFS erneut auf den Weg gebracht werden. Die Deutsche Flugsicherung selbst drängt die Bundesregierung in ihren Privatisierungsabsichten und rechnet sich eine »bessere Ausgangslage im liberalisierten europäischen Flugsicherungsmarkt«[43] aus.

Dabei ist doch der verheerende Fehler der privaten Schweizer Flugsicherungsgesellschaft Skyguide noch in frischer Erinnerung: Sie war zuständig, als im Sommer 2002 über Süddeutschland zwei Verkehrsflugzeuge zusammenstießen und mehr als 70 Menschen in den Tod gerissen wurden. Fazit: Eine Privatisierung der Flugsicherung ist gänzlich ungeeignet. Sie nimmt letztendlich dem Bund jede Eingriffsmöglichkeit und muss schon deshalb eine hoheitliche Aufgabe bleiben. Denn auch im Falle einer Privatisierung kämen auf den Staat beim Absturz eines Flugzeuges beispielsweise horrende Schadenersatzklagen zu. Allemal dann, wenn eine privatisierte Flugsicherung nicht zahlen will oder kann bzw. in die Pleite schliddert.

Teil IV
Grenzen der Privatisierung – Gefahren der Privatisierung

Nieten, Flops, Zusammenbrüche – Privatisierungen total gescheitert

Der weltweite Privatisierungswahn hält unvermindert an, obwohl zahlreiche Privatisierungen gänzlich gescheitert sind und sich mitunter zu regelrechten Horrorszenarien ausgeweitet haben. Besonders in den Ländern des Südens, also in den Entwicklungs- und sogenannten Schwellenländern, die sich unter dem Diktat von IWF, Weltbank und im Rahmen des Washingtoner Konsenses den vorgegebenen Privatisierungsprogrammen unterwerfen mussten, haben Privatisierungen vielfach zu katastrophalen Zuständen geführt und die Lage der Menschen und der entsprechenden Staaten keineswegs, wie angekündigt und erwartet, verbessert. Im Gegenteil: weiter verschlechtert.

Zum Beispiel beim Wasser: Die Wasserversorgung ist wahrscheinlich die grundsätzlichste Aufgabe staatlicher Daseinsfürsorge. Der Staat hat die Pflicht, benötigte Wassermengen zu sichern, zur Verfügung zu stellen und die Abwässer ohne Schäden für die Menschen und die Umwelt zu entsorgen. Wo macht Staat mehr Sinn? Über 1,1 Milliarden Menschen haben nach Angaben der Vereinten Nationen keinen Zugriff auf sauberes und bezahlbares

Trinkwasser, 1,8 Millionen Kinder sterben jedes Jahr an Wassermangel und fehlenden sanitären Einrichtungen. Verunreinigtes Trinkwasser ist einer der Hauptgründe für Erkrankungen.

Die meisten Entwicklungsländer sind nicht in der Lage, ihren Bürgern den Zugang zu sauberem Trinkwasser zu ermöglichen. Noch weniger, eine kontrollierte Abwasserentsorgung zu garantieren. Aber das führt nicht dazu, dass man die Lösung dieses Menschheitsproblems global im Rahmen internationaler Hilfe über supranationale Organisationen angeht, dass der reiche Norden Investitionsmittel und Know-how zur Verfügung stellt. Nein: Man sucht das Heil in der Privatisierung. IWF und Weltbank verlangen von den teilweise hochverschuldeten Staaten, sich vor dem Erhalt weiterer Kredite dazu zu verpflichten, den staatlichen Wassersektor wie andere Bereiche auch weitgehend der Privatwirtschaft zu öffnen. Die Vergabe von Weltbank-Krediten im Wasser- und Abwasserbereich wird meistens an die Bedingung geknüpft, diese zunächst ausschließlich dafür zur Verfügung zu stellen, »privaten Unternehmen die Übernahme öffentlicher Wasserversorgungseinrichtungen zu erleichtern.«[1]

Die großen Konzerne des wohlhabenden Nordens würden das nötige Kapital, das Management zur Verfügung stellen und für eine effiziente Produktion und Distribution von Wasser sorgen, so heißt es. Der Markt würde auch die weltweiten Wasserprobleme lösen, meinen die Strategen von Weltbank und IWF. Auch die EU hat im Rahmen des GATS-Abkommens Forderungen an über 70 Länder gestellt, den Wassersektor zu liberalisieren, nicht zuletzt natürlich, um den großen europäischen Wasserkonzernen neue Märkte zu erschließen.

Wie berauscht stürzten sich anfänglich die großen Konzerne aufs Geschäft mit dem Wasser, das es zu heben galt. Ganz vorne mit dabei waren die global größten Wasserkonzerne Suez und Veolia aus Frankreich sowie die damalige deutsch-britische RWE Thames Water.

Doch schnell wurde deutlich, dass die auf Gewinn gerichteten Unternehmen natürlich ihre Leitungen bevorzugt dorthin legen und da Wasser verkaufen, wo ein entsprechendes Publikum zuhause ist: in die großen Städte und Metropolen, und da in die finanzkräftigeren Viertel. Also an Orte mit möglichst vielen Konsumenten auf engem Raum, die gleichzeitig die »neuen« Preise zahlen können. Die Menschen der die Metropolen umziehenden Elendsgürtel wurden ebenso vernachlässigt wie die der weiten ländlichen Regionen. Hier investiert privates Kapital nur ungern, und wenn, dann mit garantierten Gewinnzusagen.

In den Armenvierteln der bolivianischen Stadt Cochabamba wurden erst nach Massendemonstrationen und Straßenschlachten die drastisch erhöhten Wasserpreise zurückgenommen, die langfristigen Konzessionsverträge gelöst und die Privatisierung des Wassersektors aufgehoben – wie später noch ausführlich dargelegt wird. In Uruguay wurde die Wasserversorgung gegen alle Initiativen der Weltbank und der eigenen Regierung aufgrund eines Plebiszits in öffentlicher Hand gelassen. Die Mehrheit stimmte für einen Verfassungszusatz, der die Privatisierung des öffentlichen Gutes Wasser untersagen sollte.

Aber auch die Finanzkrise in Asien und die Wirtschaftskrise in Argentinien haben den Global Players große Verluste gebracht. Die Verträge mit Suez in der philippinischen Hauptstadt Manila wurden ebenso gelöst wie die von Veolia in der argentinischen Metropole Buenos Aires. Zunehmend macht sich seither in den Zentralen der großen multinationalen Konzerne die Auffassung breit, dass Risiko und Aufwand, dass Investitionen und Gewinne in keinem Verhältnis mehr zu den Renditeerwartungen stehen. Denn die Netze zur Wasserversorgung verschlingen hohe Investitionen. Und das nicht nur in den städtischen Elendsvierteln der Metropolen Lateinamerikas, Afrikas und Asiens. Auch die milliardenschweren Akquisitionen in die privatisierte Wasserwirtschaft Europas bei gleichzeitig stagnierender Rendite lassen die Shareholder protestieren. So erlebte RWE Thames Water sein Waterloo in England. Der Traum vom »blauen Gold« versickerte in den verlustreichen und maroden Londoner Wasserleitungen.

Wenn die großen multinationalen Konzerne wegen zu geringer Renditen oder überraschendem Widerstand aus der Bevölkerung zum Rückzug blasen, dann meist nach der Devise: radikale Trennung, nach uns die Sintflut. Soll doch der Staat es wieder richten. Besonders die immer weiter vorangetriebenen Privatisierungen öffentlicher Dienstleistungen müssen gerade in Anbetracht verheerender Fehlschläge und ausschließlicher Gewinninteressen überdacht, korrigiert oder sogar revidiert werden. Gerade die Privatisierung von Infrastrukturen ist häufig mit der Übernahme eines Monopols verbunden – im Wasserbereich, bei der Strom- und Gesundheitsversorgung –, was einer »Aufforderung zur Profitmaximierung« gleichkommt. Aber die Menschen haben vielfach kein Geld, kämpfen ums Existenzminimum, ums Überleben. Der Markt kratzt gerade in diesen Segmenten an seinen Grenzen.

Beispiele gibt es nur allzu zahlreich[2]: In Chile ergab eine Untersuchung, dass private Versicherungen Menschen, die krank werden, ausschließen,

»dass Frauen im gebärfähigen Alter einen drei- bis viermal höheren Krankenversicherungsbeitrag zahlen müssen als Männer im selben Alter.« Fazit: »Weil die Privatversicherungen eine gesündere Klientel anziehen, müssen die Kränkeren vom staatlichen System aufgefangen werden.«[3] Ähnliches gilt für das chilenische Bildungswesen, das ebenso wie die Gesundheit in weiten Teilen privatisiert ist. Das universitäre System gehört zur Spitze Lateinamerikas, die Studiengebühren sind recht hoch, ähnlich wie bei den vielen Privatschulen. Kinder aus der Unterschicht sind bis auf wenige Stipendiaten von der höheren Bildung völlig ausgeschlossen. Selbst die chilenische Mittelschicht kann ihren Kindern nur unter erheblichen finanziellen Anstrengungen den Zugang zu hochqualifizierter Bildung verschaffen. Sicherlich ein Grund mit, warum Chile im internationalen »PISA«-Vergleichstest trotz hervorragender Universitäten auf einem der letzten Plätze landete.

Und wie sieht es im industriellen Bereich aus? Auch da rangiert der private Shareholder immer vor dem öffentlichen Staat. Der Publizist Karl-Ludolf Hübener nennt ein Beispiel: »Chiles Kupfer ist noch zu 30 Prozent in Staatshänden, 70 Prozent sind inzwischen in Privatbesitz. Die öffentlichen Unternehmen überwiesen zwischen 1990 und 2002 fast 11 Milliarden Dollar in die Staatskasse, die privaten Kupferproduzenten im selben Zeitraum dagegen lediglich 1,5 Milliarden an Steuern.«[4]

Vereinzelt kann man den Eindruck gewinnen, dass sich nationale Politiken vor den Fehlschlägen der Privatisierung punktuell erschrecken. Wirklich beeindrucken lassen sie sich aber nicht. Günstigstenfalls werden aufgrund desaströser Erfahrungen andernorts einige zusätzliche Regulierungsebenen eingezogen. An der grundsätzlichen Marktgläubigkeit für nahezu alles und jedes wird nicht gerüttelt.

Auch vor dem Hintergrund des Privatisierungschaos rund um British Rail, die im wahrsten Sinne des Wortes »zu Tode privatisiert« wurde, hält man in Deutschland unbeirrt am geplanten Börsengang der Deutschen Bahn fest. In Großbritannien führte die Privatisierung zu katastrophalen Zuständen. Das Streckennetz verkam, tödliche Unfälle häuften sich, da die Eigentümer lieber hohe Dividenden ausschütteten, als in das Streckennetz und in die Sicherheit zu investieren. Und die hiesige Politik kann sich angesichts der Geschichte von British Rail unter dem Druck neoliberaler Privatisierer nicht einmal dazu durchringen, die Infrastruktur der Bahn, besonders das Schienennetz, vollends in öffentlicher Regie zu belassen.

Immer wieder wird die angebliche neue hohe Effizienz der privatisierten

Volkswirtschaften der Länder des früheren Ostblocks in die Privatisierungsdebatte mit eingebracht. Tatsächlich gibt es da zahlreiche Erfolgsgeschichten, vielfach sind die Profiteure aber Konzerne des Westens. Die ehemals staatliche Strom- und Gaswirtschaft Ungarns, Tschechiens und anderer Ostblockstaaten ist zu großen Teilen in Händen der deutschen und französischen Energieriesen, die ungarische Presselandschaft gehört heute fast vollständig deutschen Medienkonzernen.

Die andere Seite der nahezu flächendeckenden und vollständigen Privatisierung und Liquidierung der planwirtschaftlichen staatlichen Wirtschaftssysteme sind soziale Verwerfungen – Standortschließungen, Entlassungen, Korruption. Auf der einen Seite werden internationale Investitionen in den früheren Ostblockländern bejubelt, wenn aber, wie in Ungarn geschehen, ein Land seine Industrie zu knapp 70 Prozent an ausländisches Kapital verkauft, dürfte mittelfristig auch so etwas wie die eigene Identität verlorengehen, und damit die Gestaltungsfähigkeit einer jungen Demokratie.

Auch Russland hatte sich auf internationalen Druck während der Regierung Boris Jelzins nach dem Zusammenbruch der Sowjetunion ganz den Parametern Demokratie und Privatisierung verschrieben. Im Zuge spontaner Privatisierungen wurde, über dunkelste Kanäle die lukrativsten Teile der russischen Volkswirtschaft, unter anderem die einst staatlichen großen Ölkonzerne, spontan privatisiert. Die Folge: ein illustrer Reigen von Oligarchen, die die gesamten Pfründe unter sich aufgeteilt haben und allesamt zu vielfachen Millionären oder gar Milliardären aufgestiegen sind und die Listen der international reichsten Männer bevölkern. Sie sind der sichtbare Ausdruck einer völlig verfehlten Privatisierungspolitik vorbei an den Interessen des Landes und seiner Bevölkerung.

Wenn heute die russische Regierung den mehrfachen Milliardär und Vorstandsvorsitzenden des Öl-Konzerns Yukos verhaftet und enteignet, dann ist das nichts anderes als eine, zugegeben eigenwillige, Form der Wiederverstaatlichung nach einem räuberischen Stück Privatisierung.

Und dann gibt es Privatisierungsprogramme, die auf dem besten Wege sind, zu gesellschaftspolitischen Irrläufern zu werden. So die Privatisierung des US-amerikanischen Gefängniswesens, das zu einem Big Business geworden ist, mit einer vertrackten Logik: Eine möglichst hohe Auslastung der Gefängnisse bringt die stattlichsten Renditen. Je mehr Menschen möglichst lange im Knast sitzen, desto besser für die Investoren. Auch dieses Denken ist eine Form gescheiterter Privatisierung.

Argentinien – Privatisierungswahn und Wiederverstaatlichung

Bis zum Ende des Zweiten Weltkriegs gehörte Argentinien zu den reichsten Ländern der Welt. Auch in den Jahren danach prosperierte das Land, fand unter seinem eigenwilligen Präsidenten Perón zu einer neuen Identität. Argentinien war reich und stolz. Der Staat wurde zum »Motor wirtschaftlicher Entwicklung«[5], charakterisiert der Publizist Karl-Ludolf Hübener das »argentinische« Gefühl der Ära Perón. So förderte und schützte die Regierung den Aufbau einer nationalen Industrie. Arbeitsplätze entstanden, Einkommen wurden umverteilt. »Peróns Arbeits- und Sozialgesetzgebung suchte auf dem Kontinent seinesgleichen.«[6]

Die Militärdiktatur Ende der 1970er- und Anfang der 1980er-Jahre setzte dagegen ganz auf die Öffnung der argentinischen Wirtschaft. Ausländische Waren überschwemmten das Land, die heimische Industrieproduktion brach ein. Die Folge war eine erste gigantische Verschuldung gegenüber dem Ausland von über 50 Milliarden US-Dollar.

Nach dem Ende der verheerenden Diktatur standen die ersten Zivilregierungen vor einem wirtschaftlichen Dilemma. Präsident Menem setzte schließlich unter dem massivem Druck von Weltbank und Internationalem Währungsfonds auf ein neoliberales Wirtschaftsprogramm zur Schuldentilgung. Der Peso wurde im Verhältnis 1:1 an den amerikanischen Dollar gekoppelt. Argentinien wurde zu einem Paradies für Kapitalanleger und Spekulanten aus aller Welt, ohne Währungsrisiko, bei hoher Realverzinsung. Die Schuldenlast des Landes wurde immer erdrückender, die Schere zwischen Arm und Reich klaffte weiter auseinander.

Die Regierung Menem privatisierte in den 1990er-Jahren nahezu das komplette Staatsvermögen. Und was noch schwerer wog und die Menschen direkt betraf, war die Veräußerung nahezu der gesamten öffentlichen Versorgung. »Menem privatisierte Staatsunternehmen wie kein anderer Staatschef zuvor. Zu Schleuderpreisen im totalen Ausverkauf, begleitet von einer ungeahnten Korruptionswelle: Flughäfen und -linien, Straßen, Gas- und Elektrizitätswerke, die Wasserversorgung, die Telefongesellschaft, Eisenbahnen, die Erdölindustrie. Von 51.000 Beschäftigten der staatlichen Erdölgesellschaft YPF blieben nur noch 8.500 übrig«[7], beschreibt Karl-Ludolf Hübener den Ausverkauf des Landes. »Dabei hatte Menem großspurig versprochen, mit den Erlösen aus der Privatisierung die Schuldenlast Argentiniens abzubauen. Das Gegenteil trat ein: Die Schulden erreichten unbezahlbare Höhen.«

Selbst die einst staatliche YPF, mit ihren mehr als 250 Erdölfeldern eine der effizientesten und einträglichsten Erölunternehmen Lateinamerikas, war unter dem Druck des IWF vollständig privatisiert worden. Die einheimischen Banken wurden von ausländischen Geldinstituten übernommen. Auch das Rentensystem wurde weitgehend privatisiert.

Vor allem spanische, französische und italienische Großkonzerne kamen hier zum Zug. Die Privatisierungen gingen hektisch und vielfach völlig unkontrolliert vonstatten. Es gab so gut wie keinerlei Regulierung, es wurde bestochen, Lizenzen wurden verscherbelt. Massenhaft wurden Menschen vor die Tür gesetzt, Sozialleistungen abgebaut und die Preise für die notwendigsten Dinge des Lebens drastisch erhöht. Die ohnehin als korrupt geltende argentinische Administration machte für Geld jetzt alles möglich. Und zahlreiche Unternehmen wurden binnen weniger Monate völlig ausgeschlachtet. »Die staatliche Fluglinie beispielsweise besaß kurz nach dem Verkauf kaum noch ein eigenes Flugzeug. Die waren verscherbelt worden, und in den Bankrott flog man mit geleasten Maschinen weiter.«[8] Am Ende der Amtszeit Menems 1999 war das gesamte »Tafelsilber« dieses reichen Landes verkauft, das Land im Ausland hoch verschuldet.

Viele Staatsbetriebe waren weit unter Wert verkauft worden. Große Teile der argentinischen Wirtschaft gerieten in die Abhängigkeit ausländischer Konzerne, waren damit anfällig für Spekulationen und Kapitalflucht. Immer mehr Produktionsbetriebe mussten schließen, argentinische Produkte konnten auf dem Weltmarkt nicht mehr konkurrieren. Argentinien hatte so gut wie keine Einnahmen mehr, konnte die Kredite nicht bedienen, war nicht mehr zahlungsfähig. Die negative Handelsbilanz und die Auslandsverschuldung nahmen immer dramatischerer Züge an.

Das Finanzsystem kollabierte – Staatsbankrott und Bankenkrise. 2001 versank das Land im Chaos. Millionen Menschen verloren ihr Erspartes, sämtliche Bankguthaben wurden eingefroren. Wer konnte, brachte sein Geld ins Ausland. Hunderttausende verließen das Land. Die Armutsrate stieg binnen weniger Monate auf nahe 60, die Arbeitslosenquote auf 25 Prozent.

Die Regierung Kirchner riss 2003 das Ruder herum, fuhr eine restriktive Politik gegenüber Weltbank und IWF, stabilisierte den argentinischen Peso und gab der eigenen Wirtschaft neue Impulse. Vor allem aber erklärte die Regierung die Privatisierungen der Vergangenheit für restlos gescheitert und analysierte sie als eine der Hauptursachen für die größte wirtschaftliche Krise, in der sich das südamerikanische Land jemals befunden hatte.

Schließlich wurden unter dem neuen Präsidenten Kirchner nahezu alle entscheidenden Privatisierungen im Dienstleitungsbereich rückgängig gemacht. Die Unternehmen wurden wieder verstaatlicht bzw. in eine private Rechtsform unter staatlicher Kontrolle überführt – ohne Entschädigung für die alten Eigentümer.

Der Konzessionsvertrag mit dem französischen Wasserkonzern Suez wurde aufgelöst. Suez hatte über die Tochtergesellschaft Aguas Argentinas für den Großraum Buenos Aires eine der größten privaten Wasserkonzessionen weltweit überhaupt erhalten – mit einer Laufzeit für 30 Jahre. Aber Suez hatte immer weiter an der Wasserpreisschraube gedreht, gleichzeitig aber nahezu alle Investitionen in Leitungen und Netze eingestellt. Und eine jährliche Profitrate von 15 Prozent deklariert. Während die Wasserpreise stiegen, wurden die Leitungen brüchiger, versickerten immer größere Wassermengen im Boden, die aber gleichzeitig den Menschen in Rechnung gestellt wurden. Schließlich wurden auch die Wasserwerke wieder staatlicher Kontrolle unterstellt.

Die privatisierte Post wurde wieder verstaatlicht. Unter privater Regie war beispielsweise das Frankieren von Postkarten so teuer geworden, dass selbst Urlauber keine Ansichtskarten mehr schrieben. Schließlich war die privatisierte Post so hoch verschuldet, dass sie dem Staat nicht mehr die vertraglich festgelegten Konzessionsgebühren zahlen konnte. »Seit die Regierung Kirchner sozusagen treuhänderisch die Leitung übernommen hat, ist die Produktivität der Post bereits um 10 Prozent gestiegen, die 12.000 Mitarbeiter wurden behalten und die Portogebühren gesenkt.«[9]

Auch die Lizenz zur Kontrolle des gesamten Funkraums Argentiniens, die der französische Konzern Thales von der Regierung Menem auf dubiose Weise erhalten hatte, wurde von der Regierung Kirchner aufgehoben und wieder in die Hoheit des Staates überführt. Thales hatte für nichts als die Nutzung des Funkraums von Fernsehsendern, Mobiltelefon-Anbietern und Radiotaxi-Firmen hohe Gebühren erheben können. Der Auftrag: die Verhinderung von Piraterie. »Dieser Vertrag war eine Lizenz zum Gelddrucken. Er war von Präsident Menem 1997 per Dekret durchgesetzt worden, ohne ein vorheriges Bewerbungs- und Auswahlverfahren.«[10]

Die Regierung Menem hatte auch die staatlichen Eisenbahngesellschaften privatisiert. Argentinien hatte über ein bis zu diesem Zeitpunkt dichtes, gut ausgebautes und intaktes Schienennetz von fast 30.000 Kilometern Länge verfügt – das beste seiner Art in Südamerika. Hier gibt es heute nicht mehr viel zu reprivatisieren. Obwohl anfänglich vom Staat hoch subventioniert auf die Privatisierung vorbereitet, wurde die argentinische Bahn durch die privaten Besitzer und Kapitalgruppen innerhalb weniger Jahre völlig zugrunde gerichtet. Anfänglich wurden die Preise stark erhöht. Die Kunden blieben aus. Schließlich wurden die meisten Linien stillgelegt, Schienen und Bahnhöfe sind heute verfallen und verrottet. Bahnfernverbindungen gibt es so gut wie keine mehr. Die Rolle der Eisenbahn hat der landesweite Busverkehr übernommen.

Ohne Übertreibung lässt sich resümieren: Die Privatisierungspolitik in Argentinien ist nahezu komplett gescheitert und hat dem Land und den Menschen großen Schaden zugefügt. Nach der Neuausrichtung der Politik und den Wiederverstaatlichungen erlebt Argentinien wieder ein jährliches Wirtschaftswachstum, das erheblich über dem seiner Nachbarländer liegt.

Wie in Argentinien wird in immer mehr Staaten Lateinamerikas die neoliberale Privatisierungspolitik der 1990er-Jahre, von der alle Staaten in Folge des Washingtoner Konsenses betroffen waren, grundsätzlich kritisch betrachtet, in Frage gestellt und teilweise aufgehoben. Die neuen Linksregierungen in Venezuela, Bolivien und Ecuador mit den demokratisch gewählten Präsidenten Hugo Chávez, Evo Morales und Rafael Correa sind dabei, Teile der privatisierten Industrie wieder zu verstaatlichen. Besonders die lukrative Erdölindustrie soll stärker unter staatliche Kontrolle gebracht, die Verträge mit ausländischen Mineralölkonzernen neu ausgehandelt werden. Die teilweise äußerst armen Staaten verlangen höhere Anteile an der Förderung von Rohöl und Erdgas. Diese dann eingenommenen Finanzmittel sollen auch dazu genutzt werden, um sich aus der Schuldenfalle zu befreien, unabhängiger zu werden von den Kreditdirektiven des Internationalen Währungsfonds und der Weltbank, aber auch Schutz vor ausländischen Spekulanten bieten.

Eine ähnlich privatisierungskritische Politik setzt sich auch in Brasilien und Chile durch. »Was fast alle Regierungen der Region zumindest in Worten eint, ist die Absage an die ›neoliberale Politik‹ der 1990er-Jahre. Zu groß ist die Enttäuschung darüber, dass auf Deregulierung, Privatisierung und Handelsliberalisierung am Ende neue Krisen folgten.«[11] Denn nirgendwo sind die Einkommen der Menschen so ungleich verteilt wie in Lateinamerika. Und das lässt die Menschen zunehmend die Frage stellen: Warum muss in diesen teilweise rohstoffreichen Ländern die Mehrheit der Bevölkerung in Armut leben, während multinationale Konzerne auf ihrem Boden hohe Gewinne schöpfen, gleichzeitig aber kaum etwas investieren? Das Pro-Kopf-

Einkommen in Lateinamerika war zur Jahrtausendwende geringer als noch zwanzig Jahre zuvor.

Schlacht ums Wasser in Bolivien

»Cochabamba« ist zum Symbol für die teilweise negativen Folgen der Privatisierung von Wasser geworden und hat Signalwirkung für ganz Lateinamerika. Cochabamba hat verdeutlicht, dass der Privatisierung von existenznotwendigen Dienstleistungen Grenzen gesetzt sind bzw. Grenzen gesetzt werden müssen. Auch die drittgrößte Stadt des zu den ärmsten Staaten der Welt gehörenden Bolivien hatte im Frühjahr 2000 auf Druck der Weltbank die Wasserversorgung einem internationalen Konsortium übertragen.

In Cochabamba war die Wasserversorgung immer schon prekär. Nachdem große Teile der Bevölkerung der Stadt seit Jahren vergeblich darauf gewartet hatten, an die städtischen Leitungen angeschlossen zu werden, hatten die Menschen schließlich zur Selbsthilfe gegriffen. Sie gründeten Kooperativen und Nachbarschaftshilfen und finanzierten den Bau von Brunnen notdürftig auf eigene Faust, um sich so endlich Zugang zu Wasser zu haben. Denn die staatliche Wasserbehörde schien nicht in der Lage, Abhilfe zu schaffen. Inkompetenz und Korruption erstickten alle Versuche, ein passables Leitungsnetz zu legen, im Keim. 50 Prozent des Wassers versickerten aufgrund undichter Leitungen im Boden. Die Wasserknappheit wurde immer drückender.

Als die Wasserversorgung aufgrund der Selbsthilfe gerade einigermaßen zu funktionieren begann, verlangte die Weltbank von der Regierung Boliviens, die Wasserversorgung und andere Dienstleistungen des Landes zu privatisieren, also dem Markt zu übergeben, und machte das zur Bedingung für einen Schuldenerlass in Höhe von 600 Millionen Dollar. Auch ein Kredit zum Ausbau des Wassernetzes von Cochabamba war an dieses Junktim geknüpft.

Schließlich erhielt das internationale Konsortium Aguas del Tunari den Zuschlag, die Stadt Cochabamba und die gesamte Region exklusiv mit Wasser zu versorgen. Hinter Aguas del Tunari stand der US-amerikanische Großkonzern Bechtel. Der auf 40 Jahre angelegte Vertrag beinhaltete auch die Rechte an allen Wasserquellen, sparte aber die verpflichtende Versorgung der ländlichen Gebiete mit Wasser aus. Neue Gesetze schränkten die lokale Kontrolle über die Wasserversorgung ein. Den Kooperativen und einzelnen Gemeinden wurde vertraglich auch verboten, weiterhin ihre privaten, selbst finanzierten und gebauten Brunnen kostenfrei zu nutzen. Kleine, auf Brunnenbohrung spezialisierte Betriebe zapften jetzt illegal Wasser, das Bechtel gehörte – und mussten schließen. Selbst Regenwasser durfte nur noch unter Androhung von Konventionalstrafen aufgefangen und getrunken werden. Die Menschen waren entsetzt, für sie kam das Vorgehen des Konsortiums einer Enteignung gleich.

Schon nach wenigen Wochen wurden die Wasserpreise drastisch erhöht – teilweise um 200 Prozent. Plötzlich mussten arme Familien bis zu einem Drittel ihres Einkommens für Trinkwasser bezahlen. Das Wasser war plötzlich teurer als die übrigen Nahrungsmittel, und Tausende Familien konnten ihre Wasserrechnungen nicht mehr bezahlen. Gleichzeitig verschlechterte sich die Wasserqualität. Wasser versickerte und kam nie bei den Kunden an, obwohl es den Menschen in Rechnung gestellt wurde. Erst gab es spontane Proteste, dann organisierten Wiederstand und schließlich gingen Tausende auf die Straßen.

Nach tagelangen Straßenschlachten mit acht Toten und der Ausrufung des Notstands sowie nach dem Einsatz des Militärs widerrief die Stadt im April 2000 die Privatisierung, kündigte den Vertrag mit Bechtel und ließ die Selbstversorgung mit Wasser wieder zu. Das Bechtel-Management hatte bereits das Land verlassen.

Ebenso in der größten Stadt Boliviens, in La Paz, war trotz punktueller Erfolge die wirkliche Problematik der Wasserversorgung auch durch Privatisierung nicht gelöst. Im Gegenteil: Die ärmeren Teile der Bevölkerung fühlten sich alleingelassen, die Trink- und Abwassersituation hatte sich dort vielfach erheblich verschlechtert. Auch hier pickte sich mit Suez der weltgrößte Wasserkonzern die lukrativen »Rosinen« aus dem potenten Markt. Nachdem die armen Haushalte Anschlussgebühren für Wasserleitungen von 450 Dollar zahlen sollten, obwohl die Leitungen teilweise direkt vor ihren Hütten vorbeiliefen, kam es auch hier zu massiven Protesten.

Der »Krieg um Wasser« mobilisierte nahezu alle gesellschaftlichen Gruppen Boliviens und kann als Initialzündung für die aktuell starken sozialen Bewegungen in ganz Bolivien gesehen werden, auch für die Wahl des linken Präsidenten Evo Morales im Jahr 2006. Denn so etwas wie in Cochabamba hatte es bis dato nicht gegeben: die materielle Wiederaneignung des Wassers als Antwort auf neoliberale Politik.

Thames Water und die deutsche RWE

Anfänglich schien der Essener Energiekonzern RWE zu kaufen, was der Markt hergab. Mega-Akquisitionen in Europa und den USA sollten aus dem einst regionalen Stromversorger nach dem Willen seiner Manager einen Global Player machen. Dabei setzten die Essener neben Strom und Gas vor allem auf das weltweite Wassergeschäft, das die heimische Dominanz im Strombereich ergänzen sollte. Im Zentrum der Akquisitionen standen besonders große Übernahmen in den privatisierten Märkten Großbritanniens und Tschechiens sowie in den USA.

Für über sieben Milliarden Euro erstand RWE mit Thames Water einen der größten britischen Wasserproduzenten. Mit dieser Großakquisition wurde das Wassergeschäft zu einer tragenden Säule des Konzerns erklärt – mit Sitz in London. Auch alle deutschen Wasseraktivitäten wurden der neuen Londoner Konzernzentrale zugeschlagen sowie die wenig später für rund fünf Milliarden Euro akquirierte US-amerikanische American Waters (inklusive acht Milliarden Euro Schulden). RWE stieg mit diesen Akquisitionen nach den französischen Konzernen Suez und Veolia zum drittgrößten Unternehmen auf dem weltweiten Wassermarkt auf und versorgte zwischenzeitlich mehr als 70 Millionen Menschen mit Wasser.

Doch dann scheiterte die internationale Wasserstrategie der RWE. Ende 2005 fällte der Vorstand die Entscheidung, sich schrittweise aus dem Wassergeschäft in Großbritannien und den USA zurückzuziehen. Nach außen wurde der Entschluss damit begründet, dass man sich künftig ausschließlich auf die sogenannten Kernkompetenzen Strom und Gas konzentrieren wolle. Nur noch dort, wo die kontinentaleuropäischen Regionalgesellschaften immer schon neben Strom und Gas auch Wasser im Portfolio hatten, wollte man dieses Segment beibehalten.

Aber die Wahrheit war eine andere: Mit Wasser ließ sich längst nicht so schnell und so viel Geld verdienen, wie der Vorstand ursprünglich seinen Shareholdern prognostiziert hatte, als er wie berauscht die privatisierten Wassermärkte erobern wollte, vom »blauen Gold« schwärmte, das es nur zu schöpfen gelte. Dem durch hohe Profitraten in den Bereichen Strom und Gas verwöhnten neuen RWE-Konzernchef Harry Roels wurde die gesamte Wassersparte zu kapitalintensiv. Milliarden-Abschreibungen auf den Kaufpreis und immer neue von den Regulierern geforderte Investitionsprogramme brachten das Fass zum Überlaufen.

Denn die Modernisierung der Wasser- und Abwassernetze gerade in Großbritannien – und dazu zählte auch das teilweise als marode geltende Londoner Wassernetz – begann Milliardensummen zu verschlingen. Und das deckte sich nicht mit der Strategie des Konzernchefs, Profitraten von mindestens 15 Prozent zu generieren. Das private Wasser gab nicht einmal die Hälfte her. Hatte man anfänglich noch kräftige Gewinne aufgrund immer neuer Preiserhöhungen verbuchen können, so wurden die Margen nun per Erlass von den Regulierern begrenzt.

Großbritannien hat als bislang einziges europäisches Land die vollständige Privatisierung der Wasserversorgung durchgeführt und war auch in diesem Segment in einer Vorreiterrolle. Verkauft wurde die gesamte Wasserwirtschaft für fünf Milliarden englische Pfund, vollkommen unter Wert, wie viele Experten meinen. Zusätzlich offerierte man den privaten Investoren noch Förderungen und Steuererlasse in weiterer Milliardenhöhe. Bereits 1988 wurden im sogenannten »Water Act« die Infrastruktur und das Management gleichermaßen veräußert. Die privaten Betreiber besaßen nun neben den Wasserwerken auch die Leitungen zu den Verbrauchern.

Durch die Privatisierung wurden öffentliche durch private Monopole ersetzt, da nicht vielerlei Wasser durch eine Leitung fließen kann, weitere Leitungen aber nicht finanzierbar waren. Thames Water ist eines von rund zehn Wasserunternehmen, die sich im Rahmen eines Gebietsmonopols den Wassermarkt in England und Wales aufteilen, allerdings mit dem Großraum London und 15 Millionen Kunden beim Trinkwasser und acht Millionen beim Abwasser eines der wichtigsten. Einen wirklichen Wettbewerb gibt es so auch in Großbritannien nicht. Nach einer kurzen Schutzfunktion des Staates und deren Wegfall übernahmen multinationale Konzerne den britischen Wassermarkt mit einer zusätzlichen Marktkonzentration und Internationalisierung analog zum Energiesektor.

Mit der strikten Ausrichtung auf ökonomische Effizienz vernachlässigten die neuen Besitzer aber die Pflege der Infrastruktur und damit auch die Qualitätsstandards. Arbeitsplätze in der Wasserwirtschaft wurden abgebaut, die Preise drastisch erhöht – um bis zu 40 Prozent in den ersten Jahren. Aber das noch Ärgerlichere war: Die Wasserqualität verschlechterte sich im gleichen Zeitraum erheblich, regelrecht »minderwertiges Wasser« nahm um mehr als zehn Prozent zu. »Im Wassersektor sind die negativsten Auswirkungen der Liberalisierung und Privatisierung eindeutig in Großbritannien zu verorten«, meint Inge Lippert in einem europäischen Vergleich, vor allem mit Schweden und Deutschland. »Der massive Anstieg der Wasserpreise verbunden mit einer gravierenden Qualitätsverschlechterung muss hier eindeutig als Misserfolg der breitflächigen Privatisierung dieses Sektors unter Margret Thatcher interpretiert werden.«[12]

Allein RWE Thames Water wurde rund zwei Dutzend Mal zu hohen Geldstrafen wegen eklatanter Verstöße gegen die Wasserbestimmungen der Regulierer verurteilt. »Für RWE/Thames war es offensichtlich billiger, die Strafen hinzunehmen, als vorbeugend in die Infrastruktur zu investieren.«[13] Das Leitungsnetz bei RWE Thames Water »verlotterte« weiter, große Mengen Wassers versickerten im Boden Londons.

Aufgrund massiver Proteste der Öffentlichkeit wurde dann eine weitere Regulierungsbehörde von der damaligen Regierung Blair eingesetzt und mit vielen Vollmachten ausgestattet. Als diese aufgrund hoher Auflagen zur Wasserqualität die Margen weiter drückte, stiegen die Essener aus. Die Regulierer verlangten von RWE Thames Water gegen das technisch schlechte Niveau der Wasserleitungen Investitionen von über 700 Millionen Euro in die Trinkwasserleitungen und 500 Millionen für den Abwasserbereich. Investitionen, die ausdrücklich nicht über den Wasserpreis wieder hereingeholt werden durften. Hierzu durfte die Jahresrendite per Dekret sechs Prozent nicht überschreiten.

Parallel wurde von den Regulierungsbehörden damit begonnen, Teile der Infrastruktur im Wasserbereich wieder an die öffentliche Hand zurückzuverlagern, was den Betreibern wegen der hohen Investitionen plötzlich gar nicht mehr so ungelegen zu sein schien. Barbara Dickhaus und Kristina Dietz sprechen es deutlich aus: »Die Wiederverstaatlichung erscheint vielmehr als Strategie der Konzerne, die Verantwortung für die kapitalintensive Anlagenpflege an die öffentliche Hand zurückzugeben, während die gewinnträchtige Betriebsführung von privaten übernommen werden könnte.«[14]

In den meisten EU-Staaten – es gibt bislang keine für alle Mitgliedsstaaten verbindlichen EU-Direktiven im Wassermarkt – ist das sensible Feld der Wasserversorgung auch heute noch mehrheitlich in öffentlicher Hand und wird von den Kommunen geregelt. Doch in immer mehr Ländern werden Deregulierungen vorgenommen, und es steigen vermehrt private Anbieter ins staatliche Wassergeschäft ein – vor allem wenn es von der öffentlichen Hand zuvor für den Markt »fit« saniert und subventioniert wurde.

Der Crashkurs der privatisierten britischen Bahn

17. Oktober 2000, Mittagszeit: Der Zug von London nach Leeds rast bei Hatfield über eine defekte Schiene und entgleist. Sieben Menschen sterben, 150 Personen werden zum Teil schwer verletzt. Eine Woche später das erste Gutachten eines unabhängigen Instituts: Das Schienennetz in Großbritannien sei in marodem Zustand und seit Jahren so gut wie nicht mehr erneuert worden.

Großbritannien hatte unter den konservativen Regierungen Thatcher und Major einen strikten marktliberalen Weg eingeschlagen, mit flächendeckenden Privatisierungen und radikalen Veränderungen der öffentlichen Dienstleistungssektoren. Die britische Regierung setzte bereits Privatisierungen in großem Stil durch, als auf EU-Ebene gerade die ersten Referentenentwürfe zur Liberalisierung noch angedacht wurden. All diese Sektoren öffentlicher Daseinsvorsorge gingen an private Eigentümer: die Telekommunikation, die Wasserwirtschaft, der Stromsektor und schließlich die Bahn samt Fahrbetrieb und Infrastruktur. Zuvor hatte im britischen Transportwesen bereits die Privatisierung von British Airways, National Express Bus, den Stadtbussystemen sowie den Flug- und Seehäfen begonnen. Für die Regierung stand fest: Mit der Auflösung der Staatsbahn und ihrem Eintritt in den Wettbewerb würde es zu erheblichen Produktivitätssteigerungen und Serviceverbesserungen kommen. Und diese höhere Effizienz sollte den regelmäßigen Subventionsbedarf von British Rail erheblich drosseln.

Ab 1993 wurde die Eisenbahn sukzessive in über 100 Einzelunternehmen zerlegt und an private Investoren verkauft. Die Schienenfahrzeuge von British Rail wurden für rund 2,5 Milliarden Euro an drei Unternehmen veräußert, die diese wiederum nach Bedarf weitervermieteten. Auch die ursprünglich für das Schienennetz verantwortliche Railtrack, zu deren Aufgaben die Bereitstellung des über 35.000 Kilometer langen Schienennetzes sowie die Fahrplankoordination durch Trassenvergabe an die Zugbetreiber gehörte, und die rund 2.500 Bahnhöfe und Brücken besaß, kam unter den Privatisierungshammer. Die Unterhaltung des Schienennetzes wurde an ein Dutzend Wartungs- und Gleiserneuerungsbetriebe ausgelagert. Der Personennahverkehr wurde aufgeteilt und an 25 konzessionierte private und regionale Betreibergesellschaften verkauft. Ursprünglich sollte so einer Monopolbildung vorgebeugt werden. In Wirklichkeit entstanden neue regionale Monopole, entweder für eine bestimmte Strecke oder ein Teilnetz. Alle 25 Konzessionäre mussten alljährlich mit Railtrack die Benutzung der Gleise, der Bahnhöfe und die Fahrplangestaltung neu aushandeln. Ein kaum lösbares Unterfangen, wo nunmehr doch zahlreiche Unternehmen teilweise auf den gleichen Gleisen unterwegs waren. Die Folge waren Verspätungen und Chaos unter den Reisenden.

Die Bedingungen für die Beschäftigten wurden immer dramatischer. Personal wurde abgebaut, während gleichzeitig die Arbeitsanforderungen und damit die Belastungen stiegen. 60.000 Mitarbeiter wurden bereits kurz nach der Privatisierung entlassen. Die Arbeitszeiten wurden nach Belieben »flexibilisiert«. Lokführer hatten plötzlich immer kürzere Pausen und Ruhezeiten. Die Einkommen wurden reduziert, schlechtere Tarifverträge für neu eingestellte Mitarbeiter abgeschlossen. Sozialleistungen wurden abgebaut, Betriebspensionen gestrichen. Qualifizierte Arbeitskräfte wurden ausgelagert, die technische Instandhaltung des Schienennetzes auf das Notwendigste heruntergefahren.

Immer wieder wechselten die Besitzer der Unternehmen – immer wieder wurden die Zuggesellschaften aufs Neue verkauft oder an einen anderen Eigner weitergereicht. Die Qualitätsstandards ließen nach, die Preise stiegen kontinuierlich weiter an. Innerhalb der ersten fünf Jahre nach der Privatisierung um über 100 Prozent.

Railtrack verdiente in erster Linie an den »Trassenpreisen der Zugbetreiber«. Trotz staatlicher Eingriffe »konnte die privatwirtschaftliche Railtrack nicht zu den notwendigen Modernisierungs- und Sicherheitsinvestitionen veranlasst werden.«[15]. Die Folgen sind bekannt: Eine miserable Wartung des Schienennetzes, drastisch gesunke Leistungen und eine Reihe tragischer Eisenbahnunglücke mit zahlreichen Toten und Hunderten Verletzten zwischen 1997 und 2002.

Untersuchungen dieser Unglücksfälle zeigten, dass die Gleise teilweise in katastrophalem Zustand waren. Haltesignale waren ausgeschaltet, das Personal ungeschult, die Sicherheitsvorschriften wurden allzu lax gehandhabt. Die Standards sanken von Jahr zu Jahr. Die Züge fuhren immer unzuverlässiger, Verspätungen gehörten zum Fahrplan. Hinzu kamen unterschiedliche Tarifsysteme und komplizierte Ticketverkäufe. Und: Die Wartung der Züge ließ nach, sie wurden immer schmutziger. »Die fälligen Bau- und Wartungsmaßnahmen im gesamten Streckennetz führten zu einem regelrechten Kollaps des Fahrplans.«[16] Kritiker behaupten, mit der privatisierten Bahn durch ganz England zu fahren käme einer Odyssee gleich.

Nach dem Unglück von Hatfield stiegen die staatlichen Subventionen ins Schienennetz erneut. Der Staat investierte, während gleichzeitig die Dividenden von Railtrack zulegten. Eine neue kostenintensive Regulierungsbehörde wurde eingesetzt, um die Züge wenigstens noch halbwegs fahren zu lassen. Nach anfänglich hohen Krediten zu ihrer Rettung und der Einrichtung zweier neuer Regulierungsbehörden musste Railtrack Insolvenz anmelden, nachdem der Staat seine Zuschüsse eingestellt hatte. Zähneknirschend und unter dem Druck der Öffentlichkeit wurde Railtrack von der damaligen Regierung Blair unter die Fittiche des Staates zurückgenommen, zusammen mit einem Schuldenberg in Höhe von mehr als 5 Milliarden Euro. Die Aktionäre wurden ausgezahlt. Anschließend wurde Railtrack in die privatrechtliche Gesellschaft Network Rail überführt – ein Unternehmen ohne marktwirtschaftliche Renditeziele und mit der Verpflichtung, erwirtschaftete Gewinne vollständig ins Streckennetz zu investieren.

Der Kollaps von British Rail nach der Privatisierung zeigt deutlich, dass dem freien Markt Grenzen gesetzt werden müssen. Die Privatisierung des Bahnwesens hatte von Beginn an nicht zur Entlastung der öffentlichen Haushalte geführt, sondern im Gegenteil: Hohe staatliche Subventionen und Anlauffinanzierungen flossen an die neuen Betreiber. Um Käufer zu finden, wurden die Subventionen mehr als verdoppelt. Railtrack generierte auch nach der Privatisierung 90 Prozent des Umsatzes über die Gebühren für die Benutzung der Schienen, zum Großteil aus Subventionen des Staates.

Heute gilt die Privatisierung von British Rail als verkehrspolitisches Desaster, Hatfield als Indiz für den Anstieg an Sicherheitsmängeln im britischen Schienenverkehr infolge der Privatisierung. Die geplante Auswechselung einer schadhaften Schiene hatte man aus Kostengründen auf den Winter verschoben. Eine kostspielige Streckensperrung wollte man sich nicht leisten. Bis zur Wiederverstaatlichung von Railtrack 2002 hatte es 55 Tote gegeben.

Gesamtgesellschaftliche Verantwortung lässt sich nur begrenzt dem Diktat der Rendite unterordnen, »nicht weil es ökonomisch unmöglich wäre, sondern weil es gesellschaftlich nicht wünschenswert ist.«[17] Der Grundfehler war die Privatisierung des Schienennetzes, also des Infrastruktur-Monopolisten Railtrack. Ähnliche Tendenzen sind auch rund um den geplanten Börsengang der Deutsche Bahn AG zu konstatieren. Deshalb wäre dringend anzuraten, das Schienennetz in Staatshand zu belassen.

Gefängnisse als Profitcenter – Einsitzen in Amerika

Im hessischen Hünfeld wurde deutschlandweit erstmals eine Haftanstalt von privaten Firmen gebaut und betrieben. Auch andere Bundesländer liebäugeln mit diesem Modell. In den USA ist dieses Procedere bereits gang und gebe – und gilt inzwischen als ausgemachter Misserfolg.

Private Haftanstalten gibt es in den USA seit etwa 30 Jahren. Seit die Drogenkriminalität nicht mehr nur geahndet, sondern in den meisten amerikanischen Bundesstaaten verstärkt mit Gefängnis bestraft wurde, reichten die Gefängnisplätze nicht mehr aus. Die Law-and-Order-Politik der Regierung Reagan in den 1980er-Jahren und den entsprechend strengeren Gesetze, die weniger auf Resozialisation und Wiedereingliederung in die Gesellschaft als auf harte Strafen setzten, ließ die Zahl der Gefängnisaufenthalte sprunghaft ansteigen. Es fehlten Gefängnisse, die öffentlichen Mittel reichten für neue Zellen nicht mehr aus.

Also wurde im Zuge neoliberaler Politik und mit dem sicheren Gefühl, dass der Markt auch diesen Bereich effizienter managen könnte, in verschiedenen Bundesstaaten damit begonnen, Gefängnisse in private Regie zu geben bzw. neue Haftanstalten von privaten Unternehmen bauen und betreiben zu lassen. In den letzten 20 Jahren wurden in den USA Hunderte solcher Gefängnisse hochgezogen. Die Gefängnisindustrie wurde zu einem florierenden Geschäft. Dank strenger Gesetze und zupackender Richter, aber auch aufgrund eines ständig zunehmenden Sozialgefälles und wachsender Armut stieg die Kriminalitätsrate kontinuierlich an.

Innerhalb weniger Jahre verdreifachte sich die Zahl der Gefängnisinsassen. Ein gutes Geschäft. Rund 2,5 Millionen Menschen sitzen heute in staatlichen, regionalen oder privaten amerikanischen Gefängnissen ein, rund 600 Gefangene auf 100.000 Einwohner. Etwa jeder 150. erwachsene amerikanische Bürger befindet sich damit hinter Gittern. Zählt man die Verurteilten auf Bewährung, Freigänger oder unter Gefängnisaufsicht stehende, aber außerhalb der Gefängnismauern lebende Menschen hinzu, so sind in den USA rund fünf Millionen Bürger in das »Überwachungs- und Strafsystem« eingebunden. Zum Vergleich: In den Gefängnissen in Deutschland oder Frankreich sitzen etwa achtmal weniger Menschen ein als in den USA.

Größter privater Betreiber von Gefängnissen in den USA ist die börsennotierte Correction Corporation of America (CCA), gefolgt von der Wackenhut Corporation. CCA bewacht in seinen Gefängnissen rund 70.000 Verurteilte, Wackenhut 50.000. Dazu gehören Schwerverbrecher, jugendliche Kriminelle und Abschiebehäftlinge.

Die Unternehmen erlebten in den zurückliegenden Jahren einen wahren Börsenboom. Mit ihren hohen Wachstumsraten gehören sie zu den »sicheren« Anlagetiteln an der Wall Street. Gelten diese Gefängnisse doch im zynischen Börsenjargon als »Hotels«, die immer ausgebucht sind, staatlich garantiert, mit festen Belegungstantiemen. Private Gefängnisse in den USA erhalten pro Häftling und Tag einen festen Betrag von der öffentlichen Hand. Überraschen kann es da nicht, wenn die private Gefängnislobby ein hochgradiges Interesse an immer strengeren Strafgesetzen hat und wenig daran interessiert ist, Häftlinge möglichst schnell wieder in die Freiheit zu entlassen. Als CCA Mitte der 1980er-Jahre gegründet wurde, saßen rund 800.000 Amerikaner weniger im Gefängnis als heute.[18]

Teilweise arbeiten private Gefängnisse bis zu 20 Prozent kostengünstiger, als es der Staat könnte. Das kommt natürlich nicht von ungefähr. Die Privaten drücken die Kosten durch niedrigere Löhne für die Wächter und Schließer, beschäftigen weniger qualifiziertes Personal, sparen bei der Gesundheitsversorgung und an den Lebensmitteln. All das nutzt dem Börsenkurs. Und sie lassen von den Häftlingen im Auftrag großer Firmen günstig produzieren – meist als Resozialisierungsmaßnahme umschrieben.

Haftanstalten in den USA haben sich zum Teil zu »Fabriken hinter Gittern« verwandelt. Gefangene müssen arbeiten und erscheinen in keiner Arbeitslosenstatistik. Für John Züchner ist die bei privaten Gefängnisbetreibern »naheliegende Nutzung der Häftlings-Arbeitskraft« ein zusätzliches Problem. So arbeiten Gefangene für einen Stundenlohn von wenigen Cent. »Private Firmen nutzen diese sehr günstigen Arbeitskräfte. American Airlines setzt beispielsweise Gefangene als Arbeitskräfte im Call-Center ein.«[19] Und ganz nebenbei: Die staatliche Arbeitslosenrate ist niedriger, die Zahl der Gefangenen 5 bis 10 Mal höher im Vergleich zu den OECD-Staaten. »Wegsperren von Arbeitslosen als Regulativ des Arbeitsmarktes« – eine kühne These, aber nicht ganz von der Hand zu weisen.

Selbst an den Häftlingen sparen die privaten Betreiber. Wie? »Welt online« berichtet von Gefangenen, die oft Hunderte Kilometer bis zu einem Gefängnis gefahren werden, in dem noch eine Zelle frei ist. »Das ist effizienter, als in jedem Bundesstaat eine Anstalt zu bauen und leerstehende Betten zu riskieren.« Allerdings: »Wer weit von zu Hause weg einsitzt und nie Besuch bekommt, ist aber auch frustrierter und damit gewaltbereiter.«[20] Ein sicheres Belegungsmuster für den Betreiber einerseits, aber die Trennung von Familie und Freundeskreis bedeutet für den Deliquenten auch eine erschwerte spätere Resozialisierung.

Im amerikanischen Strafvollzug geht es statt um Resozialisierung vielfach nur noch um die reine Verwahrung. Denn die privaten Gefängnisse entscheiden erheblich über die sogenannten Vollzugspläne mit. Sie empfehlen eine Verschärfung oder Lockerung der Haftbedingungen. Jede negative Kriminalstatistik ist gut fürs Geschäft. Da die Gefängnisindustrie wie jede andere Industrie sich ausschließlich an der Rentabilität misst, führt das nach Meinung von John Züchner »zu einer Marktnachfrage an Gefangenen und einem Anreiz, die Gefangenen möglichst lange einsitzen zu lassen und ihnen die Bewährung zu verweigern.« Und weiter: »Es ist nicht von der Hand zu weisen, dass das der Hauptgrund dafür war, dass die durchschnittliche Haftzeit von 1993 bis 2000, also der Hoch-Zeit der Gefängnisprivatisierung, von zwölf auf siebzehn Monate anstieg.«[21]

Laut Statistischem Bundesamt hat die Zahl der einsitzenden Gefangenen in der Bundesrepublik in den zurückliegenden Jahren erheblich zugenommen, in Hessen und Bayern beispielsweise um bis zu 20 Prozent.

Die »Gefängnisindustrie« läuft gut, ganz auf dem neuesten Stand. Das ist schon verlockend für die hessische Staatsregierung und ihre Nacheiferer. In die neuen Gefängnisbauten werden die aktuellsten Technologien installiert, elektronische Überwachungstechniken, Monitore überall, zentral zu verschließende Türen, Gegensprechanlagen, mit denen die Schließer die Gefangenen ansprechen und kontaktieren können, ohne ihnen gegenüberstehen und in die Augen sehen zu müssen. In den USA gibt es High-Tech-Gefängnisse, in denen ein Wärter über Monitore gleichzeitig mehrere Zellentrakte mit Hunderten von Gefangenen beobachten und sämtliche Türen zentral öffnen und verschließen kann.

Hessen und andere Bundesländer begeben sich mit ihrer Gefängnisprivatisierung auf gewagtes Terrain. Sie »verkaufen« ein Stück ureigener Verantwortlichkeit. Darauf hingewiesen, versichern die Verantwortlichen pikiert, »keine amerikanischen Verhältnisse« anzustreben, geschweige denn diese kopieren zu wollen. Aber was denn dann?

Wenn die Länder und Kommunen ihre Seele verkaufen

Der Blick ins Ausland, und da nicht nur in die Staaten der Dritten Welt und aufstrebende Schwellenländer, zeigt, dass zahlreiche Privatisierungen, die auf massiven neoliberalen Druck durch internationale Organisationen wie Weltbank und IWF hin erzwungen wurden, kläglich gescheitert sind. So sinnvoll es sein kann, Teile nationaler Ökonomien der privaten Kapitalseite zu öffnen, so problematisch ist diese Entwicklung in den Segmenten der unmittelbaren Daseinsvorsorge. In vielen Fällen hat die neoliberale Ausrichtung Ökonomien zwischenzeitlich prosperieren lassen. Unter dem Strich aber – und das ist kein ideologisches Schwarzweißbild – haben davon in erster Linie die großen Konzerne des reichen Nordens profitiert. Vielfach stehen die Staaten, in denen umfangreiche Privatisierungsprogramme realisiert worden sind, schon nach wenigen Jahren vor innenpolitischen Scherbenhaufen. Die Steuereinnahmen sinken, der gestalterische Spielraum hat abgenommen, die Schere zwischen Arm und Reich klafft weiter auseinander, soziale Standards schwinden, das ohnehin spärliche Know-how liegt nun in ausländischer Hand.

Auch die von der EU vorangetriebene Liberalisierung der Märkte Europas stößt vielfach an Grenzen und lässt sich in den einzelnen Mitgliedsländern nicht gleichermaßen umsetzen. So wichtig und notwendig eine Harmonisierung der Märkte in einem zusammenwachsenden Europa auch sein mag, die Privatisierung der Bereiche der Daseinsfürsorge ist äußerst fragwürdig und ist vielfach gescheitert. Die konsequent neoliberale Ausrichtung Großbritanniens beispielsweise hat in puncto Bahn, Wasser und Wohnungsbau zu erheblichen sozialen Verwerfungen geführt.

In Deutschland ist der Staat ebenfalls dabei, sich durch Privatisierungen und die Abgabe ureigener Aufgaben in fremde Hände zunehmend aus seiner Verantwortung zu stehlen – mit weitreichenden Folgen für Staat und Gesellschaft:

Nehmen wir das Gesundheitswesen. Zahlreiche Länder verkaufen ihre Landskrankenhäuser. Niedersachsen, Nordrhein-Westfalen, Thüringen, Sachsen-Anhalt und Mecklenburg-Vorpommern haben ihre Landeskliniken, in denen auch die besonders zuwendungsbedürftigen Psychiatrie-Patienten versorgt werden, längst privatisiert. Und das »oft unbemerkt von der Öffentlichkeit«, wie die »Ärzte Zeitung« am 24. Januar 2007 bemerkte. Lediglich beamtenrechtliche Bedenken lassen die Politiker vor der Komplettveräußerung zurückschrecken. Was mit Steuergeldern über Jahrzehnte zum Wohle der Allgemeinheit entwickelt und aufgebaut worden ist, wird nun von auf Zeit gewählten Politikern an private Unternehmen veräußert – zum Wohle der Aktionäre. Eine Entwicklung, die sich im Übrigen angekündigt hatte. Denn seit der Wiedervereinigung wurde die öffentliche Krankenhausfinanzierung in Deutschland um fast 45 Prozent zurückgeschraubt.

Wie das Beispiel der Universitätsklinik Marburg-Gießen zeigt, wird jetzt auch vor dem Ausverkauf der Universitätskliniken samt Forschung und Lehre nicht zurückgeschreckt. Universitätskliniken, die in Deutschland rund 12 Prozent der jährlich knapp 16 Millionen Patienten versorgen (Umsatz etwa 13 Milliarden Euro, rund 180.000 Mitarbeiter), sind für private Betreiberunternehmen zu »attraktiven Prestigeobjekten« geworden. Nach einer in der »Ärzte Zeitung« vom 19. Dezember 2006 publizierten Befragung des wissenschaftlichen Personals deutscher Universitätskliniken »waren 48 Prozent davon überzeugt, dass 2015 die Patientenversorgung in ausschließlich privater Trägerschaft erfolgt.« 63 Prozent sahen auch die klinische Forschung in privater Hand.

Blicken wir auf die Abfallwirtschaft. Immer weitergehend wird dieser äußerst sensible Bereich der Daseinsfürsorge in private Hände überführt, was besonders aus umwelt- und gesundheitspolitischer Sicht problematisch ist. Teile des Abfalls sind heute frei handelbare Ware und nehmen vielfach den »Weg der billigsten Entsorgung«. Das gilt besonders für gewerbliche Abfälle. Und geht es nach dem Deutschen Industrie- und Handelstag und dem Bundesverband der deutschen Entsorgungswirtschaft, dann sollten die lukrative Gewerbemüllentsorgung und auch die Hausmüllentsorgung vollständig privatisiert werden. Für die Münchener Kommunalreferentin Gabriele Friedrich ist dies eine problematische Entwicklung: »Was der öffentlichen Hand bleiben soll, sind die Kontroll- und Lenkungsaufgaben über das Abfallgeschehen. Das bedeutet im Klartext: Das lukrative operative Geschäft beanspruchen die privaten Entsorger für sich, alle Begleit- und Folgekosten, insbesondere die Überwachungs- und Nachsorgekosten soll die Allgemeinheit übernehmen.«[22]

München hat gegen eine weitergehende Privatisierung der kommunalen Abfallwirtschaft Position bezogen: Da Abfall »keine beliebige Ware ist, die sich frei handeln lässt« und Müll immer ein »Risikogut« bleiben wird – so die Argumentation –, wird eine »verantwortungsvolle, umweltverträgliche

Entsorgung« immer teurer sein »als das Abladen auf der grünen Wiese oder das Mitverbrennen in Industrieanlagen«.[23] Auf dem Wettbewerbsmarkt eingesammelte und gehandelte Abfälle führen nach Ansicht des Münchener Kommunalreferats schnell zu »Mülltourismus, Öko-Dumping und Scheinverwertung«. Denn den privaten Marktteilnehmern liegt immer daran, den Abfall zu möglichst geringen Kosten loszuwerden. Auch die Privatisierung von Müllverbrennungsanlagen und Deponien wird kritisch betrachtet. Sie führe allzu häufig schnell zu unkontrollierbaren Betreibermonopolen. So wie sich die Abfallbeseitigung unter ökonomischen wie ökologischen Gesichtspunkten heute darstellt, lässt sie sich durch die Kommunen in den meisten Fällen besser und kostengünstiger und umweltorientierter erfüllen als von den privaten Anbietern.

Als Drittes das Wohnungswesen, die Rolle kommunaler Wohnungsunternehmen. Mit der Veräußerung der kommunalen Wohnungsbestände versorgen die verantwortlichen Politiker die defizitären Stadtkassen rasch mit liquiden Mitteln, sie geben aber gleichzeitig eine Trumpfkarte kommunaler Politik aus der Hand. Selbst wenn sie sich von den neuen Investoren noch so klare Garantien für den Forbestand der Wohnungen zum Wohl der Mieter geben lassen, sind diese vielfach das Papier nicht wert, auf dem sie stehen. Nach einer kurzen Karenzzeit machen die neuen Herren in der Regel mit ihrem Besitz, was sie wollen. Vor allem in Hinblick auf möglichst hohe Renditen.

Die Stadt ihrerseits hat sich durch die Veräußerung dieses kommunalen Vermögens ein entscheidendes gestalterisches Instrument aus der Hand nehmen lassen, das zu den Wesensmerkmalen einer verantwortungsvollen Politik gehört – und zwar unwiederbringlich. Durch kommunale Wohnungsunternehmen lassen sich die Mietpreise beeinflussen, lässt sich die Wohnungsversorgung für sozial Schwächere und für ältere Menschen steuern, lassen sich Integrationsprobleme besser lösen. Kommunale Wohnungsunternehmen sind auch ein Stück realer Wirtschaftspolitik. Mit ihnen lassen sich städtebauliche Ziele verfolgen, aber auch eine stadtteilbezogene Wohnungspolitik managen. Wenn diese skizzierten Probleme in der Kommune auftauchen, und wenn die Stadt plötzlich eigenen Bedarf an Wohnraum anmeldet, muss sie diesen teilweise teuer wieder zurückmieten.

Wirft man einen Blick auf die weiteren Privatisierungsfelder und versucht vor allem zu analysieren, was die Verbraucher davon haben, sieht das Ergebnis teilweise katastrophal aus. Bei der Energiemarktliberalisierung, der

Privatisierung der Post, des öffentlichen Personennahverkehrs, aber auch der Wasserliberalisierung lassen sich nach Einschätzung der Umweltexpertin Andrea Schnattinger durchgängig folgende »Gesetzmäßigkeit« festhalten: »Die Leistungen werden für Verbraucher teurer und ausgedünnt.«[24]

Es entstehen vielfach private Monopole, die die Investitionen der Rendite wegen zurückfahren. Der öffentliche Verwaltungsaufwand für Regulierungsbehörden, Kontrollorgane und Ausschreibungsspezialisten steigt. »Es besteht die Gefahr der ›Rosinenpickerei‹ bezüglich der Geschäftsfelder oder der Versorgungsgebiete.« Was nichts anderes bedeutet, als dass sich die Privaten die attraktiven Teile einer Bewirtschaftung heraussuchen, während die weniger einträglichen getrost die öffentliche Hand versorgen kann. Und: Durch das Abtreten kommunaler Leistungen besteht die Gefahr, dass trotz weiter geltender Verantwortung das vorhandene Know-how verlorengeht und deshalb die einmal aus der Hand gegebenen Leistungen nicht ohne Weiteres wieder übernommen werden können, »wenn das private Unternehmen den Anforderungen nicht entspricht oder der Markt versagt.«[25]

Die einzig erfolgreiche Liberalisierung der vergangenen Jahre fand im Telekommunikationsmarkt statt. Doch auch hier ist die Bilanz nicht eindeutig: Die Preise fürs Telefonieren und Surfen im Internet sind zwar rapide gesunken und auch die Hardware hat sich erheblich verbilligt, aber der Gang der Telekom an die Börse war ein Flop. Hunderttausende Anleger haben viel Geld verloren.

Auch die Kommerzialisierung der Kommune, die Entwicklung hin zum »Konzern Stadt«, die Abgabe und Ausgliederung bedeutender kommunaler Unternehmen besonders in mittleren und großen Städten und das damit verbundene schrittweise Aufgeben von kommunaler Selbstverwaltung, ist für die Zukunft kommunaler Infrastrukturen äußerst bedenklich. Die Überführung öffentlicher Sektoren wie der Wasserversorgung, der Abfallwirtschaft, der Energieversorgung oder des Nahverkehrs in privatrechtliche Strukturen verändert diese kommunalen Unternehmen ganz entscheidend. Denn die ausgegliederten privatisierten Unternehmen verselbständigen sich zunehmend und lösen sich von der Verwaltung, deren eigentliche Erfüllungsgehilfen sie aber sein sollten.

Durch die Übertragung wesentlicher Teile der Daseinsfürsorge auf private Unternehmen verlieren die demokratisch gewählten Gremien erheblich an Gestaltungsspielraum. Die Kommunen werden immer mehr entmündigt, die Bürger verlieren mehr und mehr die Identifikation mit ihrer Stadt oder

Gemeinde, mit ihren Einrichtungen, ihren Unternehmen. »Wer eine Gemeinde insgesamt für ein Wirtschaftsunternehmen wie x-beliebige andere auch hält, verkürzt sie auf kommerzielles Kalkül«, meint Hans-Werner Krüger. »Eine Gemeinde lässt sich aber nicht auflösen, ihr Territorium nicht verlagern, ihre Produktion nicht beliebig umstellen, und ihre Pflichten lassen sich nicht auf Geldbeschaffung reduzieren. Die Einwohner können auch nicht entlassen werden.«[26]

Was, wenn Private pleitegehen? – Im Zweifel bleibt der Steuerzahler

Alles Privatisieren und Outsourcen, alles Wegschieben von Verantwortung zur vermeintlichen Sanierung der kommunalen Kassen kann sich als horrende Milchmädchenrechnung entpuppen, wird häufig zu einer Verdrängung aus der gesellschaftlichen Gesamtwirklichkeit. Denn wie jedes private Unternehmen kann natürlich auch eine Krankenhausgesellschaft pleitegehen, ein Abfallunternehmen Insolvenz anmelden, eine Privatbahn in die roten Zahlen rasen.

Nehmen wir den Klinikbereich. Was ist denn, wenn es dem privaten Klinikum an Auslastung mangelt, die Patienten ausbleiben? Was, wenn plötzlich bestimmte Klinikabteilungen wegen Unrentabilität geschlossen werden, sich der Betrieb für ein ausschließlich dem Profit verschriebenes Management nicht mehr lohnt? Oder die Aktionäre nicht mehr mitspielen?

Was, wenn der private Müllentsorger die Preise so hoch treibt, dass sie dem Bürger nicht mehr zuzumuten sind? Und wenn sich seine Zahlungsunfähigkeit herausstellt? Was, wenn das privatisierte Gefängnispersonal in einen Streik tritt, die Arbeit niederlegt oder sich der private Gefängnisdirektor in einer Nacht-und-Nebel-Aktion absetzt? Was, wenn der private Energieversorger oder Wasserlieferant wegen Missmanagements und Unwirtschaftlichkeit die Waffen strecken muss?

Dass auch potente Unternehmen, sei es aufgrund wirtschaftlicher Gründe, Managementversagens oder krimineller Machenschaften, pleitegehen können, konnte gerade in jüngerer Zeit im Ausland und im Inland registriert werden. Der gigantische Firmenkonkurs des Energiekonzerns Enron in den USA hat das Vertrauen in die Privatwirtschaft selbst bei neoliberalen Amerikanern wanken lassen. Und Zusammenbrüche hierzulande, von der Holzmann-Pleite bis zur Berliner Bankgesellschaft, sind auch noch in deutlicher

Erinnerung. Was ist also, wenn privatisierte Unternehmen, die zuvor in öffentlicher Hand waren, oder Firmen, die mit der öffentlichen Hand über Public Private Partnership große Geschäfte mit Laufzeiten über bis zu 30 Jahren tätigen, in den Konkurs schliddern?

Dann muss der Staat, die Kommune einspringen, was so viel heißt wie: der Steuerzahler. Denn Länder, Städte und Gemeinden sind und bleiben letztendlich verantwortlich für die medizinische Versorgung der Bevölkerung, die Gewährleistung von Strom und Wasser, für die Entsorgung von Müll und Abwasser, für einen funktionierenden Strafvollzug. Das besagt das Grundgesetz, das verlangt die Gemeindeordnung.

Aber nicht nur im Falle von Insolvenzen privatisierter Unternehmen kommen auf den Steuerzahler nach einer Privatisierung mitunter erhebliche Kosten zu. Viele privatisierte Unternehmen hängen weiterhin am Tropf der öffentlichen Hand, können nur durch Subventionen oder Steuererleichterungen überleben. Ein Blick auf die privatisierte englische Bahn ist da angebracht oder auf ihr deutsches Pendant. Die hohen Schulden der Deutschen Bahn beispielsweise übernimmt der Steuerzahler ebenso wie nahezu alle Pensionsverpflichtungen und die Investitionen in die Infrastruktur, das Schienennetz – bevor das Unternehmen an die Börse geht.

Und wer wird schließlich einspringen, wenn die Bahn ihren Service auf profitablen Strecken zwar kontinuierlich verbessert, auf den unprofitablen Nebenstrecken aber massive Verschlechterungen in der Streckenführung, bei den Fahrzeugen und im Qualitätsangebot für die Fahrgäste in Kauf nimmt? Der Steuerzahler. Denn der öffentlichen Hand bleibt doch nur die Wahl, diese Strecken zu subventionieren oder sie stillzulegen. »Letztendlich können alle Bürgerinnen und Bürger einer Kommune im übertragenen Sinne als Eigentümer des Unternehmens gesehen werden. Sie sind es letztlich auch, die indirekt Verluste tragen müssen.«[27]

Die häufig viel zu niedrigen Verkaufspreise für staatliche Unternehmen und die vor der Veräußerung meistens vollzogenen Sanierungs- und Modernisierungsprogramme, um sie »verkaufsschick« zu machen, sind auch nichts anderes als indirekte Subventionen mit dem Geld der Steuerzahler. Vielfach werden die zum Verkauf stehenden Unternehmen noch vor dem Besitzerwechsel durch den Abbau von Arbeitsplätzen oder die Ausgliederung strukturschwacher Unternehmensteile, die dann in kommunaler Eigenregie bleiben, in die »schwarzen Zahlen« saniert. Dann könnten die privatisierten Unternehmen eigentlich auch gleich in öffentlicher Hand bleiben.

Auch die Folgekosten »erfolgreicher« Privatisierungen bleiben meist bei der öffentlichen Hand hängen. So fallen der Allgemeinheit die Kosten zu für Arbeitslosengeld, Sozialhilfe und die Förderung unterrepräsentierter Gegenden. Strukturförderung nennt sich das dann. Schnell sind deshalb private Klinikbetreiber bei der Hand, wenn es darum geht, bei finanziellen Engpässen nach dem Staat zu rufen. Viele privatisierte Bereiche zeitigen erhebliche gesellschaftliche Folgekosten. Wenn zum Beispiel die Resozialisation von Gefängnisinsassen vernachlässigt wird, an ihrer Ausbildung gespart wird, es nach der Haftentlassung für die Betroffenen keine Perspektive gibt, hat die Gesellschaft die Zeche zu zahlen.

Auch für ökologische Sünden privatisierter Unternehmen muss die öffentliche Hand, der Steuerzahler also, aufkommen. Immer dann, wenn beispielsweise im Bereich der Abfallwirtschaft und der Deponiebetreibung unkorrekt gehandelt wird, muss die öffentliche Hand einspringen. Oder nehmen wir die Diskussion um den geplanten Börsengang der ehemaligen Ruhrkohle und heutigen RAG Aktiengesellschaft. Da entbrannte der Streit darüber, wer die Folgekosten für den sogenannten »Schwarzen Bereich« trägt, also für die neue Kohlestiftung, in der alle Kohleaktivitäten gebündelt werden sollen, während die lukrativen Unternehmensbereiche an die Börse gebracht werden. Klar, dass für die Folgeschäden aus dem Bergbau und deren ökologische Rückführung letztendlich der Steuerzahler zur Kasse gebeten wird.

Eine ebenfalls kostenträchtige Folge des Privatisierungsrausches besonders in den sensiblen Bereichen der Daseinsfürsorge sowie der netzgebundenen Industrien ist die Installierung von aufwendigen Regulierungsinstanzen. Die kosten sehr viel Geld. Kontrolle ist teuer. Und wird dann der Regulierungsdruck für einige Unternehmen besonders stark, dann reichen sie die weniger renditeträchtigen Teilbereiche ihrer Deals an den Staat zurück. Denn mit einem regulierten Preisniveau, mit einem hohen Qualitätsstandard und erheblichen Investitionen in die Infrastruktur beispielsweise lassen sich nie die mit der Privatisierung erwarteten hohen Profite erzielen.

Im Wasserbereich werden die Infrastrukturen zunehmend gerne an die öffentliche Hand zurückgegeben, während sich die Unternehmen nur die lukrativen »Rosinen« im Portfolio halten, ganz nach der Devise: Soll sich der Staat und damit der Steuerzahler doch um die verrotteten Wasserleitungen kümmern. Denn die Profitorientierung steht notwendigen Investitionen in die öffentliche Infrastruktur häufig diametral entgegen. »Wenn eine Privatisierung schiefgeht und sich ihr Widerspruch zum öffentlichen Interesse nicht mehr verbergen lässt, zahlt die Bevölkerung ein weiteres Mal drauf … Die öffentliche Hand muss all das auffangen, was der unsichtbaren Hand des Marktes durch die Finger rutscht.« Und: »Die Reparaturen kosten oft mehr, als der kurzfristige Gewinn des Staates durch Privatisierung war.«[28]

Nach uns die Sintflut! – Was denken sich nur die Politiker dabei?

Da wird kommunales Eigentum auf Zeiträume bis zu 30 Jahren aus der Hand gegeben, teuer zurückgemietet oder geleast. Das sind Zeiträume, die Generationen betreffen und belasten. Kommunen binden sich damit an einen Anbieter über den ganzen »Lebenszyklus« eines Projekts hinweg.

Selbst bei bester Absicht der Akteure und akuten Notlagen der Kommunen sind diese Formen privater Kapitalbeteiligung zur Finanzierung öffentlicher Investitionen, eines Neubaus oder einer Straße beispielsweise, vielfach leichtsinnig. Sie können Kommunen letztendlich teuer zu stehen kommen. Denn sie sind schlicht nicht mehr überschaubar.

Oft münden diese »Vertragswerke« in sogenannte Schattenhaushalte. Sie stellen eine verdeckte Form der Haushaltsbelastung für die Jahre der Vertragslaufzeit dar. Denn nicht selten werden Ausgliederungen vorgenommen, einzig um die städtische Verschuldung zu unterlaufen und zu kaschieren. So werden Schulden oder Haushaltsdefizite ausgelagert, an der Kommunalaufsicht und der Öffentlichkeit vorbei.

Und noch etwas: Werden die so weitreichenden PPP-Entscheidungen mit Laufzeiten über viele Jahrzehnte eigentlich immer von verfassungsrechtlich legitimierten Personen getroffen? Laufen PPP-Geschäfte nicht vielfach in der Grauzone zwischen gewählter Politik, ernannter Verwaltung und beeinflussender Wirtschaft ab? Kann da nicht schon mal die so dringend gebotene demokratische Kontrolle abhanden kommen? Denn häufig entzieht sich der ausgelagerte Aufgabenbereich, auch wegen seiner langen Vertragslaufzeiten, dem Haushalt und jeder akuten Haushaltskonsolidierung. Das bedeutet eine Verschiebung finanzieller Lasten in die Zukunft, auf künftige Generationen.

Die Kommunen, aber auch der Staat begeben sich in eine immer stärkere Abhängigkeit zur privaten Wirtschaft. Wie schwer die konzessionierten Verträge zu überwachen sind, zeigt sich immer wieder am konkreten Beispiel. Der Streit um die Offenlegung der Verträge mit Toll Collect zur Lkw-

Maut spricht für sich. Wenn sich schon auf höchster Regierungsebene solche Schwierigkeiten auftun, wie soll es dann in den Städten und Gemeinden sein. Mit den dortigen Partikularinteressen. In Monheim, Offenbach oder Leverkusen etwa?

Es muss doch geradezu zwangsläufig zu einem Zielkonflikt kommen zwischen den Interessen eines privaten Unternehmens und der Politik bzw. dem öffentlichen Unternehmen. Für den einen gelten nun mal vorrangig Kriterien wie Umsatzsteigerung, Gewinnmaximierung und Marktanteile, da er im Wettbewerb bestehen will und den Shareholder zufrieden stellen muss, während sich sein Gegenüber am Allgemeinwohl zu orientieren hat und auch die Menschen bedienen muss, die ihre Bedürfnisse aus eigener Kraft nicht befriedigen können. Und: Er muss nicht um jeden Preis Gewinne generieren.

Um ihre teilweise hoch verschuldeten kommunalen Haushalte zu sanieren, verfallen Politiker auf die absurdesten Tricks. Einer davon war für einige Jahre das sogenannte Cross-Border-Leasing (CBL) – die angeblich raffinierte Methode, um an schnelles Geld zu kommen. Unkompliziert sei Cross-Border-Leasing, das Leasing über Nationalgrenzen hinweg, und modernes Finanzmanagement obendrein, ließen seine Protagonisten wissen. Die meisten Geschäfte dieser Art wickelten deutsche Kommunen mit Gesellschaften aus den USA ab. Normalerweise werden CBL-Geschäfte gemacht, um die unterschiedliche Gesetzgebung zweier Länder zu nutzen, entweder um Steuern zu sparen oder, noch besser, gar keine zu zahlen.

Und das ging so: Kommunale Kläranlagen, Heizkraftwerke, Kanalisationssysteme, U-Bahnen, Straßenbahnen und Schienennetze, Müllverbrennungsanlagen, Schulgebäude, Messehallen und andere hochwertige öffentliche Infrastruktureinrichtungen wurden von Städten und Gemeinden auf 99 Jahre an US-Investoren verpachtet bzw. verleast und anschließend sofort für einen kürzeren Zeitraum von 25 bis 30 Jahren zurückgemietet. Ein Teil des Geldes floss sofort als Mietzins für die gesamte Mietdauer an die deutschen Kommunen zurück. Denn dieses Procedere galt in den USA als »Investition« und ließ erhebliche steuerliche Abschreibungen zu. Die deutschen Kommunen waren aber verpflichtet, ihre Anlagen über die gesamte Vertragslaufzeit hinweg zu betreiben, andernfalls wurden Schadensersatzzahlungen an die amerikanischen Trusts fällig. Alle nachträglichen Änderungen, alle anfallenden Risiken, wie beispielsweise Sanierungen der Anlagen über eine solch lange Laufzeit hinweg, mussten die Kommunen tragen.

Für die überschlauen Kommunalpolitiker schien das Geschäft ohne jedes Risiko. Sie hatten keine Gegenleistung zu erbringen, meinten sie, und die verleasten Anlagen mussten ja ohnehin von Zeit zu Zeit saniert werden. Und nach Ablauf der Mietzeit sollten die Kommunen ihre Anlagen ohnehin wieder zurückkaufen können. Als Cross-Border-Leasing allerdings 2005 vom amerikanischen Gesetzgeber verboten wurde, und das galt auch für die in der Vergangenheit abgeschlossene Verträge, gerieten viele deutsche Gemeinden in Panik. Plötzlich steckten sie in einer verhängnisvollen Kostenfalle. Denn vertraglich gehörten die deutschen kommunalen Einrichtungen den amerikanischen Trusts. Gerichtsstand: USA. Betroffen waren und sind in Deutschland einige Hundert solcher Privatisierungsverträge:

In Dortmund wurden die »Westfalenhalle« und Straßenbahnanlagen veräußert und zurückgemietet, in Duisburg das Schienennetz und die U-Bahnhöfe, in Dresden Straßenbahnwagen und die Kläranlage, in Essen die Messe, in Düsseldorf und Köln – die größten Deals dieser Art – nahezu die kompletten Abwasseranlagen, in Recklinghausen das Kanalnetz, in Schwerin die Trinkwasserversorgung und das Abwassernetz, Kläranlagen der Emschergenossenschaft und des Ruhrverbandes mit zahlreichen dazu gehörenden Städten und Gemeinden. In anderen Städten, wie in Frankfurt/Main und Bergisch-Gladbach beispielsweise, verhinderten Bürger durch Bescheide und Einsprüche diesen Privatisierungswahn ihrer Politiker.

Auch wenn sich Politiker und Unternehmensvertreter auf gleicher Augenhöhe gegenüberstehen, das Risiko möglichst ausgewogen auf beiden Seiten lasten soll, und die Verhandlungs- und Vertragspartner seriös und in bester Absicht handeln, gibt es viele Unwägbarkeiten, die in langfristig angelegten Privatisierungsverträgen schlummern. Die Folgekosten beispielsweise. Wie sieht die Welt in 20 Jahren aus? Die privaten Partner finanzieren in der Regel das Projekt sofort und kurzfristig, während die Refinanzierung über Miet- und Leasingverträge aus öffentlichen Mitteln langfristig angelegt ist.

Vielfach beklagen die Stadtkämmerer, dass »Private zwar billiger bauen können, aber die Bauunterhaltungs- und Bewirtschaftungskosten anschließend höher sind als bei in öffentlicher Regie gebauten Gebäuden.«[29] Dann werden häufig die Kosten zu Lasten der Qualität gesenkt, wird Personal abgebaut, rationalisiert, werden Billig-Jobber angeheuert. Effizienzvorteile werden erzielt durch Nichtbesetzung freiwerdender Stellen oder durch Vorruhestandsregelungen. Auch das belastet die kommunalen Haushalte aufs Neue. Wie werden Preissteigerungen, erhöhte Materialkosten kompensiert? Der Betreiber wird von seiner anvisierten Rendite wohl kaum abrücken.

»Profitorientierung der Privaten und die für die Kommunen unabdingbare Nachhaltigkeit des Wirtschaftens sind in weiten Bereichen entgegengesetzte Ziele«, meint Hans-Werner Krüger. »Privatinvestoren und Privatbetreiber investieren, außer bei sogenannten strategischen Objekten, nur so weit wie nötig.«[30]

Besonders wenn Public Private Partnership als Notprogramm gegen katastrophale Haushaltslagen gesetzt wird und aus der Not geboren ist, besteht die Gefahr kostspieliger Fehlentscheidungen durch langfristige Privatisierung. Vor allem, wenn es sich um städtische Kernkompetenzen handelt. Auch mit Folgen für die Gebührenzahler. Private sind nicht automatisch billiger. »Werden kommunale Entsorgungsbetriebe korrekt und effizient geführt, so stimmen die Behauptungen in der Regel nicht, dass private Betreiber die Abwassergebühr erheblich senken können.«[31] Das geht schon deshalb nicht, weil gegenüber einem kommunalen Eigenbetrieb bei einer privatisierten GmbH die Mehrwertsteuer anfällt.

Hat der private Unternehmer in seine Kalkulation in der Regel genügend geldwerte Risikoaufschläge eingerechnet, trägt die Kommune einen ganz anderen Strauß an Risiken. Da kann es zum Beispiel inhaltliche Nachträge und Ergänzungen geben, die viel Geld kosten, weil sich die politischen Rahmenbedingungen verändert haben, weil eine neue, andere Politik gemacht werden soll. Oder wenn neue Erkenntnisse und Richtlinien von höherer Stelle erlassen werden, wenn eine Schulreform ansteht, wie derzeit in Nordrhein-Westfalen. Die Einführung der offenen Ganztagsschule mit Übermittags- und Nachmittagsbetreuung, mit neuen Räumen, mehr Personal und eigener Küche? Wer zahlt denn, wenn die Einrichtung geschlossen werden muss? Wegen sinkender Schülerzahlen beispielsweise. Sind die zurückgegebenen Gebäude in einem vertraglich gesicherten Zustand? Nachfrage kann auch konjunkturbedingt ins Wanken kommen, Preise können variieren.

Und wie sieht es eigentlich mit der Kontrolle aus, wie hoch ist der Aufwand des öffentlichen Controllings? Vielfach lassen sich Beteiligungen schon nach wenigen Jahren nicht mehr richtig nachvollziehen, die Motive der damaligen Vertragspartner nur noch schwer nachzeichnen. Transparenz ist nicht garantiert. Die zahlreichen Aktivitäten einer Stadt verlieren sich ins Unübersichtliche. Die Zeiten hätten sich geändert, heißt es dann. Hans-Werner Krüger sieht das so: »Mit der privaten Beteiligung schwinden die Transparenz der Wirtschaftstätigkeit und die Fähigkeit der demokratisch gewählten Gremien, für die Kommunen und die Bürger Kontrolle auszuüben.«[32]

Und dann ist da noch das Gespenst der möglichen Insolvenz des privaten Vertragspartners. Wenn PPP-Modelle scheitern, wenn der private Partner pleitegeht, bleiben in der Regel alle Folgekosten beim Staat oder der Kommune hängen. Dann ist der Steuerzahler erneut gefragt und muss ausbaden, was ihm die Politik vor Jahren eingebrockt hat. Die verantwortlichen Politiker, die den Kommunen diese Verträge hinterlassen haben, sind dann längst im Ruhestand.

Haushaltspolitischer Druck bzw. die finanzielle Knebelung der Kommunen, neoliberales Denken als Doktrin verbunden mit naiver Marktgläubigkeit oder aber die bequeme Abschiebung übernommener kommunaler Verantwortung wegen kurzfristig angelegter Haushaltskosmetik – immer müssen sich die Entscheidungsträger fragen lassen, ob sie verantwortungsvoll und nachhaltig handeln. Da sind erhebliche Zweifel angebracht.

Erlauben haushaltspolitische Defizite und finanzielle Engpässe – unverschuldet oder hausgemacht – den Ländern, Städten und Gemeinden, ihre ureigensten Aufgaben, die ein Gemeinwesen auszeichnen, auszulagern, zu verkaufen? Versetzen die Kommunen damit nicht ihren eigentlichen Sinn, ihre Seele?

Und wenn immer wieder gebetsmühlenartig vorgetragen wird, der Markt könne alles besser, billiger, effizienter und deren Teilnehmer seien obendrein auch noch kundenfreundlicher, serviceorientierter und schneller in allen Arbeitsprozessen, dann stellt sich das Gemeinwesen nicht nur katastrophale Noten aus, sondern führt sich gleich selbst ad absurdum.

Denn Städte und Gemeinden sind per Definition und Auftrag dazu da, einen Großteil der Grundbedürfnisse der Menschen zu bedienen, was mit der neoliberalen Ideologie im Rücken wissentlich und fahrlässig gefährdet und aufs Spiel gesetzt wird. Das, was sich eigentlich – egal wie unmodern das klingen mag – am Wohl des Menschen zu orientieren hat, die ganze Palette öffentlicher Dienstleistungen und deren Qualität, werden jetzt der Kosten-Nutzen-Analyse unterzogen und an damit zu erzielenden Renditen gemessen.

Letzte Rettung Regulierung: Netzagenturen und Kartellämter

Viele Möglichkeiten gibt es für die Gesellschaft und ihre Bürger nicht mehr, auf die einmal verkauften Unternehmen Einfluss zu üben. Ehemals öffentliche Unternehmen entziehen sich im Moment ihrer materiellen Privatisierung dem Zugriff des Staates oder der Kommune, auch wenn es sich um Gesellschaften der Dienstleistungsbranche und der Daseinsvorsorge handelt. Einmal weg ist weg.

Aber der Staat trägt letztendlich die Verantwortung dafür, dass die Basisversorgung seiner Bürger gewährleistet ist. Und aus dieser Verantwortung kann er sich schon vom Grundgesetz her nicht stehlen. Die Menschen haben das Recht auf eine vernünftige und vertretbare Versorgung mit Wasser und Elektrizität, auf eine gesundheitliche Versorgung, auf Schule, Bildung und Kultur. Sie können auf die Zurverfügungstellung öffentlicher Verkehrsmittel und die Zustellung der Post pochen. All das muss eigentlich der Staat organisieren, für all das muss der Staat geradestehen, und das muss ihm bewusst sein, wenn er, häufig allzu leichtfertig, staatliches und kommunales Gut veräußert.

Obwohl er durch Privatisierung den direkten Zugriff auf die Leistungsproduktion verliert, muss er das Erreichen der öffentlichen Ziele gewährleisten. Das fällt ihm natürlich zunehmend schwerer, wenn er die Gestaltungsmöglichkeiten über kommunalen Besitz aus der Hand gibt, wenn er die mit Steuergeldern aufgebaute Infrastruktur an Private veräußert.

Das einzige Werkzeug, das dem Staat bei Zuwiderhandeln oder Missbrauch seitens der neuen Besitzer bleibt, sind die gesetzgeberischen Kontrollmechanismen der Regulierung. Privatisierungsbefürworter wischen jede Skepsis und Kritik am Verkauf der Daseinsfürsorge und des »Tafelsilbers« mit dem Argument beiseite, der Staat behalte ja die Kontrolle privater Anbieter durch eine staatliche Regulierung. Kritiker sehen darin freilich nicht mehr als ein Alibi einer neoliberalen politischen Ausrichtung. Bestenfalls kann Regulierung ein Mindestmaß an sozialer Gerechtigkeit garantieren und größte Auswüchse verhindern. Oder sie wird zum Auffangnetz für den Fall, dass private Unternehmen kollabieren.

Mit den großen Netzwerkindustrien Telekommunikation, Post, Energie und Bahn erhielten ehemals geschützte Monopole neue Eigentümer. »Gleichzeitig wurden neue Formen der Regulierung eingeführt, die dieselben Anreize schaffen sollen wie ein wettbewerblicher Markt«[35], meint Inge

Lippert. Denn bei den netzgebundenen Dienstleistungsunternehmen handelte es sich bis zur Privatisierung um natürliche Monopole, also um Gesellschaften, die in ihrer Ausrichtung ökonomisch äußerst sinnvoll waren, weil sie infrastrukturbedingt keine Konkurrenz vertrugen. Schließlich lassen sich schon aus Kostengründen keine parallelen Schienenstränge, Wasserleitungen oder Stromnetze errichten.

Diese natürlichen Monopole sollen im Zuge der Privatisierung und der Entstehung von Wettbewerb aufgebrochen werden. Da aber die Netzsektoren auch im liberalisierten Markt ihre Monopolstellung behalten, der Zugang zu den Netzen aber für alle Anbieter und Wettbewerber »diskriminierungsfrei«[36] zugänglich sein soll, und zwar über Ländergrenzen hinweg, müssen diese Märkte geregelt werden bzw. müssen die Besitzer der Infrastruktur gezwungen werden, diese zu öffnen. Das funktioniert nur über eine Entflechtung dieser Strukturen – auch in den Händen der neuen Besitzer.

Deregulierung und Privatisierung verlangen deshalb gerade in diesen Segmenten eine neue Form der Regulierung. Einmal, um »die Entwicklung der Branchen« zu kontrollieren, zum anderen, um »die Interessen der Öffentlichkeit zu wahren.«[37] Zwei Aufgaben sind dabei von zentraler Bedeutung: »die Gewährleistung gesetzlicher und struktureller Rahmenbedingungen sowie das Einschreiten bei für die Gesellschaft schädlichem Marktversagen.«[38] Wegen schlecht laufender Privatisierungen werden in nahezu allen Branchen immer neue Regulierungsinstanzen eingerichtet. Nach der Deregulierung eine neue Regulierung – zum Schutz der Verbraucher und der Umwelt.

Die EU hatte in den 1990er-Jahren im Zuge der Liberalisierungs- und Privatisierungsdirektiven ein eigenes Regulierungsmodell entwickelt, das auch die nationalen Politiken sehr beeinflusst hat und von den meisten EU-Ländern weitgehend übernommen wurde: einmal die vertikale Entflechtung der integrierten Monopolunternehmen nach dem Prinzip des »Unbundling«, was so viel bedeutet wie die Zerlegung der verschiedenen Bereiche des Konzerns in rechtlich eigenständige Gesellschaften. Im Falle der Stromkonzerne beispielsweise sollen so die Bereiche Erzeugung, Übertragung und Verteilung innerhalb des integrierten Konzerns nicht nur bilanztechnisch, sondern möglichst auch institutionell entflochten werden.

Das zweite Element der Regulierung ist die Einführung neuer anreizorientierter Formen der Preisregulierung in Form einer »Price-Cap«-Regulierung, also der Festsetzung einer Obergrenze bei der Preisgestaltung. Dieses

Price-Cap wurde beispielsweise Mitte 2007 den Mobilfunkanbietern für Telefonate aus dem europäischen Ausland vorgeschrieben.

Als drittes Regulativ wird die Bildung sektoraler Regulierungsbehörden zur Koordination und Regulierung der reformierten Sektoren propagiert. Dabei wird besonderer Wert auf die weitgehende Unabhängigkeit des Regulators von staatlicher Beeinflussung gelegt, also auf wenig politische Einflussnahme und möglichst finanzielle Unabhängigkeit.

Mit diesen drei Regulierungselementen favorisiert die EU nach Auffassung Inge Lipperts den »Typus einer einflussreichen, finanziell und politisch unabhängigen Regulierungsbehörde, um sicherzustellen, dass die Behörden die vorgesehenen Ziele erreichen.« Diese sind: »Schutz der Konsumenten vor Missbrauch von Monopolmacht, Schutz von Investoren vor willkürlichen politischen Handlungen und Schaffung von Anreizen zur Förderung eines effizienten Wettbewerbs.«[39]

Der Staat soll also im Zuge von Liberalisierung und Privatisierung nicht gänzlich abgeschafft, »sondern seine Form und Funktion bei der Regulierung« verändert werden. Oder anders gesagt: Die Politik muss ihre Position durch »intelligente Regulierung« manifestieren. Sie muss all die Teile regulieren, die sich »als Hindernis im Konkurrenzkampf erweisen bzw. den Markt verzerren können«[40] Auch der Zugang zu knappen Ressourcen muss staatlich geregelt werden: der Zugang zu Wasser, zum Luftraum, zu Sendefrequenzen. Die Bandbreite der Regulierung reicht dabei von einem eher »wettbewerbsorientierte Regulierungsmodell« in Großbritannien bis zu einer eher »sozialen Regulierung« in Schweden. Deutschland liegt im Hinblick auf die »ökonomischen und sozialen Folgen der Liberalisierung und Privatisierung zwischen diesen beiden Ländern.«[41]

Je weiter die Privatisierung und Deregulierung seitens der EU oder der nationalen Politik vorangetrieben wird, umso kostenintensiver und aufwendiger sind die Regulierungsbehörden, die aufgebaut und eingerichtet werden müssen. Das gilt in Zukunft auch für die Bereiche der privatisierten Bildung, des Gesundheitswesens und des Wassers.

Die staatliche Regulierung kostet nicht nur viel Geld, auch ihre Einflussmöglichkeiten sind durchaus begrenzt. Denn es stehen sich mit meist mächtigen privaten Akteuren, beispielsweise großen Konzernen, und den Mitarbeitern der regulierenden Behörde doch in der Gewichtung unterschiedlich einflussreiche Kontrahenten gegenüber. Der Stellenwert einer Regulierungsbehörde steht und fällt mit der Persönlichkeit des Regulators. Seine Unabhängigkeit ist ein zentraler Punkt. Die Regulatoren müssen strikt unabhängig von den Betreibern sein, die sie regulieren sollen. Sie sollten nicht nur empfehlen dürfen, sondern auch Entscheidungsbefugnisse haben, Sanktionen verhängen dürfen, die institutionelle Ausgliederung in Unternehmen oder gar den Verkauf von Unternehmensteilen verfügen können. Denn wo privatisiert wird, ist viel Geld im Spiel. Und wo Geld die Hauptrolle spielt, ist Korruption meist ganz nah.

Wie vergleichsweise ohnmächtig die Regulierungsbehörden sind, wurde in den letzten beiden Jahren an den rasanten Preissteigerungen in den Sektoren Strom und Gas erkennbar. Selbst im Zusammenspiel von Bundesnetzagentur, Kartellamt und der Berliner Politik waren die großen Stromkonzerne nicht von ihrer Linie des permanenten »Abzockens« abzubringen. Und auch beim Versorgungs-Blackout im Münsterland 2005, als aufgrund eines unerwartet starken Wintereinbruchs Dutzende Strommasten wie Streichhölzer einknickten und Hunderttausende über Tage hinweg ohne Strom waren, und dafür auch mangelnde Investitionen in die Infrastruktur verantwortlich gemacht wurden, zuckten die Managements der großen privatisierten Energieversorger nur mit den Schultern und verwiesen auf die Zustände in der privatisierten schwedischen, italienischen und US-amerikanischen Stromwirtschaft, wo große Stromausfälle an Häufigkeit zunehmen.

Ursache für die Blackouts, das weiß man heute, waren unter Anderem auch die drastischen Personaleinsparungen und fehlende Investitionen in die Infrastruktur – nach erfolgter Privatisierung.

Wiederverstaatlichung und Rekommunalisierung

Bund, Länder und Gemeinden setzen weiter auf Privatisierung und Markt. Doch während viele Kommunen unbeirrt das hohe Lied des liberalisierten Wettbewerbs singen, gehen andere daran, Privatisierungen rückgängig zu machen. Mal aus der Not heraus, weil Privatisierungen nicht die erwarteten Effekte bringen, und die Kommune trotz Verkaufs immer wieder finanziell zur Kasse gebeten wird, dann aber auch, weil private Betreiber mit den Aufgaben der Dienstleistungserbringung schlicht überfordert sind, manchmal kurz vor dem Konkurs stehen.

Doch der wichtigste Aspekt ist: Mit einigen Teilen der Daseinsvorsorge und der kommunalen Dienstleistungserbringung lässt sich richtig gutes

Geld verdienen. Oder anders herum bzw. vom Verbraucher aus gesehen: Die Privaten sind vielfach nicht billiger als die kommunalen Dienstleister. Warum sollten diese Geschäfte also der Privatwirtschaft überlassen werden, anstatt sie unter dem öffentlichen Dach neu aufzustellen? Und so werden seit geraumer Zeit privatisierte Unternehmen wieder rekommunalisiert, gehen also wieder in städtischen oder gemeindlichen Besitz über. Die Abfallwirtschaft beispielsweise, Bauhöfe, Krankenhäuser, Stadtwerke.

Zahlreiche Kämmerer haben nach- und durchgerechnet: Vielfach kommen nach einer Privatisierung auf die Gemeinde auch noch Kosten zu, die vorher nicht eingerechnet wurden. Da werden Beschäftigten privatisierter ehemaliger Kommunalbetriebe, die also nicht mehr dem Tarifgefüge des öffentlichen Dienstes unterstehen, kurzerhand die Löhne drastisch reduziert mit dem Zusatz: Wem das nicht passt, der kann gehen. Und wohin? Häufig landen ehemalige kommunale Bedienstete in der Sozialhilfe und belasten wieder die Kommune. Dieser Kreislauf lässt sich besonders häufig im Bereich der Abfallentsorgung konstatieren. Kurzum: Viele Kommunen mussten die bittere Erfahrung machen, dass die Privaten keineswegs durchgängig billiger sind als die Führung der Unternehmen in eigener Regie.

So haben sich nach Ablauf bestehender Verträge oder durch ihre vorzeitige Auflösung in den letzten Monaten zahlreiche Kommunen ihre Abfallwirtschaft, die Straßenreinigung und die Müllabfuhr von den Privaten zurückgeholt. Und das stellt sich plötzlich unterm Strich als für die öffentliche Hand vielfach billiger, für das Gemeinwesen sozial verträglicher und für den Verbraucher verlässlicher und preisstabiler dar als der Zustand davor. Ohnehin waren von den Privatisierungen meist nur die finanzstarken Geschäftsteile betroffen, während die weniger lukrativen »Ladenhüter« erst gar nicht verkauft oder der öffentlichen Hand schnell wieder zurückgegeben worden waren.

Ersparnisse von bis zu 20 Prozent errechnen einige Kommunen beispielsweise bei der Müllabfuhr in Eigenregie. Dazu gehören die Landkreise Lüneburg, Bergkamen, Rhein-Sieg, Aachen und Hannover, der Neckar-Odenwaldkreis und die Stadt Unna, um nur einige der inzwischen rund hundert Kommunen zu nennen, die in Deutschland diesbezüglich aktiv geworden sind.

Für die private Entsorgungswirtschaft schrillen wegen dieser Entwicklung die Alarmglocken. Da ist von »Verstaatlichung« die Rede, von einem Angriff auf die Marktwirtschaft. Die Empörung ist leicht nachvollziehbar.

Denn das Entsorgungsgeschäft ist ein milliardenschwerer Markt und hat in den zurückliegenden Jahren zahlreiche Abfallbeseitigungsunternehmen zu Müllmilliardären gemacht. Die Familie Rethmann mit ihrer Remondis steht da obenan.

Rekommunalisierung und Wiederverstaatlichung – auch wenn dieses Wort immer altlinke Assoziationen weckt – gibt es auch in den Bereichen der Energie- und Wasserversorgung: In Deutschland löste die Stadt Potsdam den Vertrag mit Eurowasser, einem Tochterunternehmen des französischen Konzerns Suez auf – nach erheblichen und exorbitant hohen Preissteigerungen. Die Städte Dortmund und Bochum haben mit der Gelsenwasser AG den einst größten Privatkonzern der deutschen Wasserwirtschaft für über 800 Millionen Euro zurückgekauft. Auch die Stadt Berlin würde am liebsten ihre lukrativen Berliner Wasserwerke rekommunalisieren, die 1999 teilweise an RWE und die französische Veolia verkauft worden waren – leider mit einer Vertragslaufzeit bis 2028. Und zahlreiche Städte würden nur liebend gerne wieder die Hoheit über ihre teilweise oder vollends privatisierten Energieversorger zurückerlangen, nachdem sie die schwindelerregenden Preise zahlen müssen, die die Einmaleinnahmen der Veräußerung nur allzu schnell aufgezehrt haben. Doch die Revidierung einer einmal eingeleiteten und abgeschlossenen Privatisierung kostet in der Regel viel Geld, das von den Kommunen, also der öffentlichen Hand, getragen werden muss.

Die Kommunen können mit der Rekommunalisierung neue Gestaltungsspielräume gewinnen, sie erhalten erneut die Hoheit über die Preisgestaltung und die Qualitätssicherung. Aber sie dürfen nicht wieder in die Fehler der Vergangenheit verfallen. Kein Schlendrian, kein bürokratischer Würgegriff, keine monopolistische Preisfestlegung.

Wiederverstaatlichung und Rekommunalisierung sind jedoch nur dann sinnvoll, wenn der Bürger, also der Verbraucher, der diese Unternehmen durch seine Steuergelder ja erst aufgebaut hat, auch wirklich einen echten Nutzen daraus zieht. Wenn die rekommunalisierten Unternehmen nicht als »Sozialstationen« für kommunale Bedienste oder als Spielwiese irgendwelcher selbstherrlicher Politiker missbraucht werden, sondern unter einem strengen Beaufsichtigungsregime ausschließlich dem Gemeinwohl dienen, in dessen Zentrum der Bürger steht.

Die Chance der Rekommunalisierung liegt darin, den Betrieb jetzt auch unter kommunaler Regie »modern« zu führen, das heißt effizienter in den Kostenstrukturen und den Arbeitsabläufen und sie in puncto Service stärker am Kunden, also am Bürger zu orientieren. Dazu kommt die Zurückgewinnung von politischem und gestalterischen Einfluss, von öffentlicher Kontrolle, die der Kommune, trotz der letztendlichen Verantwortung für die Organisation der Müllentsorgung, durch die Privatisierung abhanden gekommen war.

Vorgänge wie die Wiederverstaatlichung und Rekommunalisierung machen besonders eindeutig auf Fehler bei der Privatisierung aufmerksam. Wie die Wiederverstaatlichung von Teilbereichen des Zugverkehrs in England aufgrund einer verheerenden Infrastruktur. Wie die Rekommunalisierung der Wasserversorgung und Abwasserentsorgung in Potsdam nach ungerechtfertigten Preiserhöhungen. Wie die Rückführung der Wasserversorgung in die öffentliche Hand der Stadt Grenoble nach einer teuren Korruptionsserie.

Wenn der Staat modern sein und sich nicht selbst ad absurdum führen will, muss er auch die Möglichkeit zur Umkehr eines einmal eingeschlagenen Liberalisierungs- und Privatisierungsweges wählen können – über alle ideologischen Sperrgitter hinweg.

Vom Verlust des Gestaltungsspielraums, der Handlungshoheit und der Demokratie

Viele politische Entscheidungen sind bewusst darauf angelegt, den Einfluss des Staates weiter zurückzudrängen, seinen immer stärkeren Bedeutungsverlust in Kauf zu nehmen. Schaut man sich allein die milliardenschweren Steuerentlastungsprogramme für Unternehmen an – erst durch die rot-grüne Bundesregierung, dann durch die Große Koalition –, die die staatlichen Einnahmen zugunsten der großen Konzerne drastisch reduziert haben, kann man von einem geplanten Rückzug des Staates reden. Das gilt auch für seine umfangreichen Privatisierungs- und Deregulierungsmaßnahmen auf allen Ebenen. Dabei handelt es sich für Edwin Cherwick um einen bewussten Rückzug aus der »unmittelbaren Verantwortung für zentrale gesellschaftliche Probleme«[42].

Ähnliches gilt für die Bereiche der Public Private Partnership, in der die Verantwortung der Bearbeitung gesellschaftlicher Probleme mit Privaten geteilt oder ganz auf diese übertragen wird. Für Cherwick ist damit die »Abkehr von einem umfassend verstandenen politischen Gestaltungsanspruch des Staates gegenüber der Gesellschaft und seiner Wirtschaft eingeleitet worden«.[43] In das von der Politik bewusst geräumte Terrain drängen immer mehr private Interessen vor. »Von daher ist in vielen Fällen der Rückzug des Staates aus der Gesellschaft eng mit dem Zugriff privatwirtschaftlicher Interessen auf den Staat verbunden. Diese erhalten damit die Gelegenheit, Staat und Gesellschaft mit ihrer Logik, ihren Werten und Kalkülen zu durchdringen.«[44] Das Staatsinteresse gerät in den Sog des ökonomischen Gesamtinteresses. Private Kapitalanleger und das damit verbundene Shareholder-Value-Denken sind bereits weit in den öffentlichen Sektor vorgedrungen.

Auch mit der Verselbstständigung der städtischen Unternehmen verzichten die Kommunen zunehmend auf eine strategische und operative Beteiligungssteuerung. Damit einher geht eine verstärkte Entkommunalisierung. So wird beispielsweise eine immer größere Anzahl kommunaler Arbeitsplätze von der Politik der Privatwirtschaft übereignet. Inzwischen ist etwa die Hälfte der städtischen Beschäftigten dem direkten personalrechtlichen Einfluss der Kommune entzogen. Und: Die Identifikation der Beschäftigten mit der Kommune lässt nach – wie Umfragen zeigen.

Die Politik befindet sich auf dem Rückzug, gerät immer stärker in die Defensive. Für Karsten Schneider bedeutet die Ausgliederung von kommunalen Eigenbetrieben in privatrechtliche Eigengesellschaften eine erhebliche Schwächung der kommunalen Verwaltung und damit der politischen Gestaltung. Vielfach streben die Leitungen kommunaler Eigenbetriebe auch gerade deshalb die formelle Privatisierung an, »um einer Einflussnahme der Politik zu entgehen.«[45]

Informationen darüber, was in den AGs und GmbHs so geschieht, wie der Verlauf der Geschäftspolitik ist, sind immer schwieriger zu erhalten. Vielfach sind die privatisierten Eigengesellschaften nicht mehr wirklich zu überwachen, fühlen sich deren Manager nur noch den Aufsichtsräten verantwortlich, wehren sich ansonsten gegen jede Form der Einflussnahme von außen, also gegen jede Art demokratischer Kontrolle. Wenn die finanziellen Vorgaben der Unternehmen und die Erwartungen der Kommune erfüllt werden, können die Geschäftsleitungen relativ frei agieren.

Karsten Schneider nennt als Beispiel Wuppertal. Im Rahmen einer Untersuchung über »zentrifugale Tendenzen« im »Konzern Stadt« zeigte sich, dass die Geschäftsführungen und Vorstände der Eigengesellschaften Steuerungsversuche als »Eingriff in ihre Kompetenzen« erachteten. Wie in Wuppertal traten auch in allen übrigen Fallstudien »Eigeninteressen der kommunalen Unternehmen sehr deutlich in Erscheinung«. Die privatisierten

Unternehmen entwickeln sich in ihren Bereichen wie kommunale Nebenregierungen und treten mitunter in eine Art Konkurrenz zu den Verwaltungen. »Auch Aufsichtsräte eignen sich nur in Ausnahmefällen dazu, politische Vorgaben zu machen, u. a. weil sie sehr häufig eher die Interessen der Gesellschaft als die der Kommune im Blick haben.«[46]

So sind die Städte und Kommunen dabei, sich zunehmend zu entpolitisieren. Obwohl die öffentlichen Unternehmen in privater Rechtsform wirtschaftlich auftreten und als Marktteilnehmer akzeptiert werden wollen, unterscheiden sie sich gegenüber denen der privaten Wirtschaft dahingehend, dass sie die »wirtschaftlichen Erfolgsziele öffentlichen Interessen« unterordnen müssen. Sie leben nun einmal in dem Zwiespalt, »zwischen privatwirtschaftlichen Eigenzielen und der Erfüllung politischer Erwartungen lavieren zu müssen«[47], wie es Thomas Edeling sieht.

Die Realität aber sieht so aus, dass sich zunehmend managementgeleitete öffentliche Unternehmen »in der Praxis ihres wirtschaftlichen Handelns von den Leitbildern, die die öffentliche Wirtschaft begründen und legitimieren, immer weiter entfernen.« An die Stelle bisheriger öffentlicher »Bedarfswirtschaft und politischer Zielfindung«, so Thomas Edeling, treten jetzt Wettbewerb und die Orientierung am Markt sowie »das Bestreben, sich von Politik zu emanzipieren und von politischer Steuerung abzukoppeln.«[48] Thomas Edeling kommt zu dem Ergebnis: »Rechtsformen, Unternehmensstrukturen, Rollenerwartungen und Rollenverständnis des Managements gleichen sich dem Vorbild der Privatwirtschaft an; die Modernisierung der Unternehmen wird zum ›benchmarking‹, das sich am Bild des privaten Unternehmens misst.«[49]

Vielfach befinden sich die privatisierten öffentlichen Unternehmen in einem Dilemma: Der Druck des Wettbewerbs macht sie den Unternehmen der Privatwirtschaft immer ähnlicher. Damit aber nimmt die politische Steuerbarkeit der Betriebe ab. »Eine fortschreitende Privatisierung öffentlicher Unternehmen schränkt deshalb auch den Radius kommunaler Selbstverwaltung ein und bedeutet eine ›materielle Entdemokratisierung‹, die gerade auf örtlicher Ebene weite Aufgabengebiete der Politik und damit der Einflussnahme und Gestaltung des Bürgers entzieht.«[50] Aber: Der Bürger (oder Kunde) ist schließlich über seine Steuern der Finanzier dieser Unternehmen und damit auch der Eigentümer – eigentlich mit allen Rechten. Er muss schließlich im Falle der Pleite eines privatisierten Unternehmens im Bereich der öffentlichen Dienstleistungsproduktion indirekt mit seinen Steuergeldern für alle Verluste aufkommen.

Damit der Privatisierungswahn nicht völlig aus dem Ruder läuft, fordern immer mehr Politiker und Wirtschaftswissenschaftler so etwas wie eine »Public Corporate Governance« für kommunale Unternehmen, also die Möglichkeit einer weitgehenden Steuerung ausgegliederter, formell oder teilweise privatisierter kommunaler Unternehmen. So soll der schwindenden Entkommunalisierung und der mangelhaften demokratischen Legitimation Einhalt geboten werden.

Denn plötzlich hat es die Kommune mit dem Aktienrecht zu tun, mit Wirtschaftsprüfern, Kartellbehörden, branchenbezogenen Verbänden. Ihre Unternehmen sind plötzlich privatrechtliche Arbeitgeber, ihre Kunden nicht mehr nur die eigenen Bürger. Die neuen Managements, die »außerhalb des hierarchischen Zusammenhanges der Exekutive stehen«, müssen auf ihre Aufgaben verpflichtet werden, »ihre Leistungen müssen in Hinblick auf Quantität und Qualität, Kosten und Verfügbarkeit überwacht werden.«[51]

Letztendlich ist der Bürger der eigentliche Gesellschafter kommunaler Unternehmen, der schon aus diesem Grund ein Recht auf Transparenz und Kontrolle hat. Denn es machen sich allerorten Fliehkräfte breit, schreitet die Privatisierung vielfach unkontrolliert und nicht demokratisch legitimiert voran, findet ein tiefgreifender institutioneller Wandel mit weitreichenden gesellschaftlichen Auswirkungen statt. Die zunehmende Ökonomisierung, das Aktionsfeld autonomer Wirtschaftsunternehmen, die Entstaatlichung bzw. Entkommunalisierung sowie die allseits propagierte Liberalisierung führt zu einem Wertewandel und zu einer Neudefinition demokratischer Legitimation.

Bei der materiellen Privatisierung, also der vollkommenen Veräußerung von Teilen der Daseinsfürsorge oder auch des Verkaufs des »Tafelsilbers« an private Akteure sind diese Schritte in der Regel unrevidierbar. Die politische Tragweite der materiellen Privatisierung, also der Aufgaben-Privatisierung oder auch »echten« Privatisierung ist die einschneidendste ihrer Art und nicht rückholbar. »Der öffentliche Rückzug bedeutet die faktische Kommerzialisierung«, meint Manfred Busch, »also die Überantwortung an die Bedingungen von Angebot und Nachfrage. Erfüllt werden nur noch Bedarfe, die mit entsprechender Kaufkraft ausgestattet sind.«[52] Als Beispiel werden sogenannte Spaßbäder genannt, die kommerziell ausgerichtet das Bedürfnis nach Schwimmen durchaus erfüllen und an die Stelle der traditionellen Badeanstalten treten. Was ist dann aber mit dem Schulschwimmen, einer zweifelsfrei öffentlichen Aufgabe? Kommunen veräußern ihre Stadtwerke und müssen anschließend überteuerten Strom einkaufen, das Lebensmittel Wasser zu »Marktpreisen« erwerben.

Der Präsident des Deutschen Städtetages und Oberbürgermeister der Stadt München, Christian Ude, warnt vor einem derartigen Ausverkauf der Städte. Das sei kein Patentrezept zur Gestaltung der städtischen Zukunft. »Der Verkauf gewinnstarker und zukunftsträchtiger Unternehmen hat nichts mit Nachhaltigkeit zu tun!« Und weiter: »Die städtischen Unternehmen sind Instrumente der städtischen Aufgabenerfüllung und nach den Gemeindeordnungen der Länder immer dem öffentlichen Zweck verpflichtet. Sie sind eingebettet in die politischen Willensbildungsprozesse einer Stadt und erfüllen wichtige soziale, wirtschaftliche und kulturelle Aufgaben.«[53]

Zynisch könnte man an die Adresse der undifferenziert agierenden Privatisierungsbefürworter sagen: Lagert doch aus, privatisiert weiter, am besten auch gleich die politische Verantwortung mit. Sollen die Politiker doch ihre Gesundheitsreform gleich von den großen Konzernen Bayer und Merck oder den Interessenverbänden der pharmazeutischen Industrie gestalten lassen. Dann gibt es keine Verbandsproteste mehr, viel öffentliche Zustimmung, weil sicherlich vieles nicht einmal so viel teurer ist. Oder das Verkehrsministerium übergibt seine Mobilitätspolitik gleich ab an die großen Autokonzerne oder den Bundesverband der Automobilindustrie und seinen Lobbyisten. Warum übernehmen die Versicherungskonzerne Allianz und Axa nicht die Reform der Rentenkassen?

Auf diese Weise würde man spielend leicht zahlreiche Entscheidungsebenen aussparen oder überspringen. Teile der Ministerialbürokratie und der Verwaltung ließen sich doch privatisieren und könnten als eigene Profitcenter auftreten. Eine solche Liberalisierung und Privatisierung würde so vieles einfacher machen. Sie würde aber auch das Ende des parlamentarischen Systems und das der Demokratie bedeuten.

Anmerkungen

Teil I

1 Ernst Ulrich von Weizsäcker/Oran R. Young/Matthias Finger: Grenzen der Privatisierung. Wann ist des Guten zu viel? Bericht an den Club of Rome. Stuttgart 2006.
2 Ebenda.
3 Wolfram Bremeier/Hans Brinckmann/Werner Killian: Public Governance kommunaler Unternehmen. Düsseldorf 2006.
4 Klaus Lederer: Privatisierung als Problemkomplex. Berlin 2005.
5 Ebenda.
6 Barbara Dickhaus/Kristina Dietz: Öffentliche Dienstleistungen unter Privatisierungsdruck. Folgen von Privatisierung und Liberalisierung öffentlicher Dienstleistungen in Europa. Berlin 2005.
7 Ernst Ulrich von Weizsäcker u.a.: Grenzen der Privatisierung. Seite 14.
8 Barbara Dickhaus/Kristina Dietz: Öffentliche Dienstleistungen unter Privatisierungsdruck. Seite 7.
9 Ebenda.
10 Deutsches Institut für Urbanistik: Public Private Partnership Projekte. Eine aktuelle Bestandsaufnahme in Bund, Ländern und Kommunen. Berlin 2005.
11 Ebenda.
12 Oberste Baubehörde im Bayerischen Staatsministerium des Innern und Bayerischer Bauindustrieverband: PPP – Public Private Partnership zur Realisierung öffentlicher Baumaßnahmen in Bayern. München 2005.
13 Ebenda.
14 FAZ vom 27. April 2007.
15 Werner Rügemer: Privatisierung in Deutschland. Eine Bilanz. Münster 2006, Seite 83.
16 Ebenda.
17 Hessisches Ministerium der Finanzen: Public Private Partnership. Wiesbaden 2007.
18 Werner Rügemer: Privatisierung in Deutschland. Seite 85.
19 Linssen anlässlich der Veranstaltung »Öffentlich-Private-Partnerschaften – Erfahrungen aus der Praxis« vom 5. März 2007 in Brüssel.
20 Ebenda.
21 Bilfinger Berger AG: Geschäftsbericht 2006. Mannheim 2007.
22 Rüdiger Scheidges: Im Vorzimmer der Macht. Lobbyismus – Die 5. Gewalt. In: Handelsblatt vom 14.3.2006.

23 Ebenda.
24 Thomas Leif/Rudolf Speth: Die fünfte Gewalt. Wie Lobbyisten die Prinzipien der parlamentarischen Demokratie unterlaufen. In: Zeit online 04/2006.
25 Ebenda.
26 Klaus Schubert/Martina Klein: Das Politiklexikon. Bonn 2006.
27 Frédéric Boehm/Juanita Olaya/Jaime Polanco: Privatisierung und Korruption. In: Ernst Ulrich von Weizsäcker u.a.: Grenzen der Privatisierung. Seite 218 ff.
28 Martin Stürmer: Das Water*leau* von Grenoble. In: Ernst Ulrich von Weizsäcker u.a.: Grenzen der Privatisierung. Seite 34 ff.
29 Ebenda.
30 Frédéric Boehm u.a., Seite 224.
31 Michel Reimon/Christian Felber: Schwarzbuch Privatisierung. Wien 2003. Seite 29.
32 Wernicke, Jens: Was ist eigentlich Neoliberalismus? Eine Einführung in die neoliberale Ideologie. Hamburg 2006.
33 Michel Reimon/Christian Felber: Schwarzbuch Privatisierung. Seite 31.
34 Klaus Schubert/Martina Klein: Das Politiklexikon. Bonn 2006. Seite 274.
35 Thomas Edeling: Die Institution der öffentlichen Wirtschaft. In: Werner Jann/Manfred Röber/Hellmut Wollmann (Hrsg.): Public Management – Grundlagen, Wirkungen, Kritik. Berlin 2006. Seite 61 ff.
36 Ebenda.
37 Florian Mayer: Vom Niedergang des unternehmerischen Staates. Privatisierungspolitik in Großbritannien, Frankreich, Italien und Deutschland. Wiesbaden 2006.
38 Ebenda.
39 Ebenda.
40 Ebenda.
41 Ebenda.
42 Michel Reimon/Christian Felber: Schwarzbuch Privatisierung. Seite 34.
43 Ernst Ulrich von Weizsäcker: Grenzen der Privatisierung. Seite 18.
44 Ebenda.
45 Ebenda.
46 Jörg Roesler: Die Treuhandanstalt: Wirtschaftsimperium oder Politikinstrument? In: Rüdiger Liedtke (Hrsg.): Die Treuhand und die zweite Enteignung der Ostdeutschen. München 1993. Seite 18 ff.
47 Der Spiegel, 2/1993.
48 Jörg Roesler: Die Treuhandanstalt. Seite 24 ff.
49 Ebenda.
50 Ebenda.
51 Florian Mayer: Vom Niedergang des unternehmerischen Staates. Seite 220.

52 Ebenda.
53 Jörg Roesler: Die Treuhandanstalt. Seite 47.
54 Ebenda.
55 Florian Mayer: Vom Niedergang des unternehmerischen Staates. Seite 219.
56 Werner Killian/Peter Richter/Jan Hendrik Trapp (Hrsg.): Ausgliederung und Privatisierung in Kommunen. Empirische Befunde zur Struktur kommunaler Aufgabenwahrnehmung. Berlin 2006.
57 Inge Lippert: Öffentliche Dienstleistungen unter EU-Einfluss. Liberalisierung, Privatisierung, Restrukturierung, Regulierung. Berlin 2005.
58 Ebenda.
59 Ebenda.
60 Ebenda.
61 Ebenda.
62 Ebenda.
63 Ebenda.
64 FAZ vom 22. März 2007.
65 Werner Rügemer: Privatisierung in Deutschland. Seite 86.
66 Ebenda. Seite 87.
67 Ebenda. Seite 89.

Teil II

1 Werner Killian/Peter Richter/Jan Hendrik Trapp (Hrsg.): Ausgliederung und Privatisierung in Kommunen. Empirische Befunde zur Struktur kommunaler Aufgabenwahrnehmung. Berlin 2006.
2 Ebenda
3 Ebenda.
4 Hans-Werner Krüger: Materialien zu Staat, öffentlicher Wirtschaft und Privatisierung. Diskussionsgrundlage für die AG Privatisierung bei Attac. Berlin 2004.
5 Werner Rügemer: Privatisierung in Deutschland. Eine Bilanz. Münster 2006.
6 Klaus-Peter Schmid u.a.: Alles muss raus. In: Die Zeit 26/2006.
7 Ebenda.
8 Tim Kessler/Nancy Alexander: Ist eine Privatisierung der Grundversorgung sinnvoll? In: Ernst Ulrich von Weizsäcker u.a.: Grenzen der Privatisierung. Stuttgart 2006.
9 der städtetag 3/2006.
10 Werner Killian u.a. (Hrsg.): Ausgliederung und Privatisierung in Kommunen.
11 Ebenda.
12 Wolfram Bremeier/Hans Brinckmann/Werner Killian: Public Governance kommunaler Unternehmen. Düsseldorf 2006.

13 Ebenda.
14 Ebenda.
15 Ebenda.
16 Ebenda.
17 Ebenda.
18 Ebenda.
19 »Panorama« in der ARD vom 26.7.2007.
20 Ullrich Bauer: Die sozialen Kosten der Ökonomisierung von Gesundheit. In: »Das Parlament« mit der Beilage »Aus Politik und Zeitgeschehen«. Bonn 2007.
21 Ebenda.
22 Ebenda.
23 Ebenda.
24 Stern, 07/2007.
25 Wolf Pföhler im »Spiegel«-Interview, 41/2006.
26 Adolf Gehrke: Das Krankenhaus und die Maximierung der Kapitalrendite. Marburger Bund Schleswig Hostein, Landesverband aktuell vom 4. 5. 2005.
27 Süddeutsche Zeitung vom 8. März 2007.
28 Ebenda.
29 Helios Kliniken GmbH: Geschäftsbericht 2005. Fulda 2006.
30 Werner Rügemer: Privatisierung in Deutschland. Seite 125 ff.
31 Handelsblatt vom 19. März 2006.
32 Zeit online 4/2006.
33 Klaus Lederer: Wasser – ein Gut wie jedes andere? Wasserwirtschaft zwischen öffentlichen und privaten Erbringungsstrategien. Berlin 2006.
34 Werner Rügemer: Privatisierung in Deutschland. Seite 88.
35 FAZ vom 4. August 2006.
36 Franz-Georg Rips, Direktor des Deutschen Mieterbundes in: Das Parlament, Nr. 51-52 vom 18.12.2006.
37 Ebenda.
38 Publik-Forum 1/2007.
39 Ebenda.
40 Börse Frankfurt – Das Anlegerportal der Deutschen Börse, 11.3.2007.
41 MieterZeitung 2/2007.
42 Der Spiegel vom 28.1.2007.
43 Niedersächsisches Ministerium für Wirtschaft, Arbeit und Verkehr: Wirtschaftlichkeit und Finanzierung von PPP-Projekten. Leitfaden 2007.
44 Gewerkschaft Erziehung und Wissenschaft: Unternehmen Schule: Von Billig-Lehrern, Schülerfirmen und Public Private Partnership. Frankfurt/Main 2007. Seite 46.
45 der städtetag 3/2006, Seite 14 ff.
46 Ebenda.

47 Werner Rügemer: Privatisierung in Deutschland. Seite 82.
48 Ebenda.
49 taz vom 1.12.1999.
50 Ebenda.
51 nachdenkseiten.de: Das kritische Tagebuch vom 2.4.2007.
52 Werner Rügemer: Privatisierung in Deutschland. Seite 102.
53 Ebenda.
54 Ebenda.
55 Walter Brune/Rolf Junker, Holger Pump-Uhlmann: Angriff auf die City. Kritische Texte zur Konzeption, Planung und Wirkung von integrierten und nicht-integrierten Shopping-Centern in zentraler Lage. Düsseldorf 2006.
56 Georg Glasze: Privatisierung öffentlicher Räume? Einkaufszentren, Business Districts und geschlossene Wohnkomplexe. In: Berichte zur deutschen Landeskunde Bd. 75/2001. Leipzig 2001.
57 Deutscher Städtetag: Strategien für den öffentlichen Raum. Ein Diskussionspapier. Köln/Berlin 2006.
58 Ebenda.
59 Ebenda.
60 Die Zeit 05/2006.
61 Georg Glasze: Privatisierung öffentlicher Räume?
62 Ebenda.
63 Ebenda.
64 Ebenda.
65 Hans-Werner Krüger: Materialien zu Staat, öffentlicher Wirtschaft und Privatisierung. Berlin 2004.
66 Klaus-Peter Schmidt in der »Zeit« 04/06.
67 Ebenda.
68 Bündnis 90/Die Grünen des niedersächsischen Landtags vom 23.6.2006.
69 Barbara Dickhaus/Kristina Dietz: Öffentliche Dienstleistungen unter Privatisierungsdruck. Folgen von Privatisierung und Liberalisierung öffentlicher Dienstleistungen in Europa. Berlin 2005. Seite 57 ff.
70 Ebenda.
71 Ebenda.
72 Gewerkschaft Erziehung und Wissenschaft: Bildung ist keine Ware. Beschluss des GEW-Gewerkschaftstages vom 25. April 2005. Frankfurt/ Main 2006.
73 Ebenda.
74 Freitag vom 7. Juli 2006.
75 Barbara Dickhaus/Kristina Dietz: Öffentliche Dienstleistungen unter Privatisierungsdruck. Seite 58.
76 Gewerkschaft Erziehung und Wissenschaft: Privatisierungsreport. Vom Rückzug des Staates aus der Bildung. Frankfurt/Main 2006.
77 Ebenda.

78 Rechtliche Bestimmungen der Bundesländer zu Werbung und Sponsoring an Schulen. Juni 2005.
79 »Welt Online« vom 27.6.2005 unter dem Titel: »Werbung an Schulen wird zum Ärgernis«.
80 Partner für Schule NRW: Schulsponsoring aus der Sicht der Wirtschaft. Düsseldorf 2007.
81 Partner für Schule NRW: Pressemitteilung vom 30.4.2007.
82 Partner für Schule NRW: Pressemitteilung vom 15.3.2007.
83 Verbraucherzentrale Bundesverband, zitiert nach GEW Privatisierungsreport. Frankfurt/Main 2006.
84 GEW: Privatisierungsreport. Vom Rückzug des Staates aus der Bildung. Seite 4.
85 Freitag vom 1.9.2006.
86 Ebenda.
87 Freitag vom 7.7.2006.
88 Werner Rügemer: Privatisierung in Deutschland. Seite 115.
89 Freitag vom 29.9.2006.
90 Ebenda.
91 WDR Kultur: Pro und Contra. Das Hochschulfreiheitsgesetz. Chancen oder Ausverkauf der Wissenschaft? Köln, 7.3.2006.
92 Ebenda.
93 Walter Bien/Thomas Rauschenbach/Birgit Riedel: Wer betreut Deutschlands Kinder? DJI-Kinderbetreuungsstudie. Weinheim und Basel 2006. Seite 10 ff.
94 Ebenda.
95 Cornelia Lang: Institutionelle Kinderbetreuung. Erschwinglich für alle? In: Walter Bien u.a.: Wer betreut Deutschlands Kinder? DJI-Kinderbetreuungsstudie. Seite 108 ff.
96 Ebenda.
97 Werner Rügemer: Privatisierung in Deutschland. Seite 122.
98 GEW: Privatisierungsreport. Vom Rückzug des Staates aus der Bildung. Seite 6.
99 Freitag vom 4.8.2006.
100 Ebenda.
101 Freitag vom 7.7.2006.
102 bertelsmann-stiftung.de 2007.
103 Braucht Bildung Wirtschaft? »Didaktisches Quartett« anlässlich der didacta, Köln, am 1.3.2007.
104 Bernhard Weiner: »Privatisierung grundrechtsintensiver Polizeiaufgaben verfassungswidrig«. In: Deutsche Polizei 2.2001
105 Arbeitsgruppe »Modellprojekte zur Privatisierung im Strafvollzug«: Zusammenfassender Bericht – Kurzfassung. Wiesbaden 1999.
106 serco.de, 2007.

107 schwarze-sheriffs.com, 2007.
108 securitas.de, 2007.
109 Peter Lock: Sicherheit à la carte? Entstaatlichung, Gewaltmärkte und die Privatisierung des staatlichen Gewaltmonopols. In: Tanja Brühl u.a. (Hrsg.): Die Privatisierung der Weltpolitik. Entstaatlichung und Kommerzialisierung im Globalisierungsprozess. Bonn 2001. Seite 200 ff.
110 Ebenda.
111 Ebenda.
112 Ebenda.
113 Herbert Wulf: »Rent a Soldier« – Die Privatisierung der Gewalt. In: W & F Wissenschaft und Frieden 3/2003. Bonn 2003.
114 Ebenda.

Teil III

1 Bundesministerium der Finanzen vom 15.7.2005.
2 Ebenda.
3 Florian Mayer: Vom Niedergang des unternehmerischen Staates. Privatisierungspolitik in Großbritannien, Frankreich, Italien und Deutschland. Wiesbaden 2006.
4 Ebenda.
5 Ebenda.
6 Ebenda.
7 Hartmut Tofaute: Der große Ausverkauf. Die Privatisierungen von Bundesunternehmen durch die Regierung Kohl. Köln 1994.
8 Ebenda.
9 Florian Mayer: Vom Niedergang des unternehmerischen Staates.
10 Hartmut Tofaute: Der große Ausverkauf.
11 Florian Mayer: Vom Niedergang des unternehmerischen Staates.
12 Ebenda.
13 Süddeutsche Zeitung vom 31.1.2007.
14 Florian Mayer: Vom Niedergang des unternehmerischen Staates.
15 Geschäftsbericht 2005, Frankfurt/Main 2006.
16 FAZ vom 30.3.2007.
17 Perspektiven der Privatisierungspolitik des Bundes. Zusammenstellung der Antworten der Bundesregierung auf eine Große Anfrage des Bundestages vom 6.6.2000.
18 Ebenda.
19 Edwin Czerwick: Die Ökonomisierung des öffentlichen Dienstes. Dienstrechtsreformen und Beschäftigungsstrukturen seit 1991. Wiesbaden 2007.
20 Ebenda.

21 Ebenda.
22 Thomas Edeling: Die Institution der öffentlichen Wirtschaft. In: Jann, Werner u.a. (Hrsg.): Public Management – Grundlagen, Wirkungen, Kritik. Berlin 2006.
23 Ebenda.
24 Michel Reimon/Christian Felber: Schwarzbuch Privatisierung. Was opfern wir dem freien Markt. Wien 2003. Seite 135 ff.
25 Ebenda.
26 Ebenda.
27 Werner Rügemer: Privatisierung in Deutschland. Eine Bilanz. Münster 2006. Seite 79.
28 Ebenda.
29 Hans J. Pongratz: Arbeitskraftunternehmer als neuer Leittypus? Flexibilisierung der Arbeit und Patchwork-Biographien. In: Die Zeitschrift für Erwachsenenbildung 1/2001. Bonn 2001.
30 G. Günter Voß: Der Arbeitskraftunternehmer. Ein neuer Typus von Arbeitskraft und seine sozialen Folgen. München 2001.
31 Ebenda.
32 Hans J. Pongratz: Arbeitskraftunternehmer als neuer Leittypus?
33 G. Günter Voß: Der Arbeitskraftunternehmer.
34 Ebenda.
35 Ebenda.
36 Ebenda.
37 Hans J. Pongratz: Arbeitskraftunternehmer als neuer Leittypus?
38 Achim Vanselow: Neue Selbständige und die Zukunft der Arbeit: Auf dem Weg in die Werkvertragsgesellschaft. In: Die berufsbildende Schule 1/2003. Berlin 2003.
39 Klaus Schubert/Martina Klein: Das Politiklexikon. Bonn 2006.
40 Otto Model/Carl Creifelds: Staatsbürger-Taschenbuch. München 1982.
41 Süddeutsche Zeitung vom 25.10.2006.
42 FAZ vom 29.3.2007.
43 DFS-Chef Dieter Kaden auf der Jahrespressekonferenz am 6.7.2007.

Teil IV

1 Ingrid Spiller: Privatisierung – Schlüssel zur Lösung der globalen Wasserkrise? In: Warnsignal Klima – Genug Wasser für alle? Hamburg 2004.
2 Tim Kessler und Nancy Alexander: Ist eine Privatisierung der Grundversorgung sinnvoll? In: Ernst Ulrich von Weizsäcker u.a.: Grenzen der Privatisierung. Wann ist des Guten zu viel? Bericht an den Club of Rome. Stuttgart 2006. Seite 191.

3 Ebenda.
4 DGB Bildungswerk: Lateinamerika. Neoliberale Globalisierung – Vergangenheit in der Gegenwart. Düsseldorf 2005.
5 Ebenda.
6 Ebenda.
7 Ebenda.
8 Andrea Böckmann im »Morgenecho«, WDR 5, am 27.1.2004.
9 Ebenda.
10 Ebenda.
11 FAZ vom 5. Dezember 2006.
12 Inge Lippert: Öffentliche Dienstleistungen unter EU-Einfluss. Liberalisierung, Privatisierung, Restrukturierung, Regulierung. Berlin 2005.
13 Michel Reimon/Christian Felber: Schwarzbuch Privatisierung. Was opfern wir dem freien Markt? Wien 2003. Seite 74 ff.
14 Barbara Dickhaus/Kristina Dietz: Öffentliche Dienstleistungen unter Privatisierungsdruck. Folgen von Privatisierung und Liberalisierung öffentlicher Dienstleistungen in Europa. Berlin 2005. Seite 44 ff.
15 Martin Weidauer: Bahnprivatisierung in Großbritannien. In: Ernst Ulrich von Weizsäcker u.a.: Grenzen der Privatisierung. Wann ist des Guten zu viel? Bericht an den Club of Rome. Stuttgart 2006. Seite 87 ff.
16 Ebenda.
17 Michel Reimon/Christian Felber: Schwarzbuch Privatisierung. Seite 11 ff.
18 Welt online vom 9. Dezember 2005.
19 John Züchner: Private Gefängnisse in den USA. In: Ernst Ulrich von Weizsäcker u.a.: Grenzen der Privatisierung. Stuttgart 2006. Seite 139.
20 Ebenda.
21 Ebenda.
22 Gabriele Friedrich: Plädoyer für die kommunale Abfallwirtschaft. In: AKP 1/2003.
23 Ebenda.
24 Andrea Schnattinger: Liberalisierung der Abfallwirtschaft – Konsequenzen im Hinblick auf Umweltschutz und Nachhaltigkeit. In: Deutsches Institut für Urbanistik: Kommunale Abfallwirtschaft – Marktöffnung und sichere Entsorgung. Berlin 2005.
25 Ebenda.
26 Hans-Werner Krüger: Materialien zu Staat, öffentlicher Wirtschaft und Privatisierung. Diskussionsgrundlage für die AG Privatisierung bei Attac. Berlin 2004.
27 Erika Mezger/Karsten Schneider: Die Grenzen privater Beteiligung an öffentlichen Aufgaben. In: Jann, Werner/Manfred Röber/Hellmut Wollmann (Hrsg.): Public Management – Grundlagen, Wirkungen, Kritik. Berlin 2006.
28 Michel Reimon/Christian Felber: Schwarzbuch Privatisierung. Seite 217.

29 Manfred Busch: Privatisierung und »Public Private Partnership«. In: AKP vom 20.9.2003.
30 Hans-Werner Krüger: Materialien zu Staat, öffentlicher Wirtschaft und Privatisierung.
31 Ebenda.
32 Ebenda.
33 Ebenda.
34 Ebenda.
35 Inge Lippert: Öffentliche Dienstleistungen unter EU-Einfluss.
36 Ebenda.
37 Matthias Finger: Keine Privatisierung ohne Regulierung. In: Ernst Ulrich von Weizsäcker u.a.: Grenzen der Privatisierung. Seite 277.
38 Inge Lippert: Öffentliche Dienstleistungen unter EU-Einfluss.
39 Ebenda.
40 Matthias Finger: Keine Privatisierung ohne Regulierung.
41 Inge Lippert: Öffentliche Dienstleistungen unter EU-Einfluss.
42 Edwin Czerwick: Die Ökonomisierung des öffentlichen Dienstes. Dienstrechtsreformen und Beschäftigungsstrukturen seit 1991. Wiesbaden 2007.
43 Ebenda.
44 Ebenda.
45 Karsten Schneider: Die Auflösung hierarchischer Koordination im Zuge organisatorischer Dezentralisierung im kommunalen Sektor. In: E. Grande/R. Prätorius (Hrsg.): Politische Steuerung und Staatlichkeit. Baden-Baden 2003.
46 Ebenda.
47 Thomas Edeling: Die Institution der öffentlichen Wirtschaft. In: Werner Jann/Manfred Röber/Hellmut Wollmann (Hrsg.): Public Management – Grundlagen, Wirkungen, Kritik. Berlin 2006.
48 Ebenda.
49 Ebenda.
50 Ebenda.
51 Wolfram Bremeier/Hans Brinckmann/Werner Killian: Public Governance kommunaler Unternehmen. Düsseldorf 2006.
52 Manfred Busch: Privatisierung und »Public Private Partnership«. In: AKP vom 20.9.2003.
53 der städtetag 3/2006.

Literaturverzeichnis

Arbeitsgruppe Alternative Wirtschaftspolitik: Memorandum 2006. Bremen 2006.

Bauer, Ullrich: Die sozialen Kosten der Ökonomisierung von Gesundheit. In: »Das Parlament« mit der Beilage »Aus Politik und Zeitgeschehen«. Bonn 2007.

Bertelsmann Stiftung: Jahresbericht 2005. Gütersloh 2006.

Bien, Walter/Thomas Rauschenbach/Birgit Riedel: Wer betreut Deutschlands Kinder? DJI-Kinderbetreuungsstudie. Weinheim und Basel 2006.

Bremeier, Wolfram/Hans Brinckmann/Werner Killian: Public Governance kommunaler Unternehmen. Düsseldorf 2006.

Brühl, Tanja/Tobias Debiel/Brigitte Hamm/Hartwig Hummel/Jens Martens (Hrsg.): Die Privatisierung der Weltpolitik. Entstaatlichung und Kommerzialisierung im Globalisierungsprozess. Bonn 2001.

Brune, Walter/Rolf Junker, Holger Pump-Uhlmann: Angriff auf die City. Kritische Texte zur Konzeption, Planung und Wirkung von integrierten und nicht-integrierten Shopping-Centern in zentraler Lage. Düsseldorf 2006.

Bundesministerium der Finanzen: Beteiligungsbericht 2006. Berlin 2006.

Bundesministerium der Finanzen: Beteiligungen des Bundes im Jahre 1989. Bonn 1990.

Bundeszentrale für politische Bildung: Wirtschaft heute. Bonn 2006.

Busch, Manfred: Kommunalwirtschaft – Pragmatische Lösungsansätze oder finanzielle Plazebos? Privatisierung und »Public Private Partnership«. Berlin 2003.

Czerwick, Edwin: Die Ökonomisierung des öffentlichen Dienstes. Dienstrechtsreformen und Beschäftigungsstrukturen seit 1991. Wiesbaden 2007.

Edeling, Thomas: Die Institution der öffentlichen Wirtschaft. In: Jann, Werner/Manfred Röber/Hellmut Wollmann (Hrsg.): Public Management – Grundlagen, Wirkungen, Kritik. Berlin 2006.

Ewald, Isabelle: Privatisierung staatlicher Aufgaben. Brühl 2004.

Deutscher Städtetag: PPP – Chancen und Risiken für die Städte. In: der städtetag 3/06. Berlin 2006.

Deutscher Städtetag: Strategien für den öffentlichen Raum. Ein Diskussionspapier. Köln/Berlin 2006.

Deutsches Institut für Urbanistik: Public Private Partnership Projekte. Eine aktuelle Bestandsaufnahme in Bund, Ländern und Kommunen. Berlin 2005.

DGB Bildungswerk: Lateinamerika. Neoliberale Globalisierung – Vergangenheit in der Gegenwart. Düsseldorf 2005.

Dickhaus, Barbara/Kristina Dietz: Öffentliche Dienstleistungen unter Privatisierungsdruck. Folgen von Privatisierung und Liberalisierung öffentlicher Dienstleistungen in Europa. Berlin 2005.

Dichtl, Erwin/Otmar Issing (Hrsg.): Vahlens Großes Wirtschaftslexikon (in vier Bänden). München 1994.

Finanzministerium des Landes Nordrhein-Westfalen: Wirtschaftsuntersuchungen bei PPP-Projekten. Ein Leitfaden. Düsseldorf 2006.

Frenkel, Rainer/Hanno Rauterberg: Dossier: Innenstadt zu verkaufen – Bunte Langeweile. Die Zeit 44/2006. Hamburg 2006.

Gabler Wirtschaftslexikon. Wiesbaden 2005.

Gewerkschaft Erziehung und Wissenschaft: Privatisierungsreport 1–3. Frankfurt/Main 2006/2007.

Glasze, Georg: Privatisierung öffentlicher Räume? Einkaufszentren, Business Districts und geschlossene Wohnkomplexe. In: Berichte zur deutschen Landeskunde Bd. 75/2001. Leipzig 2001.

Huter, Otto/Gerd Kühn (Hrsg.): Kommunale Abfallwirtschaft – Marktöffnung und sichere Entsorgung. Berlin 2005.

Jessen, Jens: Nicht mehr Herr im eigenen Haus. In: Die Zeit 05/2006. Hamburg 2006.

Kähler, Gert: Deutsche Innenstädte – Die Diktatur der Shoppingmalls. In: Süddeutsche Zeitung vom 06.10.2006. München 2006.

Killian, Werner/Peter Richter/Jan Hendrik Trapp (Hrsg.): Ausgliederung und Privatisierung in Kommunen. Empirische Befunde zur Struktur kommunaler Aufgabenwahrnehmung. Berlin 2006.

Krüger, Hans-Werner: Materialien zu Staat, öffentlicher Wirtschaft und Privatisierung. Diskussionsgrundlage für die AG Privatisierung bei Attac. Berlin 2004.

Lederer, Klaus: Privatisierung als Problemkomplex. Berlin 2005.

Lederer, Klaus: Wasser – ein Gut wie jedes andere? Wasserwirtschaft zwischen öffentlichen und privaten Erbringungsstrategien. Berlin 2006.

Leif, Thomas/Rudolf Speth: Die fünfte Gewalt. Wie Lobbyisten die Prinzipien der parlamentarischen Demokratie unterlaufen. In: Zeit online 04/2006. Hamburg 2006.

Liedtke, Rüdiger: Wem gehört die Republik? Die Konzerne und ihre Verflechtungen. Frankfurt/Main 2006.

Liedtke, Rüdiger: Das Energie-Kartell. Das lukrative Geschäft mit Strom, Gas und Wasser. Frankfurt/Main 2006.

Liedtke, Rüdiger (Hrsg.): Die Treuhand und die zweite Enteignung der Ostdeutschen. München 1993.

Lippert, Inge: Öffentliche Dienstleistungen unter EU-Einfluss. Liberalisierung, Privatisierung, Restrukturierung, Regulierung. Berlin 2005.

Mayer, Florian: Vom Niedergang des unternehmerischen Staates. Privatisierungspolitik in Großbritannien, Frankreich, Italien und Deutschland. Wiesbaden 2006.

Mezger, Erika/Karsten Schneider: Die Grenzen privater Beteiligung an öffentlichen Aufgaben. In: Jann, Werner/Manfred Röber/Hellmut Wollmann (Hrsg.): Public Management – Grundlagen, Wirkungen, Kritik. Berlin 2006.

Pongratz, Hans J.: Arbeitskraftunternehmer als neuer Leittypus? Flexibilisierung der Arbeit und Patchwork-Biographien. In: Die Zeitschrift für Erwachsenenbildung 1/2001. Bonn 2001.

Reimon, Michel/Christian Felber: Schwarzbuch Privatisierung. Was opfern wir dem freien Markt. Wien 2003.

Roesler, Jörg: Die Treuhandanstalt: Wirtschaftsimperium oder Politikinstrument? In: Liedtke, Rüdiger (Hrsg.): Die Treuhand und die zweite Enteignung der Ostdeutschen. München 1993.

Rügemer, Werner: Privatisierung in Deutschland. Eine Bilanz. Münster 2006.

Scheidges, Rüdiger: Im Vorzimmer der Macht. Lobbyismus – Die 5. Gewalt. In: Handelsblatt vom 14. März 2006. Düsseldorf 2006.

Schmid, Klaus-Peter u.a.: Alles muss raus. In: Die Zeit 26/2006. Hamburg 2006.

Schneider, Karsten: Die Auflösung hierarchischer Koordination im Zuge organisatorischer Dezentralisierung im kommunalen Sektor. In: Grande, E./R. Prätorius (Hrsg.): Politische Steuerung und Staatlichkeit. Baden-Baden 2003.

Schubert, Klaus/Martina Klein: Das Politiklexikon. Bonn 2006.

Spiller, Ingrid: Privatisierung – Schlüssel zur Lösung der globalen Wasserkrise? In: Warnsignal Klima – Genug Wasser für alle? Hamburg 2004.

Tambour, Barbara/Wolfgang Kessler (Hrsg.): Der große Ausverkauf. Gesundheit, Bildung, Wasser. In: Publik-Forum Dossier. Oberursel 2004.

Tofaute, Hartmut: Der große Ausverkauf. Die Privatisierungen von Bundesunternehmen durch die Regierung Kohl. Köln 1994.

Trapp, Jan Hendrik/Sebastian Bolay: Privatisierung in Kommunen – eine Auswertung kommunaler Beteiligungsberichte. Berlin 2003.

Uesseler, Rolf: Krieg als Dienstleistung. Private Militärfirmen zerstören die Demokratie. Berlin 2006.

Vanselow, Achim: Neue Selbständige und die Zukunft der Arbeit: Auf dem Weg in die Werkvertragsgesellschaft. In: Die berufsbildende Schule 1/2003. Berlin 2003.

Voß, G. Günter: Der Arbeitskraftunternehmer. Ein neuer Typus von Arbeitskraft und seine sozialen Folgen. München 2001.

Weizsäcker, Ernst Ulrich von/Oran R. Young/Matthias Finger: Grenzen der Privatisierung. Wann ist des Guten zu viel? Bericht an den Club of Rome. Stuttgart 2006.

Wernicke, Jens: Was ist eigentlich Neoliberalismus? Eine Einführung in die neoliberale Ideologie. Hamburg 2006.

Wulf, Herbert: »Rent-a-Soldier« – Die Privatisierung der Gewalt. In: W&F Wissenschaft und Frieden 3/2003. Bonn 2003.